快人快語揭天幕

林家亨 著

香積如來心咒

「吶羅摩囉護呵」

呵護眾生平安

※香積如來師父開示※

「If you want the world to be more beautiful,
you have to have a beautiful mind first.
Instead of asking others to be perfect,
you yourself have to work on making yourself a better person first.
A peaceful mind makes a peaceful world.
Simple as that.」

「你如果要這個世界變美麗，
你自己先要有顆美麗的心。
在要求別人完美之前，
你要先讓自己成為一個更好的人。
一顆平靜的心造就一個平靜的世界。
就是這樣簡單。」

揭幕偈

香盈乾坤無極境
積凝甘露一點心
如是我聞殊勝法
來去已然大願行

出版序

二〇二二年六月出版《拉拉山林奇遇記》一書，書中第三章「香積法門」記錄了與 香積如來法門（簡稱「香積法門」）的奇遇緣起過程，也首次公開揭露了香積法門裡許多不可思議的殊勝際遇，深獲法門師姐師兄的支持，也引起了有緣讀者對香積法門的好奇與關注。同年七月十五日，香一師姐在香積法門群組裡發佈了《玄雲心咒》訊息，玄雲心咒啟動玄雲大法，在香積法門裡是一部很重要的基本大法，但也不是法門弟子通通有獎必然被傳授玄雲心咒，通常都是對法門、對師父信心堅定的大心弟子[1]得以進階後的必修課， 玄雲師父才會個別傳授玄雲心咒。這次在群組裡直接公開玄雲心咒，意義非凡。

我立即回應香一師姐並且詢問，在法門群組裡公開玄雲心咒的用意，是要正式傳授玄雲心咒給所有在法門群組裡的師姐師兄嗎？是否師姐師兄得授玄雲心咒後，自己平日就可以用

1 香積法門裡對 香積如來師父、 太上師父等多位師父及師父教諭與傳授的法有絕對信心且奉行無違的弟子，稱之為大心弟子。

來辦法會渡眾生了?香一師姐很快回覆我說:「敬回師兄:如是!您也可以將此收錄在下一本書『快人快語揭天幕』中」。

我看到香一師姐語帶玄機的回覆,眼睛為之一亮,馬上再追問香一師姐,如此暗示加明示,是告知我有寫下一本書的功課,連書名都定好了——《快人快語揭天幕》,而且還準備將法門秘要完全揭露公開大放送的意思嗎?香一師姐回了我一個「盡在不言中」的貼圖。不言勝萬語,我心領神會明白意思了,這一本有關介紹香積法門與揭露香積法門殊勝大法的專書,於焉萌芽。

能為香積法門著作第一本書,擔此大任倍感榮幸,為了完整介紹我個人與香積法門的機遇緣起、經歷驗證過程、學習體悟心得,進而更深入逐一揭露香積法門的殊勝大法,我將《拉拉山林奇遇記》書中的香積法門一章的文章引用於此重新編排,再加以補充許多之後發生的虛實相應相生的感應體悟事實過程,藉此讓讀者了解香積法門是在生活中修行與驗證的方便法門,也藉此公開揭露香積法門大法至簡的修持方法。當然,香積法門大法至簡,但無極無限,法由心生無有定法,法法孵法法無止無盡,還有許多未知領域尚待探究學習。

我和普羅大眾一樣,出身自市井麻瓜家庭的一介凡夫俗子,出生時沒有天降異象,成長過程也無七步蓮花的神蹟，頂多就是襁褓時依台灣習俗認神明當義父義母[2]。從小到大，接觸過不少宗教派別，總是抱持著敬畏之心，但終究只是門簷過客，直到因緣俱足遇到《香積如來法門》，自己親身經歷的體悟見證，師姐師兄的殊勝經歷心得分享，更重要的是，人人都有獲授殊勝大法的機會，只要信根足，肯潛心修持，並持之以恆，且有一顆弘法利生大愛無私的心，一切大法、法財、法寶、法器，得之於天地，用之於眾生，資糧豐富充盈而不費，眾生平等受益而無索，這才契合我的宗教理念。

香積法門弟子入門不需填寫報名表或基本資料，不問入門者生日、地址、電話、職業等個資，所以也沒有通訊錄，僅有的是手機群組裡的大頭貼及稱號，而很多師兄姐是用風景照、圖片及小名、英文名，所以連中文姓名都不知道，但師父及幾位修持得法的師姐師兄對每一位同行[3]的累世今生前後因緣卻是知之甚詳。更妙的是，三界六道的娑婆眾生只要有心都可入門，多位師姐師兄家的寵物狗貓不但加入香積法門一起報名打坐練功，甚至也有了師父賜予的法號，而且還會向師父告狀訴說師姐師兄怠於精進的不是。

2 台灣民俗信仰裡有帶襁褓中的嬰兒或幼童認神明當義父義母，認為這樣小孩較不易受驚嚇比較好帶好養，筆者幼時拜包公聖主為義父，拜觀音菩薩為義母，至二十歲成年後回到廟裡還願。

3 在追尋正法修持的道路上有緣結伴同行，相互關照、學習、扶持、砥礪的師姐師兄，稱為「同行」。

更特殊的是，香積法門以法為師人間無師，沒有各大宗派領袖的大師、上師、法師，但也不是目中無人無師，除了　香積如來師父之外，清心如來師父、大日如來師父、玄雲師父、濟公活佛師父、齊天大聖、三太子、善財童子，以及虛空界中許多的正法正神，經常出現在香積法門師姐師兄日常生活感應中教導正法，都是香積法門弟子敬奉的神尊。

香積法門在人間目前也無道場，所以沒有捐獻道場維持費、功德金、香油錢之類的花費負擔，沒有因為捐款多寡而有什麼大小功德主排位級別的問題，至多是個人修持精進程度不同證量高低有別。香積法門的人間道場就在弟子家裡，在弟子心中，弟子所在之處即是道場，所以　香積如來師父經常開示宣揚「小家齊」的觀念，先從小家齊，安家安天下，家安天下安，一家和樂安祥之境便是人間最好道場。

香積法門辦法會也非常與眾不同，沒有任何制式科儀程序華表服裝隆重排場，不需準備鮮花素果三牲五禮任何祭品供品，更看不到噴米酒、操五寶、爬刀梯、踏火炭、炸鞭炮等的精采熱血場面，法門功德行一行人來去如風亦如煙，和趕行程看風景的自由行觀光客沒兩樣。而不論是功德行集體出遊，或是師姐師兄平日功課各自辦法會，得之於天地的法財法寶法器一切大法盡出，不藏私毫無保留分享佈施給眾生，動念之間眾生受益[4]，虛實相應立即驗證，過程如華山論劍，未見刀劍出鞘刀光劍影，但法會成效立見，功德圓滿定於無形。

讀者閱讀本書後，或許會有許多和我初接觸香積法門時的相同疑惑，真的有無形神靈眾生的存在嗎？若真有無形神靈眾生的存在，為何香積法門辦法會渡眾生啥也不用準備？為何法門弟子以凡人之身竟然可以領旨去到各地宮廟名山大澤頒旨、開庫、開門，可以為台灣大地拔龍釘、填寶珠、點地理、安地理？可以從日本富士山取火山琉璃珠回台灣安置在大屯山預防火山噴發？諸多活靈活現的事實經歷，聽起來像是現代版水滸傳、封神榜，像是台灣版天方夜譚、哈利波特的故事，其原由、依據、憑證又是什麼？大哉問！這諸多大問題，也正是本書嘗試去揭露的天幕，但我至今也只知其然，未能盡知其所以然。

諸多疑問，其實早已經有科學家著手研究，電機博士前台大校長李嗣涔博士從事靈界的科學實驗，證實「信息場」、「靈界」確實存在，證實神佛確實存在，而且有自己的信息網域，宗教裏的神聖字彙如「佛」、「菩薩」、「耶穌」、「阿拉」等佛號、聖號，就相當於連結個別神佛的網域名稱。而且認為「意念」、「撓場」是溝通陰陽兩界的物質媒介，意

4 得渡眾生會化為光點，往上飄升到祂們該去或是想去的地方，常有師姐師兄在法會中看見密密麻麻的光點往上飄升，有的緩慢飄升似是依依不捨，有的迅如流星迫不及待似的。

識、意念並非虛無飄渺的想像，而是一種「量子心靈」、「量子現象」，具有量子力學的運動能量，可以穿透實數與虛數同時並存的八度空間複數時空。恰二〇二二年諾貝爾物理學獎頒贈給揭開「量子糾纏」奧秘的三位物理學家，不僅為世人驗證了量子糾纏的存在，透過量子糾纏穿透宇宙蟲洞連結兩個異地空間，提供了「動念」即可不受疆域限制穿越於無形的理論基礎，也間接為法門裡許多虛實相應的事蹟提供了探究理論基礎的線索。

也因此，再進一步以科學實驗證實「念力」的存在，而且可以施展無形的念力去改變有形的物質，是人體視覺、嗅覺、味覺、聽覺、觸覺之外的第六種感知能力，正是心經所言「眼、耳、鼻、舌、身、意」六識根中的「意根」，並言「意識」將是探索科學的最後疆界[5]。在此特別感謝李嗣涔博士，將其多年來研究實驗的心血成果著書出版並在網路上公開分享，為本書所記錄香積法門師姐師兄諸多不可思議虛實相應的事證，其背後的因果關係、理論依據或科學原理，啟蒙了探索思考的方向。

依我個人的經歷體悟，總結出一個初步心得，若「撓場」是用來溝通陰陽兩界的物質媒

5 參閱電機博士前台大校長李嗣涔著《撓場的科學》、《靈界的科學》等書，以及網搜「14.神靈網站的正確網址—李嗣涔教授個人網頁（sclee.website）」。李校長有關於靈學實驗結果的一系列著作，恰恰為本書所記錄的諸多虛實相應的事證，就其背後的因果關係、理論依據或科學物理原理提供了初步的解答，有待更深入的研究探索。

介，那麼「意念」發出的量子動能，就是啟動這個撓場媒介的開關，起心動念之間即可來去自如，無遠弗屆無處不至，且動念可取天地乾坤無盡之伏藏法寶，動念可將伏藏法寶化為眾生得渡所需的資糧，如香一師姐說：「**人在家中坐，法從天上來，弘法身未到，念到即有功。**」。而且，只要起心動念為弘法利生非為私利，當弟子義無反顧不計代價開始身體力行時，師父早已經為弟子準備好所需要的有形無形資糧。

但究竟要如何起心動念？如何將念力轉換成具有量子動能的腦波頻率或磁場能量？為何無形的起心動念能轉化成有形的強大能量？為何用心眼（或稱天眼、第三眼）能看到肉眼看不到的世界？為何能與神靈眾生感應接觸交流無礙？凡人要進入阿凡達世界還必須躺進磁場轉換器，為何香積法門弟子連轉換器或是像「芝麻開門」的咒語都不需要？Why……？因為大法至簡！

「**沒有宗教的科學是跛子，沒有科學的宗教是瞎子。**」，愛因斯坦的這句名言點出了宗教與科學的關聯性，或許有人不以為然，但是在香積法門諸多殊勝事蹟的驗證過程，恰恰與這句名言相呼應。若不能以科學實驗精神探究應證諸多宗教事蹟虛實相應的原理，則再多的殊勝事蹟個人體悟，猶如瞎子摸象難窺全貌；若科學不能以既存未知的超科學現象為研究實驗對象，破解宗教事蹟迷思知其原理建立理論，則再多的桂冠加冕科學成就，不過是畫地為牢的跛子賽跑格局有限。諸多超科學未知領域的疑問至今未解，除了有賴科學家持續以實驗精神去求證及發掘新的科學原理外，也有待我等香積法門師姐師兄諸同行更精進願力與證量，從踐行弘法利生大願、領悟陰陽乾坤虛實相應的見證過程中，去逐一揭開與神靈界交流互動的層層天幕。

本書得成順隨因緣，有道是萬事起頭難，這要感謝香一師姐提點鼓勵起了頭，還有香豐師兄、香音師姐、香若師姐、香菱師姐等人共襄盛舉，或分享體悟心得協助撰稿，或提供案例資料充實本文。更感謝香饋師兄惠賜推薦序文，為本書美言讚譽之餘，歸納特色恰如本書導讀指南。誠感謝法門師姐師兄分享贊助，香一師姐惠賜一偈更為本書畫龍點睛增添神采！

華嚴世界神通妙變　娑婆戲臺如是上演
香積如來劇本安排　法門弟子照本宣科
巨逾九霄細入毛孔　唯心唯物惟善知識
熱鬧門道虛實相參　快人快語從實道來

本書出版目的，謹為見證及分享親身經歷的事實，既是不同於一般見聞的宗教，也是尚待解題的超自然科學，也藉此公開分享平日辦法會的過程內容，或有讀者因緣俱足自有感應可共襄盛舉。惟願此書分享諸有情眾生，側塞無隙，猶如胡麻，重疊赴來，晝夜現身，加持其人。如是一切諸佛如來無數恒沙，前聚未去後群重來，須臾推遷迴轉更赴。

推薦序

香饋／許增昌　書法名家　二〇二三年七月二日

《開經偈》
無上甚深微妙法
百千萬劫難遭遇
我今見聞得受持
願解如來真實義

武周皇帝武則天，在聽了賢首國師講解《華嚴經》之後，內心深有悟處，寫下了這首《開經偈》。自此以後，多數佛經皆將此偈置於書首，寓啟開經典以得如實利益之意。

自己加入「香積法門」之修持甚短，但感受卻極為深刻，可說是：百千萬劫難遭遇，得失寸心知。法門同行香輝師兄林家亨先生學習佛法相關之領域與法門多年，心思細膩，志行高遠。加以於參與香積法門之修行中獲益良多，一切作為如響斯應。遂矢志將所見所感記錄下來，以推廣法門之深度與廣度，利益眾生！

承蒙師姐抬愛、師兄沒嫌棄，交代我書寫推薦序，心中感到惶恐！沒想到師兄很放心的就把文稿傳給了我。就這樣，生平第一次寫序的經驗，就此開啟。

自己細細的閱覽內文，邊讀邊讚嘆，真是難能可貴的作品。以下大致略舉幾項個人認為難得的幾項特色，與各位讀者分享：

一、行筆順暢，殊無咬文嚼字之感。通讀本書，文筆流暢通順，一路細讀下來，毫無滯礙，用字遣詞簡練且妙趣橫生！淺顯易懂，一點都不覺得有任何艱深難明之處，卻能將事件交代得一清二楚。

二、此書的主旨是將香積法門的種種，重點式的向社會大眾介紹。師兄以事件為主軸，帶出香積法門的特色。作者無疑是一個善於說故事的高手，一件看似不起眼的事件，經過香輝師兄的妙筆，卻成就一件件引人入勝的故事，讀來倍覺親切有味。

三、由於事件本身有時間相關的特性，可是，當中不同的事件，卻隱約透露著不尋常的關聯性。在這時空交錯之際，顯示在師兄的敘述中，卻能毫無違和的將時間的序列，自在跳接渾然天成，略無造作的痕跡。讀者讀來順暢、不費力，不覺得時間軸的衝突，委實令人佩服！

四、透過香輝師兄雋永的文筆，介紹法門同行及法門特色，絲毫不覺得嚴肅及凝重之感。在敘述故事的當下，順著文字的流轉，劇情的推移，自然讓人覺知香積法門的殊勝之處，毫不費力、如沐春風而能親近我師　香積如來的德澤！

五、經由作者精心的安排之下，讓讀者由淺入深，一一聆聽師兄姐說故事，故事中自然而然含蘊種種方便說法。無形之中，帶著讀者入於佛法的妙理之中。最令人讚嘆的是，法門的幾位師兄姐，透過自述及問答的方式，勾勒出各個師兄姐令人動容之經歷，簡單巧妙的安排，對這幾位師兄姐有了更深層的認識，可見得香輝師兄的匠心。

六、廣徵博引，觸類旁通。書中為敘述需要，引用了許多文獻，諸如：佛教經典、學術研究論文，甚至其他宗教的各種不同的說法，都能兼容並蓄，收納在一起，融合冶煉成一段段、一篇篇精彩的段落。而這些精彩的片段，透過師兄的妙筆，合為一體卻又不著痕跡，良能可貴啊！

七、看完這些書稿之後，發現一個令人意想不到的特色，想在此拈出以饗讀者。作者在許多章節「本文」告一段落之後，因為事件本身持續發展的延續性，意猶未盡的總會補上幾則「後記」。個人認為，有些部分的後記似乎比本文更加吸睛，總會在不經意間，於後記之中，遇見意外的驚喜！可以說，本文精彩可期為後記鋪陳，而後記出其不意的推出，錦上添花更加令人驚豔呢！

八、最後，得強調一下這本書出版的最大宗旨，據作者透露：是想藉著一則則故事的呈現，讓世人了解香積法門諸位同行及作者的實修實證，澄清並印證何者是正信的「宗教」！這與世間法盛行的迷信的「宗教」，是大異其趣。也可以說，訴諸迷信傳播者，絕非本書所說「宗教」的範疇。淨空老法師曾引用其恩師方東美教授的觀點：「學佛是人生最高的享受！」正是香積法門同行的寫照。尤其，晚近的科學研究，對於宇宙萬象與佛法的關聯性，觀點逐漸趨於一致。二千五百多年前，釋迦牟尼佛闡述的宇宙起源之言論，逐步為現代科學家所證實。「量子糾纏」等的研究與發現，突破了以往科學與宗教、科學與佛法之間的壁壘。關於這個領域，作者花了很多心思，整理相關資料以饗讀者。

本書的特色，自然不止如上所述，有待慧眼識英雄的讀者，盡心發掘囉。讀了幾遍文稿，誠心覺得，非常值得推介給各位讀者，一定也能受用無窮！走筆至此，真心推薦各位，好好品味這一本難得的好書吧！

最後，回到開篇所述的《開經偈》。想嘮叨幾句話：在這茫茫業海之無量、無數、無邊的世界與眾生中，法門的同行何其有幸，不但接觸到了「佛法」，而且是接觸到了「正法」！真正是「無上甚深微妙法，百千萬劫難遭遇」，與大家一齊共勉，入了門，就不要空手而回。

切願～「我今見聞得受持，願解如來真實義。」

切願～真入「真實義」，而非口頭上的「不實義」！

與諸位已入法門、將入法門及未入法門的師兄姐共同勉勵！

香輝法會

這是筆者平日香輝法會SOP標準作業程序內容，是筆者自己的「法會總匯三明治」，只要取得新法寶法財就加入施用於法會，還會持續新增添加，加量不加價，分享諸有情眾生。也在此公開分享給有緣的讀者參閱，如香一師姐揭示：「像普羅大眾的一句彌陀，心在哪裡法就在哪裡，心誠則靈！」，只要心存善念，為利益眾生故，相信您也可以有所感應！

昭告諸十方法界眾生：

現在要在【……（地點1）……】以及【……（地點2）……】、【……（地點3）……】、……同時舉辦弘法法會，邀請十方法界眾生分別前來這裡參加法會，恭請護法神到現場維持秩序，恭請師父加持我與玄雲威德力，能渡化這裡的眾生到祂們該去或想去的地方，如有不如法眾生，恭請　玄雲師父作主處理，「**布補阿彌嘛哈唆依蒙呢**」。法會開始，放佛曲[6]。

出水晶球珠、黑麒麟珠：淨化，淨化法會空間磁場，也淨化參加法會的眾生身上的磁場，助參加法會的眾生都能與法會的磁場融為一體，能充分接收法會裡殊勝大法帶給眾生的一切利益。

出水涎珠、水靈珠、黑龍珠：灑甘露水，施甘露飯，並且把雨水、露水、溪湖河水江水都化作甘露，同時也把受苦受難眾生一生的汗水、淚水甚至血水都化作自體甘露，回饋供養給自己。甘露水又稱八功德水，化作無數小水滴，一滴一蓮花，助參加法會的眾生，都能同登蓮臺、同霑法雨、離苦得樂、滅惡滿願。

分享神佛賜予的法寶：齊天大聖孫悟空定海神針金箍棒，東海龍王龍王寶盒，太湖龍王水涎珠，濟公活佛藥酒，財神玄壇元帥趙公明金銀財寶，黃財神讚巴拉的珍寶，香積如來師父萬象壺、象牙塔、滿願盆、成願星、獨角獸、純陽寶劍，桃園龍潭三坑三寶地牛魔王金磚，新竹南庄元寶山金元寶，復興鄉東眼山三叉戟神兵器、觀音鄉石觀音寺大金元寶，淡水

6 香積佛曲可以淨化有形及無形的磁場，可化戾氣為祥和，法音弘法，有緣眾生聽聞佛曲即可得渡，詳參本書「7.1 香積佛曲」。

河劈靡釜，七星山金刀金盾，擎天崗絹絲瀑布碧水劍，南故宮震天弓、若日劍、白龍馬、古越劍，屏東竹田五老公山水湖聖道院藥師佛祖的丹藥，四川樂山大佛金磚，四川成都岳陽神劍，北京頤和園昆明湖不動明王劍，玉山群峰金磚，新埔飛龍池天地之眼，司馬庫斯神劍，司馬庫斯精靈的法財資糧，以及香積如來師父賜予、神靈分享的所有法財法寶，通通化作光與愛，化作眾生所需的資糧，助眾生安心得渡到眾生該去或想去的地方。

珠光還原大法：大日如來顯日法起作用，聖堂十字光法起作用，五芒星大法起作用，北斗七星大法起作用，弘光如來大法起作用，昊天大法起作用，青巖大法起作用，光照二十四珠：

淡水清水巖清水祖師五龍玉珠、大水晶球珠、黑麒麟珠、澎湖四眼井黑珍珠、東眼山水靈珠，太湖龍王水涎珠、大同林家祖宅／嘉義神社夜明珠、香積如來師父智慧珠、祥和珠、還原珠，弘光如來師父弘光如來寶珠、復興鄉觀音洞黑龍珠、台北大安森林公園天鐵球珠、北投半嶺瀑布水靈珠、天母公園磺溪磺珠，龍女菩薩龍珠、香積如來師父鎮心珠、枕石珠、渾元珠、開天珠、闢地珠，向天湖賽夏之珠、富士山火山琉璃珠、北京雍和宮大白傘蓋佛母如意摩尼寶珠，二十四珠合一。再加入：

大日如來顯日金丹、地藏王菩薩明月摩尼寶珠、祖古澈桑仁波切貝葉經醫藥寶典、白馬將軍六合一天珠及國際金丹、香積如來師父再生花、大日如來師父大日金蓮、北投五福宮福德正神福德真經、萬年雲靈芝、大白傘蓋佛母舍利、釋迦牟尼佛祖舍利、北投善光寺佛陀舍利、四川樂山大佛一切如來心祕密全身舍利寶篋印陀羅尼經、廣州光孝寺金剛經、台中普濟禪寺煉妖爐、長白山蔘王百草藥。

恭請師父作主加持：放光照射加持所有參加法會的眾生，助參加法會的眾生身、心、靈都得以回復健康平衡，安心得渡到眾生該去或想去的地方，如果眾生還有罣礙於心放不下的人事物，可以寫下陳情書或請願書，我會幫眾生轉呈師父，請師父為眾生作主處理。「光之軍」出，若有眾生不便書寫陳情書、請願書者，再請協助為其繕寫完成，三界六道眾生都能平等得渡。

出動香積寶船：接引眾生到眾生該去或想去的地方。若有阻礙眾生得渡的不如法，恭請玄雲師父作主處理，「**布補阿彌嘛哈唆依蒙呢**」，收！

寫好陳請書、請願書的眾生，請將您寫好的陳情書、請願書交到我手上來。

敬呈師父，眾生的陳情書、請願書：恭請師父為眾生作主發落處理。

敬問師父：今日法會是否圓滿？（點頭示意表示已圓滿，若未點頭則須再感應請示原因予以對症處理，直至感應點頭示意法會圓滿止。）

謝謝師父主持法會的辛勞！謝謝眾護法神維持法會現場秩序的辛勞！也謝謝眾生的參與，更恭賀眾生都能安心得渡到您該去或想去的地方。今日法會功德圓滿，後會有期，我們相約在　香積如來淨土！

最後，功德迴向：「往昔所造諸惡業，皆因無始貪嗔癡，我今佛前求懺悔，一切功德皆迴向，迴向給累世父母，迴向給累世冤親債主，昔日因我而受苦，願今日因我而得渡！」

【註】詳細的法會過程說明，請參閱本書「2.3 遠渡酆都第四回」。

目次

第二章 地獄遊記

第三章　最好的安排

第四章　功德行

第五章 成都閉關記

第八章 虛實相應弘法利生

第一章
香積緣起

從小到大，接觸不少宗教派別，鐘鼎山林，各有高人，總是抱持著敬畏之心，縱使曾有機緣短暫為門下過客，總是緣起緣滅漸行漸遠，原因不一而足不深究矣。直到遇到香積法門，自己親身見證的經歷體悟，多位師兄師姐的殊勝經歷心得分享，更重要的是，人人都可以獲授殊勝大法，能上天下地救渡眾生，只要肯潛心修持並持之以恆，且有一顆大愛無私的心，得之於天地，用之於眾生，這才契合我的宗教理念。

香積如來，出自於《維摩詰所說經・香積佛品第十》[7]有詳細說明，YouTube也有淨空老法師講授　香積如來教化眾生的方法，我特別把淨空法師有關　香積如來的講授內容一字不漏記錄下來：

「下面引維摩經香積佛品，有段話說，『爾時維摩詰問眾香菩薩』，這是從香積國過來的，『香積如來，以何說法？』，請問他，香積如來是用什麼方法教化眾生？『彼菩薩曰：我土如來，無文字說，但以眾香，令諸天人，得入律行，菩薩各個坐香樹下，聞此妙香，即獲一切德藏三昧。』。大乘經教裡面我們讀過，十方世界的眾生根性不相同，我們這個世界，就像《楞嚴經》上所說的，文殊菩薩在楞嚴會上，接受世尊的教誨，讓文殊替我們揀選

7 節錄自《維摩詰所說經・香積佛品第十》：「上方界分過四十二恒河沙佛土，有國名眾香，佛號香積，今現在。其國香氣比於十方諸佛世界人天之香最為第一。」。

與我們相應的法門，文殊菩薩選擇的是耳根法門，菩薩說：『此方真教體，清淨在音聞』，音聲聞法，為什麼？耳根最利。因此，跟觀世音菩薩的緣分特別深，為什麼？觀音菩薩就是耳根根性非常好，特別利，看不清楚，但是聽得清楚，一聽就懂，就能開悟。娑婆世界眾生的根性，跟觀音菩薩相應，所以二十五圓通當中，耳根圓通的觀世音菩薩，排列順序排到最後，最後就是什麼？最殊勝的法門，這是娑婆世界眾生最殊勝的法門，耳根最利。」。

「香積國眾生，跟我們這裡不一樣，六根哪一根最利？鼻根最利。換句話說，眼看不行，他不懂，耳聽也很困難，你叫他聞香，他一聞就懂，他就開悟了，鼻根最利。所以，各個地區眾生根性不相同，佛知道，法身菩薩知道，他們教化眾生，能隨眾生的根性，有真實智慧，有巧妙的，佛經上常講『善巧神通方便，令一切眾生悟無上道』，香積如來他是用聞香用飲食，所以佛門廚房叫『香積廚』，香積如來常常用飲食供養大眾，聞香、吃飯他會開悟，就是說鼻根、舌根很利，他聞香能獲得一切德藏三昧。」。

「香積國是修舌嘗味，他是用香飯做佛事，你到香積如來那裡，香積如來請你吃飯，一吃飯就開悟了，為什麼？就是吃的時候，舌不被味塵所染，對於味塵不起心不動念，不分別不執著，修定，在這上得定，由定生慧，這麼開悟的。八萬四千法門，哪一個法門都能開悟，只要你不起心不動念，不分別不執著，行啊！這一開悟，就到華藏世界去了，這是釋迦牟尼佛的地盤，娑婆世界的實報土，華藏世界，如果是唸阿彌陀佛的，就到極樂世界。」

用白話文說，有一位維摩詰菩薩，詢問來自香積國的菩薩，問香積如來是用什麼方法教化眾生？淨空法師解說，香積國沒有文字經典來說法，香積如來常常用飲食供養大眾，聞香、吃飯就會開悟，聞香就能獲得一切德藏三昧。初次乍看，似懂非懂，但理解到有部經典叫《維摩詰所說經》，其中第十章「香積佛品」，記載香積國、香積如來，佛門廚房叫「香積廚」，在香積國的善巧法門裡，聞香、吃飯就會開悟⁈吾有幸因緣俱足入香積法門，謹記錄殊勝的經歷體悟過程，希望能藉此分享普渡諸有緣眾生。

1.1 因緣俱足初體驗

一九九二年我在美商花旗銀行徵信部上班，那時候認識了Golden陳師兄，因陳師兄的引薦，加入華興靈修中心，開始學習打坐。記得新生報到第一天，師父給所有的新進弟子灌頂加持，我第一次感受到被加持的感覺，如一桶蜂蜜從頭澆灌而下，緩慢地流淌包覆全身，非常奇特的感覺。後來離開了花旗銀行，也因工作忙碌沒能緊跟聚會的時程，就漸漸地離開了華興靈修中心，也與陳師兄斷了聯繫。

二〇一七年，拜行動通訊科技之賜，花旗的老同事們有了Line群組，大家聯繫上了，相約見面聚餐好好聊聊，才又和陳師兄碰面。相隔二十多年後再見到陳師兄，讓我大為吃驚，陳師兄的外貌怎麼一點都沒有變，甚至變得更年輕了。和陳師兄敘舊閒聊詢問下，才知道華興靈修中心已經解散多年，陳師兄現在是「香積如來法門」的弟子，修行的法門更是殊勝的方便法門，……。從陳師兄口中第一次聽到「香積如來法門」，一知半解，但若陳師兄得以青春永駐變年輕的原因，是因為在香積如來法門修法所致，這我就很有興趣進一步探究了解，陳師兄遂邀約我一起參加他們的打坐體驗看看。

我後來雖然離開了華興靈修中心，但是在華興那幾年已經養成打坐靜坐的習慣，至今近三十年一直持續不斷，所以欣然接受陳師兄的打坐邀約。特殊的是，不必像以前在華興時要跑到道場打坐，而是就在我自己家裡打坐，只是在同一個時段裡打坐，一樣可以感受到　香積如來師父的加持力，就像雲端連線一樣，資訊傳遞仍然可以暢通無阻。

當天晚上，到了打坐的時間，我就如平日一樣在我家佛堂盤腿而坐，未久，突然覺得前額頭左半邊有股亮光及熱流，感覺就像是有一盞探照燈對著我的額頭照，甚覺奇異，不由得偷偷地張開眼睛抬頭看，但是一張開眼睛抬頭看，什麼都沒有，光熱感也立刻消失，奇了⁈我閉上眼繼續打坐，沒多久那股光熱感又來了，而且感覺鮮明，不由得又偷偷地張開眼睛抬頭看，但什麼都沒有。我再閉上眼繼續打坐，那股鮮明的光熱感受立刻又來了，好像是在和我玩一二三木頭人，這次熱流一來我就火速張開眼睛抬頭看，但一樣還是什麼都沒有，真是奇了⁈

打坐近三十年，從來沒有過這樣的感受，陳師兄介紹的這香積法門打坐體悟果然與眾不同。於是我不玩一二三木頭人了，乖乖打坐到時段結束，靜心體會額頭上那股光熱流的奇特感覺。打坐結束後我立刻打電話給陳師兄，回報方才打坐時的奇特感覺，詢問這是怎麼一回事？陳師兄回覆說，這就是　香積如來師父給弟子的加持力！「那為什麼只有左半邊額頭有感覺咧？」我問陳師兄，陳師兄說每個人初次體驗的感覺體悟不盡相同，若能持之以恆一起打坐練功，你會有更多的感應。

就這樣，我仍然維持多年來的打坐習慣，只是到了香積法門師兄姐一起打坐練功的時間，我就會向陳師兄報名參加打坐。香積法門，依法為師，人間無師，香積法門的師父就是《香積如來佛祖》，參閱《維摩詰所說經・香積佛品第十》有介紹，聽陳師兄如是說，我對這香積如來法門越加想要一探究竟了！

1.2 師父你是怎麼混的

二〇一六年十月國慶日三天連假，香積法門的師兄姐們在宜蘭羅東陳師兄的民宿聚會，連假最後一天傍晚，陳師兄臨時邀約我去羅東，說這是難得的機會，可以和香積法門的師兄姐們認識一下，也可以藉此機會多了解一下香積法門，我沒多想便欣然前往，開車到羅東已經晚上八點多。

當晚的聚會，其實也是我可以正式加入香積法門的機會，可是當時我心中仍有罣礙，沒有開口說我想加入香積法門，其一原因是我自認為我還是密宗祖古澈桑仁波切師父的弟子，師父過世七年，我這麼快又投入其他法門門下，心裡過意不去。香豐師兄看出了我的心思，告訴我說：「你師父自己都還在地獄裡，怎麼助你修行，更別說去渡別人。你若不信，我們調他上來，你自己問他。」。

我半信半疑，祖古澈桑仁波切師父，伏藏大師《桑滇林巴尊者》三世，蓮花生大士弟子一〇八位大伏藏師中最為特殊的八位大成就者之一，這一世乘願再來入世弘法，雖然短暫如彩虹，不到五十歲就圓寂，但就算祖古澈桑仁波切師父還沒有去抽號碼牌排隊等輪迴，再怎麼不濟，也不至於會淪落到地獄去啊?!

很快地，香豐師兄去地府調請祖古澈桑仁波切師父的魂魄上來，附身在一位師姐身上，但任憑香豐師兄怎麼問他，幾近逼供拷問，他都不回話，很倔強。說實在的，我在旁邊聽香豐師兄問話，依我對祖古澈桑仁波切師父個性的了解，西藏髦牛的牛脾氣，他若真的是祖古澈桑仁波切師父，肯定打死也不會回話。但除了脾氣很倔強這一點，和我祖古澈桑仁波切師父很像之外，我完全無法判斷這位從地府調上來的魂魄，究竟是不是祖古澈桑仁波切師父。

心裡正在狐疑納悶之際，香豐師兄突然說：「林師兄你自己問問他吧，看他願不願意回答。」，我只問了一個問題，就確認那位真的是我祖古澈桑仁波切師父。我問他：「你記不記得我們初次見面時，我送你的一件見面禮，也是拜師禮，是什麼？」，問完半晌，他仍無回應。香豐師兄在旁說：「如果你連你弟子的提問都不願意回答，阻礙了他一個好的修行機會，也阻礙了你自己被渡的機會，你自己再思考看看。」，說完不久，那位被我師父附身的師姐突然激動了起來，很大聲脫口而出回答了一個字——「珠！」。旁人可能都沒聽懂聽清楚西藏口音國語，但我清楚地聽到了，就和他生前一樣的發音，是的，「珠」，一顆崩系文字天珠！

二〇〇二年夏天，祖古澈桑仁波切師父初到台灣，住在桃園市區一位師姐提供的大樓社區住家裡，人生地不熟，和我卻一見如故特別投緣。第一次見面時，我大清早拿著一本《貝葉經》去找他，他已經先夢見一位童子拿著發著閃亮亮金光的法本去見他。同年十月我患了顏面三叉神經炎，中西醫都說快者三個月，慢者也有人半年十個月都還沒好，祖古澈桑仁波切師父在家裡為我一人辦法會去病祈福，不到三週時間我就痊癒了，一個月後我就銷假回公司上班！

後來師父來台灣的六個月簽證到期，必須先出境離台後，再重新申請入台簽證，離開台灣前，我當時身上戴著一大一小兩顆珍藏的天珠，我把大顆的文字天珠取下送給祖古澈桑仁波切師父伴身，也作為正式的拜師禮，禮重情更重，一切靜在不言中。事隔半年多後，祖古澈桑仁波切師父回來台灣，我發現師父怎麼沒戴著我送給他的那一顆天珠，詢問之下才知道，師父把天珠轉送給別人結緣去了。

我當下很生氣，不只是因為那顆天珠很貴，也因為那顆天珠千年聖物真的很珍貴，才會送給師父當見面禮、拜師禮，豈料師父就這麼慷慨轉贈別人結緣去了，真是氣炸鍋了！當然，我不會向師父興師問罪，師父會拿天珠相贈結緣的人也一定是對師父很重要的人，但我當時的臉色肯定像斑馬一道黑一道白。此後我不曾再提起過這件事，但師父知道我對此事一直耿耿於懷，我也知道師父為此事一直過意不去，普天之下除了我和祖古澈桑仁波切師父之外，沒有第三人知道這件事。

祖古澈桑仁波切師父年紀小我三歲，平日修法時他是尊貴威嚴的伏藏大師《桑滇林巴尊者》三世，但修法之餘我和師父情如兄弟無所不談，與師父的心靈感應也始終如一，初次相見那天，師父先夢見一位童子拿著閃亮亮發金光的法本去見他，師父圓寂時，我沒能趕去玉樹參加法會見他最後一面，但我已經先在夢境裡親臨現場，對師父的不捨與思念一直隱藏在心[8]。萬萬沒想到，會是在這樣的情境下，能與師父的魂魄相見，當我確信那是我的密宗啟蒙上師——祖古澈桑仁波切師父，我再也忍不住掉下淚來。

「師父！你是怎麼混的，怎麼會混到地獄去了……」，我很直接地問我師父，就如同與他生前平日生活中的兄弟對話，心底盡是不捨與思念。祖古澈桑仁波切師父沒有回應我，我想師父有他的難言之隱，當下也一言難盡吧，師徒兄弟的默契，一切靜在不言中。這一晚，也讓我確信香積法門的殊勝大法，確實有通天遁地溝通陰陽之能。

---

[8] 祖古澈桑仁波切這一世輪迴再來，與筆者重逢到圓寂僅有短短七年，相處的過程中發生許多神奇巧合又殊勝的事情，請參閱《拉拉山林奇遇記》一書「2.7密宗啟蒙上師——祖古澈桑仁波切」。

此後，我在香積法門裡更加精進潛修學習，二〇一八年八月十八日（農曆七月八日）香積如來師父賜與我法號「香輝」，二〇一八年八月二十日（農曆七月十日）我親自將祖古澈桑仁波切師父從地獄渡上香積如來淨土。幾日後清晨靜坐中，我看見了祖古澈桑仁波切師父，穿著服裝和生前常穿的衣服一模一樣，只是服裝顏色由赭紅變成了雪白，臉上依然掛著靦腆的笑容，一如生前我們師徒初次見面時一樣，吾欣慰，釋懷了。

《拉拉山林奇遇記》一書編輯付梓之際，道法法律事務所蔡所長就我將祖古澈桑仁波切師父從地獄渡上香積如來淨土提了一個問題，恰巧法門群組裡有位師兄分享一幅兩格漫畫，一格畫的是大人站在嬰兒床邊，挑選買了一件吊掛在床頭上的吊飾，吊飾有老虎、大象、豬、馬等動物；另一格畫的是小嬰兒躺在床上仰望上方的吊飾，看到的是肚子、屁股、尾巴、腳蹄子。瞬間頓悟，我不過就像是那躺在嬰兒床上看吊飾的嬰兒，看到的只是片段而非全貌，祖古澈桑仁波切師父在地獄，說不定是有特殊的神任務專程去一趟地獄，包括為了讓我確信香積法門殊勝法，配合客串演出師徒相認記，再讓我練習如何渡眾生到香積淨土，作為我日後地獄遊記弘法利生的序曲。

原來，我才是被祖古澈桑仁波切師父以此方式捨身渡我到香積法門，箇中安排玄妙深意，吾等凡夫俗子，有幾人能參悟知曉？

1.3 法號香輝

二〇一八年夏，我們全家人一起跟團到香港旅遊，四天三夜的行程中，有一晚就夜宿在迪士尼樂園酒店，隔天在迪士尼樂園自由活動玩一天，下午五點在迪士尼樂園入口處集合。豈料，難得來香港遊玩竟然碰到下雨天，雨勢還不小，到了隔日上午還在下雨，但阻擋不了我們玩興堅強，還好近中午時雨就停了。老少咸宜的迪士尼樂園，玩一天下來也是挺累人的，我們還不到五點就已經到大門口等著集合了。

以前經常到香港出差，或者經過香港往來大陸，在香港時經常可以看到老鷹在空中翱翔，但最多就是兩三隻結伴。那一天在迪士尼樂園大門口也有老鷹出現，剛開始看到老鷹一隻兩隻零散出現，過沒多久，從四面八方飛來的老鷹越來越多，聚集在我頭頂正上空盤旋，曾經在電視上看過灰面鷲成群過境南台灣形成鷹柱的奇觀，但從未見過老鷹成群在我頭頂上空盤旋形成鷹柱的奇觀，還好那不是禿鷹。

我立刻拿出手機拍下老鷹成群盤旋的畫面，可惜手機鏡頭廣角不夠，且老鷹在鏡頭畫面中飛進飛出稍縱即逝，就是不肯合作乖乖集中定點不動讓我拍張合照（Q：腦筋急轉彎：如果老鷹展翅定點不動，會掉下來嗎？），沒辦法拍下所有的老鷹群聚翱翔的大合照畫面，拍到最多隻的一張照片裡數一數有十九隻。

在香港迪士尼樂園大門口拍攝在我頭頂上盤旋的老鷹，拍到最多老鷹的一張數一數有19隻。

稍後我把這張老鷹群聚翱翔的照片發到香積法門師兄姐的群組裡，香一師姐回應說：「老鷹是來朝聖的（此聖—家亨師兄）」，「老鷹說這裡有正法……這裡有正法」，我好開心地回應說：「向我朝聖？Happy！不敢當！不敢當！聖鷹應該是來向香積法門的弟子致意，這兩天來香港都有幫忙渡亡，還有香林小師姐化了一游泳池的甘露水造福香港，天地有情，群鷹有靈性，來謝謝香積法門的弟子。更要謝謝　香積師父賜予的殊勝大法！」。

恰巧當天有一位往來台灣香港兩地工作的Shine香竹師姐剛好也在香港，香竹師姐也發了幾張照片到群組裡，其中一張拍的是一間大廟的正殿全景，我看到正殿前兩旁柱子上醒目的對聯，上下聯第一個字分別是「香」、「海」，還有供桌兩旁讓信眾添香油錢用的木箱子，正面寫著斗大的字「香油」。看到「香」字就特別引起我的注意，我回應Shine香竹師姐分享的照片，發了一個訊息問：「請問Shine師姐這照片中對聯的『香海』有什麼特別涵義嗎？我從照片中還看到『香油』。」。其實我是顧左右而言他，心裡真正促狹捉弄想提問的是「香油」，心裡想像著如果哪天　香積師父頒賜給我的法號是「香油」，不知那會是什麼樣油滋滋的法喜心情？

香積法門裡眾師兄姐高人濟濟，香一師姐立即回應說：「敬回香輝林師兄，香海即指香水海，圍繞須彌山內海，海水具有八功德，其味香冽故名之：一、澄淨　二、清冷　三、甘美　四、輕軟　五、潤澤　六、安和　七、除患　八、增益。一切法從心想生，心在哪裡，法就在哪裡，小師姐心中有眾生，將泳池當成香水海，祂就是香海。」。我老生駑鈍，一時還沒意會過來，「『香輝林師兄』是說我嗎？沒看懂咧?!」我問香一師姐，因為在此之前還沒有這樣的稱謂出現過。

「香油可燃燈，燃燈光輝生，修行伴佛燈，香油資糧生。」，「所以家亨師兄是看到自己的法號香輝」，「燃香油生輝啊！所以香輝就誕生了！」，香一師姐回覆如是說明。所以，「香輝」就這麼誕生了！

青出於藍而勝於藍，輝出於油而亮於油，心裡由衷感激　香積師父賜我法號「香輝」不是「香油」，我以後不敢亂打誑語促狹了。

1.4

牛魔王Daniel

天下事無奇不有，你相信，你便得見！

凡夫有悟似無悟
娑婆無物實有物
有無非因在不在
萬法惟心開不開
夢授獅抱還原珠
妖怪村降牛魔王
虛實相應香積法
信善方知菜根香

今早打坐，感悟第一次參加功德行的心得，如果不是師父夢授還原珠，讓我自己早幾天先夢見那超可愛雪白小獅子抱珠，說昨天收了個看不見的高大牛魔王，不免要加幾個問號。

現在回想起來，昨天到妖怪村時，豐師兄形容給我聽，那牛魔王就站在那紅色鳥居門後，就和那樹差不多高，還原珠可以拿出來了……。

在哪兒？怎麼拿？怎麼用？沒說明書？我還一頭霧水。

「動念」豐師兄說。

於是我就想像手中憑空出現像水晶球般的還原珠，面對那紅色鳥居門的方向，高舉在牛魔王面前。

突如其來之舉，牛魔王牛眼圓睜瞪得好大，似乎是被驚嚇到～

「怎麼會有人看得見我？」

「這小珠子是啥？想做啥？」

豐師兄問：「收了沒？葫蘆裡有沒有？」

「啊?哇阿知!葫蘆?」我心裡OS,怎又多了個葫蘆?

「再收」豐師兄像發號施令的將軍般指揮著。

「怎麼收?沒教!」

牛魔王這麼高大威猛,還原珠這麼小,拿到牛魔王面前都讓祂看成鬥雞眼,這要怎麼收,這一定還有其他配菜……。

剎那間福至心靈的念頭,想到最近都用香興師兄教過的《大日如來顯日法》+偷學的《聖堂十字光法》,用來幫眾生靈療,這身心失調的牛魔王也先給祂靈療SPA一下。

於是動念《大日如來顯日法+聖堂十字光法》

將充滿愛的光,透過還原珠照射牛魔王全身……

「還原,變小,收進還原珠……」

我是這樣想像著進行,也好像看到牛魔王被收進還原珠裡了,就像聖誕節禮物有雪景的水晶球一樣。

「收了沒？葫蘆搖看看有沒有？」豐師兄問。

「有耶！」，因為我已經似幻如真的看到珠裡的小牛魔王，也搖起手中憑空出現的葫蘆，沈甸甸的有東西。

「祂是你的護法了。收工！」豐師兄指揮若定，功德圓滿。

我心裡喜滋滋的，又多了一個護法，還是這麼高大威猛的牛魔王，樂得咧！

可惜我看不到祂，不知這霸佔妖怪村的大妖怪牛魔王到底是長得啥牛樣？

就在妖怪村裡參觀閒晃看風景時，在欄杆外樹叢一角，有一個禁止吸菸的告示牌，原本也沒特別在意，突然看到告示牌上一個叼著菸的牛頭，正滿眼無奈的看著我，似乎是回應我的疑問——

「吶，我就長這牛樣！」

「牛哥你好！」，我會心一笑，自然是要把祂牛頭照拍下來。

一覺醒來，回想昨日：

妖怪村有牛魔王？我沒看到。
有獅子抱珠？我做夢的。
牛魔王被收進還原珠裡？這要有點想像力。
那聽我講古究竟是真是假？你相信，你便得見。

妖怪村禁止吸菸告示牌上的牛哥

筆者手繪　香積師父夢授獅子抱珠

【後記一】

寫到「將充滿愛的光，透過還原珠照射牛魔王全身……」，莫名的兩行洋蔥淚，似乎感應到牛魔王當時的心情，但不知是因為祂太久沒被人關愛過了，還是因為不甘心被懾服於一顆小珠子裡？

昨日專程去妖怪村收服牛魔王，豐師兄說是我與這牛魔王的因緣，要我自己去究竟原由。剛剛我靜坐時，感悟這牛魔王是我某一世家中小牛，也是我形影不離的玩伴，因家貧無濟賣了小牛，小牛卻被新主人虐待憤恨而亡，誤入魔道修持，累世竟成了魔王。昨日在妖怪村，牛魔王看到我，牛眼圓睜，原來不是受驚於被人看見，而是隔世重逢見到故主，兩行蔥淚是隔世相逢的喜極而泣。

牛魔王也向　香積師父及　太上道祖師父磕頭感謝！

【後記二】

我回報豐師兄我與牛魔王究竟因緣的結果，豐師兄又出功課，問我是哪一世的因緣？剛打坐時我一時悟不出來，就直接問大牛（我給牛魔王取名叫大牛、Daniel了），我們是哪一世認識的？一會兒腦袋裡出現「宋朝」及「八二三」數字，我以為是在西元八二三年，立馬谷哥年代表，宋朝是九六〇年—一二七九年，那就不對啦！

心裡一想，難道是八百二十三年前？拿計算機掐指一算**2019-823=1196**！

天啊！我的大牛這幾世是度日如年嗎，幾年前都記得這麼清楚？洋蔥又來了。我哭慘了，您可看見我鼻涕掛多長嗎？重情重義如我，怎堪知此究竟，我一定更加努力修持精進，人眼牛眼慧眼法眼什麼大小心眼全修全開，讓我好好看看大牛這八百多年是怎麼熬過來的……

魔王煉成八百年
光愛遍照瞬還原
親身證悟殊勝法
燃心永續香積緣

【後記三】

自從與大牛今世重逢相認，大牛也成為我的護法尊，是我修行路上的好夥伴好幫手，此後功德行活動在外，大牛除了是我的隨車隨行護法，還會幫我去搬寶物，有一次在一處三寶地開寶庫取寶物時，我就看到大牛很自動的從寶庫裡推著一車金磚跑出來，好個大牛！取之於天地，用之於眾生，這些法財都是用在法會佈施給眾生用的。若遇到不如法，大牛更是神勇無比一牛當先，惟恩威並濟，化不如法為如法，同等得渡。

1.5 師兄姐的體悟分享

自從親身經歷應證了許多不可思議的事情之後，讓我更加相信確實有信息場、靈界的存在，也與李嗣涔博士的靈界科學實驗結論不謀而合，以前看電視靈異節目都以為只是做節目的戲劇效果，未曾想，現在就活脫脫讓我自己親身經歷過。「你相信，你便得見」，你存疑，更讓你看見！

幾次的功德行，去南投妖怪村降服大牛之前，我自己先夢見了小獅子抱著一顆還原珠，去淡水行忠堂帶回老黑之前，打坐中獲得一顆黑麒麟珠，這只是意外的巧合嗎？為何不是讓我夢見大吃龍蝦、牛排、帝王蟹、巧克力？原以為是自己想像力、聯想力太豐富，出現幻想、幻覺、幻聽，但經過一次又一次的求證、應證之後，我逐漸相信那不是我的幻覺，而是一種自然的、本能的直觀直覺！如同李嗣涔博士讓小朋友手指識字的科學實驗，以小朋友最純淨無瑕直觀的感應，證實我們所在的時空中，確實另有一個信息場、靈界的存在！

自此之後，常年打坐的習慣繼續維持，並且利用每天上下班開車的時間，動念辦法會渡六道眾生，有時候難免會想公休偷懶一下，但每每想到六道眾生的殷殷期盼，就鬆懈不得，強打起精神，專注精神如實進行。在香積法門裡經常會收到　香積師父及眾神佛賜予的寶物，有時候是大家通通有獎，同時賜予給法門裡所有的同行師兄姐，有時候是因個人的機緣與願力功課需求，在功德行至各聖地開寶庫時，或各自平日的練功打坐中，會得到不同的寶物，且很多是領用自己前世使用之物，於今世再用於濟世渡人弘法利生。將潛伏隱藏於虛空之中的寶物取出，類似密宗的「伏藏」[9]。但相對的，也時常會有意外的收穫，例證如下：

1小黑狗：有一次開車上班途中的例行法會，不巧看到高速公路上一攤血肉，想必又是意外喪命的小動物，已經難以辨識是什麼小動物了，只是剛好法會進行中，就特別動念渡這無辜的生靈，助牠身心靈得以還原回復健康平衡，無驚無懼無怨無恨，安心得渡到該去或想去的地方吧！不久，腦海中出現一隻黑色土狗，很開心地搖著尾巴，沒多想，繼續進行法會。幾天後到中部功德行，午餐休息時間和香豐師兄提到這件事，豐師兄說：「那隻黑狗有跟著來呀，就在那邊，祂和你說謝謝！」，眾生有情，會心一笑。

---

9 伏藏，藏文原義為「埋藏的珍寶」。相傳蓮華生大師從印度來到西藏時，預言西藏的佛教將會短暫遭到滅亡，他將他認為不適合現在傳授給西藏人的經典隱藏起來，交給各地的神靈保護，等待後世因緣俱足時再發現。伏藏主要是經書，但也有雕像和法器。相傳伏藏源自於蓮華生大師，擁有發現伏藏能力的人，稱為伏藏師。節錄自網搜維基百科。

2夜明珠：有一次和香積法門師兄姐一起的參觀活動，去參觀一棟在台北市區裡已有百年歷史的日式建築古蹟，在參觀精緻漂亮的日式庭院時，香蘋師姐引導我說，看看這一棵樹下有什麼東西？我閉目觀看了半天，看到樹底下有一個盒子，再觀，盒子裡面是一顆球體，再觀，是一顆「夜明珠」，收到一件法寶，日後的法會用得上。

3日本武士：另有師兄姐看到那日式建築屋子裡竟然有一位日本武士，師姐問那位武士是否要求渡，豈料那位武士回答說，祂並不想被渡離開這裡，祂只希望能繼續留在這裡守護這座日式宅院。隔天上班午休時間，我在辦公室椅子上打坐閉目小憩，突然間看到一位日本武士前來致意，並告訴我祂的名子叫做「佐藤榮一」，就是在那座日式宅院裡的武士。

4金甲神：原本安排專程來參觀這座日式莊園的目的，其實是要來處理一條千年蛇魔，豈料就在我們到來的前兩天，那條蛇魔因為聽聞香積佛曲得以淨化消除魔性，得渡升格為「金甲神」，並且成為玄天上帝的部將，功德圓滿。所以預定參訪的這一天，我們仍然依約前往，一起淨化這座百年日式宅院，讓它成為台北市區里一處祥和美麗的建築古蹟。

5白馬將軍印：有一次清晨打坐時，我感應到「領旨」，領了一面軍旗，領「光之軍」部將三萬人，銀白戰甲一套，銀槍一把，銀白長劍一把，與我前世南北朝南梁儒將陳慶之[10]合為一。這年頭沒戰爭，領軍不用打仗了，但既然讓我領旗領軍必有用意，平日就派「光之軍」幫忙在法會會場維持秩序，也幫忙法會中不便書寫陳請書、請願書的六道眾生繕寫陳請書、請願書，功德行有任務時更沒閒著，人多好辦事。時隔一年，某日清晨打坐時，突然感應「頒旨」，香積師父頒贈給我一枚金印，印文是「白馬將軍」，那印章的大小式樣恰好和我收藏的一顆玉質印材十分神似，根本就是一模一樣，於是就把那顆收藏多年的印石請金石大師精心篆刻了「白馬將軍」四個字，虛實合一。

6三叉戟神兵器：有一次去桃園復興鄉東眼山森林遊樂區旅遊，在爬登山步道時，看到

[10] 陳慶之（四八四年—五三九年），字子雲，義興郡國山（今江蘇省宜興市）人，中國南北朝南朝梁武將。陳慶之麾下悉著白袍，七千白袍軍所向披靡，縱橫千里，屢戰屢勝，從銍縣至洛陽，前後作戰四十七次，攻城三十二座，皆克，所向無敵。最後殺進魏都洛陽，扶立元顥為帝，一時間北朝談陳色變，洛陽城中童謠曰：「名師大將莫自牢，千兵萬馬避白袍。」，故有白袍將軍、白馬將軍、常勝將軍之稱，被後世稱為古代五大名將之一。參閱百度百科、騰訊網等。

步道的階梯旁有一棵樹，一棵樹幹一分為三，我看了一眼就直覺「有東西」，三叉在上，長柄插在土裡，就像是一把三叉戟兵器。經向香一師姐求證，果然如是。三叉戟神兵器寓無形於有形，在東眼山不知多久了，今日托香積法門殊勝大法之福取得，這不正是密宗法門所謂的「伏藏」？前人伏藏，後人取藏。

7鳳眼天珠：有一日清早一夢，夢見在海邊礁岩上拾獲一顆紡錘型雞蛋大的大顆「天珠」，紡錘型，不是一般天珠的形體，撿起來正要看仔細就被鬧鐘叫醒了，剛上班途中例行法會就拿來用上了。夢授天珠還是第一回體驗，但這又是什麼天珠呢？求教香一師姐，師姐回覆確認說：「天珠原是舊時物，今日重回舊時主，紡錘型名鳳眼珠，法力勝似金剛杵。」。能在夢中尋回舊物，感恩！雖是夢境，卻栩栩如生，虛實了了分明，心靈感受卻無分無別。

8天鐵球：不知是不是鋼鐵人、魔鬼終結者電影看太多了，電影後遺症產生幻想，還是骨骼轉換的「質能轉換」過程？昨晚在台北大安森林公園搭捷運，進捷運站前，在公園往東北角捷運站望去，下挖的結構體像個小山谷，居高臨下看風景，突然腦海裡從那山谷中浮現出一個寶箱，打開寶箱漂浮著一顆天鐵球體，表面還有晶體結構紋路，而那寶箱是沒有底的，看進去像一個通往外太空的門、通道，不知用途，就先收回了。今晨打坐，又想到這寶箱與天鐵球，納悶究竟是什麼用途，法會是否可用？不得其解，到後來那天鐵球開始變形溶解，卻是進入我身體融入我的全身骨骼，就像魔鬼終結者的金屬骨架一樣，甚感驚奇。更奇怪的是，不知是否心理作用，我現在覺得平常筋骨痠痛的毛病，特別是腰部脊椎骨痠痛，現在怎不會痠痛了，且感覺變得好輕鬆？是錯覺嗎？於是求教香一師姐。

香一師姐回覆說：「敬回師兄：先跟師兄分享一個境，有人看到大碗中間有條裂痕，您會想到那疫情會是因眾生頑劣（碗裂）所致？不必懷疑所見之境，那是意識所產生的一種方便意寓，喻質能轉換，一旦轉換過骨骼會有如鋼鐵般強壯。也可布施給眾生，讓所有人都有如鋼鐵般的強壯體魄。」，「心到法就到。以化法藥為例，那不正是我們的意識所決定所改變的現狀，若要能心想事成，需靠平日不斷的積累。」。經香一師姐確認後，我也變成鋼鐵人一族！我會把這天鐵球加入我法會布施的法器寶物清單中，讓眾生身心靈都能平衡圓滿又健康強壯！

9 龍珠：「今晨打坐時，感應到有一條龍來獻龍珠給師父，後來詢問師父，感應得知是觀世音菩薩座前的『龍女』來獻龍珠給師父。我心想，既是龍女要獻龍珠給師父，何必透過我咧？難道是和我分享一下，我也可以拿來法會裡用？剛剛上班開車例行法會就不客氣的用上了。敬問香一師姐：不知這感應是否正確？」，香一師姐回覆：「不必懷疑」。

10師父賜法號：師父透過我傳達賜法號給師姐的訊息，有的很直接，有得很迂迴，都是對弟子的考驗及訓練。今晨打坐時，下意識想到這週末北宗功德行，我是先想到吃的，三芝淺水灣的海都市餐廳，經濟實惠新鮮美味，以前在淡水工作時經常去聚餐，想說等會兒打坐完就來發訊息推薦給豐師兄。接著想到功德行的其中一站《金剛宮》，我沒去過，突然就靈動起來高舉雙手在半空中，心裡想這是要做啥？領寶物？接法旨？出任務？還是……？後來感應到是要接旨了，沒錯，但是接啥旨咧？

半晌，腦中才慢慢浮現出Anita黃〇〇師姐名字，我就問師父，是不是要領旨賜法號給黃〇〇師姐？點頭感應師父回應「是的！」，心裡為黃師姐高興著，但怎麼沒告訴我法號咧？「敬問師父：法號是？」……，又等了半晌沒回應！腦袋裡已經開始說文解字跑馬燈出現無數國字，我心想，這師父賜予師姐的法號，怎能是我自己聯想瞎猜，急了！

「稟報師父，師父賜法號給黃師姐，茲事體大，弟子不敢瞎胡猜，請師父明示！」，說文解字跑馬燈繼續跑，還是沒有明確的答案或指示。更急了！「稟報師父，弟子資質駑鈍，實在是猜不出來，請師父明示！至少也給個提示，拜託啦！」，心裡話才說完，突然立刻切換場景，想到我公司最近上新聞的事去了，自己還在訓斥自己能不能專心一點，現在別分心想到其他事去。突然靈光一閃，難道這法號和我公司有關？立馬聯想到《香印》？還是《香芯》？《香印》有感覺喔！

「稟報師父，法號是《香印》嗎？」，立馬感應點頭，但緊接著又搖頭，搖頭晃腦！這啥意思？倒底是或不是？靈光又一閃，發音應該是「香一厶」沒錯，但不是「印」字，說文解字跑馬燈縮小範圍繼續跑，漸漸就浮現「映」字出來！「請示師父：賜黃〇〇師姐法號是不是《香映》？」，用力點頭如搗蒜！再經發賴請香一師姐驗證確認無誤！虛實相應，功德圓滿！

11神來之筆：在前一本書《拉拉山林奇遇記》的書稿及封面設計剛完成之時，當時是週六晚上，我趕在十點打坐時間前把書稿完成，發給幾位師姐及師兄先睹為快，香音師姐回覆教導我說，可以請「神來之筆」幫忙再檢視修訂一下，剛好就到了打坐時間，於是我打坐時就先動念恭請　香積如來師父賜我「神來之筆」，協助指導校正書稿內容，希望能為香積法門弘法利生的志業盡份心力。結果，才入座開始打坐沒多久，身體不由自主靈動起來，雙手高舉，感應到要「接旨」，就接到一支神出現橫空而出好大支的毛筆，我想應該就是「神來之筆」吧?!因為毛筆超級大支，雙手捧著高舉在半空中，就動念把筆縮小縮小再縮小，最後縮小到直接從頭頂進入我腦袋瓜裡融為一體。

12福報存摺：二〇二三年二月二十三日清早開車上班，例行的開車法會，邊開車邊辦法會，不然一趟路四十分鐘也不能做啥事。剛到公司停好車，還坐在車上閉目養神片刻，腦袋瓜裡出現畫面，好多神兵天將運來金銀財寶及其他寶物法財，我原以為是要運來給香魚藝術公司祝賀公司設立，經請示師父卻搖頭。再感應，是因為我渡眾生的功德，接著腦袋裡浮現出三億多的一串數字，再經請示師父，是因為我渡眾生數超過三億！我心理半信半疑，從來未去記錄渡了多少眾生，也無從計數，已經分不清這是感應力還是想像力了，於是向香一師姐諮詢求證，經香一師姐驗證回覆確認無誤。記得以前香與師兄鼓勵我們要常辦法會，曾經說，每渡一位眾生都會有紀錄，每天辦法會渡眾生，受渡眾生數就像存款簿存款一樣會一直積累增加，是自己的「福報存摺」。原來所渡眾生數真的有紀錄，原來渡眾生真的像存款，福報存摺積沙成塔日積月累也會有可觀的積蓄，不過是動念之勞，心理滿滿的感動。

13地縛靈：「敬稟香一師姐：今早上班例行開車法會，除了淨化香魚畫室，也淨化我老家那棟五十年的四層樓老公寓，因為鄰地都在進行都更到選屋階段了，我們這一棟因為簽署參加都更同意書者還不過半，所以無法參與都更改建。我一直納悶這阻礙原因為何？剛法會時感應到這棟公寓基地有地縛靈，是建屋時意外往生的年輕人，已經特別為他超拔引渡到他該去想去的地方，他也願意離開了。」，「我感覺那位年輕往生的地縛靈還沒離開，他說想要加入香積法門，這感應是否正確？十九歲，姓陳，是當地人？」，不久香一師姐即回覆：

「敬回師兄：機會來到靜待佳音，歡迎陳師兄護法。」」。

14天地之眼：二〇二三年清明節假期，全家旅遊至新竹新埔近郊一處叫「飛龍池」的灌溉用埤塘，隱藏在小山間，映著山頭山水相連，池中倒影陰陽相合，渾然天成的大眼睛，遂用手機拍下這池塘山水景物，之後看照片覺得這山後的天空中好像有好幾雙眼睛，我點出了其中四雙眼睛後詢問香豐師兄，香豐師兄回覆道：「你沒問問看？加水池九眼，九眼至尊是何人？顯化九眼為眾生──太上師父！」。翌日打坐感應到太上師父賜飛龍池的「天地之眼」大眼睛給我，安置於胸口八卦處，用以洞見陰陽乾坤事。詳參本書「8.4故鄉道場的藍圖」。

15火山琉璃珠：二〇二三年夏，香珪師姐與友人組團至日本旅遊，至富士山下河口湖時拍攝了照片回傳分享給家人，我一看到照片就直覺要開庫，經轉發給香豐師兄驗證確認要淨化、開庫，遂動念開庫取寶。其中自富士山取得一顆藍綠色的「火山琉璃珠」，經向香一師姐確認感應無誤，且告知這火山琉璃珠的功用：「火山琉璃珠，億萬年煉就，火山內有它，火山不爆發，消防員有它，火中可穿梭，如入清涼境。」。我隨即回應香一師姐：「『火山內有它，火山不爆發』，那如果被我拿走了，富士山不就有火山爆發的風險？不過是很想拿回來放在大屯山，前兩天才看到一則有關於大屯山最快將於二〇二四年有爆發危機的報導，岩漿庫離地表火山口只剩八公里！」，師姐回覆說：「師兄真佛心，但是別擔心，交予師父造，化身百千顆。」。看到香一師姐的回覆我就放心了，「法法孵法法」，我怎麼給忘了，珠珠也可以孵珠珠，既然火山琉璃珠可以化身百千顆，那當然就不客氣地拿回來用囉，而且要請師父多化幾顆放置大屯山裡安地理之用，用好用滿，不然大屯山火山爆發可不是開玩笑的！

16不動明王劍：二〇二三年夏我赴北京返校聚會，行前就感應到要去故宮及頤和園開庫取寶，而且打坐中看見頤和園昆明湖浮現出一個四方形箱子的一角，像水泥一樣的灰白色箱子，但觀不出來內為何物。隔幾日的功德行時諮詢香豐師兄，我還沒說浮出一角箱子的顏色，香豐師兄竟然先說出他看到一個白色像石頭的箱子，但不是石頭而是玉石之類，而且表面是有雕刻紋飾的，至於箱子裡是啥東西，這是我的因緣必須我自己去悟。「玉石那麼重怎麼會浮起來？」我問豐師兄，豐師兄答：「就是要顯像讓你看讓你知道啊！」。翌日清晨打坐時，我用「移入他地法」前往昆明湖，以「天地之眼」再觀，看見是用漢白玉石雕刻精緻圖騰的石箱，再觀箱內是何物，先是出現了不動明王像，繼之聚焦在不動明王手中的寶劍，經向香一師姐求證確認是「不動明王劍」無誤。不動明王為降伏一切魔，及渡化剛強眾生，故顯化該有的威儀，如佩劍及露金剛怒目相，惟降伏外在一切魔之前，還得先調伏自己心魔。

17大白傘蓋佛母如意摩尼珠：二〇〇二年我初次到北京時第一次去雍和宮，看到三世佛殿裡兩側牆上的白度母唐卡及大白傘蓋佛母唐卡特別有感覺，像是久別重逢見到媽一樣的激動，之後每次去北京都要專程去雍和宮向這兩幅唐卡參拜問安。疫情過後，二〇二三年夏與家人一同去北京，返台前最後一天的行程特地去雍和宮，再去看看白度母唐卡及大白傘蓋佛母唐卡。在雍和宮大白傘蓋佛母唐卡前，就感應到佛母賜寶珠給我及同行家人，回台灣後也一直覺得大白傘蓋佛母要賜寶珠給法門諸同行。嗣經香一師姐驗證無誤，並告知佛母所賜寶珠是摩尼珠[11]。

18北京天壇：滿清皇帝祭祖的天壇皇家林園是北京知名景點之一，難得到了北京當然要特地去參觀一下，欣賞逾六百年歷史的祈年殿建築工藝，沿路四處拍照直到離開天壇公園，之後發現一張照片中的太陽似有異象，原本應該是圓圓的太陽光暈，竟然出現天壇祈年殿的造型，難以理解。

19長白山天池千年山蔘王：晚上在家裡看電視大陸尋奇節目，介紹長白山天池播出天池畫面時，突然出現要開庫的感應，於是我先把電視裡天池的畫面拍下，上傳到法門群組，不久香芝師姐回應了一個「取藥草」訊息。接著打坐練功時間時再感應，天池中住著一株已經

11 摩尼珠：又稱如意寶珠，是指海底龍宮中出來的如意寶珠，奇世珍寶，寶珠慶嚴殊好，自然流露清光明，普照四方。摩尼寶是由火焰和寶物組成：寶物由五個寶以三、二、一的梯形組成，並以黃、青、紅為三，紫、綠為二，青為一的顏色排列。在五寶周圍是向上燃燒的火紅的火焰，將寶圍在中心，下方為蓮座。白水晶是佛教七寶之一，又稱摩尼寶珠。參閱網搜百度百科-摩尼珠。

有三千年歷史的長白山山蔘王，山蔘王願意獻長白山的珍貴草藥助香積法門救渡眾生，嗣後經香一師姐驗證無誤。在家裡看電視竟然也可以開庫取寶於千里之外，這也只有在香積法門才有的神奇殊勝事蹟。

20司馬庫斯精靈與神劍：二〇二三年十月十四、十五兩天，司馬庫斯功德行，走在往神木區的林道上，欣賞山林美景之外，也不時留意細微處福至心靈的感應。就在半路上經過一處小山坳，一般遊客走過可能覺得平凡無奇，但當我走過時就覺得此處有玄機，請同行的師姐師兄留步感應一下，隨即感應到此處是一座寶庫，於是拍了照片上傳法門群組，開庫取寶，事後看照片才發現，似乎看見與大自然融為一體的山中精靈。走在回程路上，山路穿過一片樹林，看到路旁有一棵長得很奇特的樹，細細的樹幹平凡無奇很普通，但接近地面的樹幹卻呈現不成比例的扁平狀，我指給同行的香能師姐看，「有東西喔！」香能師姐如是說，我拍了照片發給香豐師兄看，香豐師兄說是一把劍，後來我感應是一把大劍，一把長柄寬刃的西洋劍，就像石中劍一樣插在土裡，細細的樹幹是劍的握把，劍刃插在土裡只露出一小段出來，於是動念取劍收下了，日後法會、功德行都用得上。

21丹書魚腸劍：二〇二三年十一月十七日清晨起來打坐，坐了一會兒就不由自主高舉雙手，感應領了一把銀白色長劍，而且有名字叫「魚腸劍」！還有一件像背心一樣的銀白色胄甲，還有一個方扁盒子裡面是法本，但是一時悟不出來是什麼法本，於是諮詢請問香一師姐。不久香一師姐回覆告知：「盒中法本是丹書，是道家煉丹結丹的心法，專諸刺秦王魚中藏劍，魚腸劍是泛指劍上紋路似魚腸。」。我問香一師姐領此法寶是否有特別用意？香一師姐回覆：「魚腸劍在手，治絲抓線頭，非法當冒頭，慧劍一出手，當下即斷頭。」。三天後我赴大陸出差，處理公司一些棘手事，一個月內寫了四篇調查報告，很順利的把棘手事情理出頭緒來，發現缺失當責究責，也確實讓該負責者現形浮出檯面。事後驗證果然如香一師姐預言，行前取得之丹書冑甲及寶劍，都是為了賜我智慧，助我處理棘手事情的法寶。

22吞彌桑布扎：二〇二三年十一月底出差大陸，此行還有個特別殊勝的任務，受託護送一尊茶晶雕的讚巴拉黃財神去給一位曾經來台弘法的吉美慈仁格西師父，也因此有機緣迎請這尊黃財神先來家裡作客供奉了幾天。說也奇怪，這尊黃財神來家裡作客之後，一直到護送至大陸交給吉美慈仁格西師父，和這尊黃財神有種很歡喜、很親切的感應。在靜坐時靜心感應探究原由，得到的答案是，我有一世是唐朝年間西藏吐蕃王棄宗弄贊時期御前大臣七賢臣之一，發明西藏文字的吞彌桑布扎，而這尊讚巴拉黃財神就是我當時的父親吞彌阿魯，也是吐蕃贊普松贊干布的御前大臣，今世經師父指派來助我弘法利生的志業，連母親及妹妹都感應知道是誰了。前世一家今世又相認，共同為弘法利生的志業努力！

北京天壇公園外像祈年殿的太陽

相較於我的體悟感應，香積法門裡的師兄師姐分享了許多更加殊勝的體悟感應，彙整分享師姐師兄們感應與求證過程的對話如下：

1山神廟與金剛杵：有位師兄去擎天崗踏青，多年沒去了，上週六去郊遊踏青，路經一土地公廟，看介紹在廟的後方還有一座兩百年歷史，清朝就有的舊土地公廟，就拾階而上尋訪舊廟，舊廟後有一大樹，雖是小廟，小廟裡已無土地公像，只有一塊石碑上刻著「山神」二字，感覺頗有靈性，於是動念為其淨化加持，也在擎天崗上辦個法會渡有緣眾生。今早起來打坐時，突然感應到為那舊廟裡的山神「頒旨」，不是為

有看出山谷中的精靈嗎？

新廟的土地公?!於是乎動念為山神頒了「道旨」及「法旨」，接著有感應那山神前來向　太上道祖道謝！今天回公司途中看到天空藍天白雲，一朵雲像極了「金剛杵」，來不及用相機拍下，當下覺得是那榮升的山神送的法器，就動念收下了。於是求證於香一師姐，經香一師姐確認無誤。師兄再問香一師姐：「為什麼是給山神頒旨了，而沒有給土地公頒旨？那山神與土地公有不同嗎？」，香一師姐回覆告知，一方土地百里山神，所以山神轄區大苦勞多。但那小小的舊廟感覺就比新廟更有靈性，誠所謂「山不在高，有仙則名；水不在深，有龍則靈。」，廟也不在大，有正神就有感應。

看是樹頭卻是神劍?!

2發功與金丹：「敬承師父威神力與大郭師姐功力加持，週六晚間又經歷了一場殊勝無比的練功……。在九點三十左右，便感受到大郭師姐的氣已開始環充太虛，剛好手邊之事已畢，便靜坐下來，以放鬆、放空的方式與之相應，兩位師姐似乎都已進入『發功』狀態，而我，卻漸漸進入鼾眠狀態……。約莫二十分鐘後『醒來』，頭頂的氣盤旋未散，待接近十點時，我再度入靜，此時，金丹自心口衝出，旋即化為無數無量金圓點，以順逆方式將我團團圍住，隨即，師姐的氣場，像一條金彩帶從上方打著圓繞下來，並將金丹與我裹於其間，接著，我的中脈形成一道由無數小金丹簇集而成的金束往上輕輕衝去，並逐漸開展，形成上方有個大口的玄雲，越展越大，突然間，又開始內縮，越縮越小，縮成像蚩針一般纖細，接著，它又再度展開變大，而此異象之速度，彷彿僅在瞬間！然後，感覺到體內正有無數道毫光想往外衝出，但我卻不清楚，它們是否有蹺家成功，因為，一切就靜下來了……，讚嘆大郭師姐！」。

3玄雲：「早上靜坐時，我的肉身，彷彿被順、逆同步旋轉的玄雲包覆住，然後，一道和煦輕盈的金光，自頂輪上衝，擴散成不見邊際的玄雲，玄雲下緣旋即出現無量金色蓮花，每朵蓮花下方又是玄雲。接著，玄雲分成五大股（像五道龍捲風），其底部分別串至五大洲，亞洲的串聯於臺灣，（此時，突然天搖地動！）請教師姐，我所觀的景象，有何意義嗎？」

4太極：「九點四十五分……我上虛空，靜觀兩位師姐的能量波動已展開，我的『一點靈』躍進那股能量波的中心點，慢慢的，中心逐漸形成一個超亮點，原本三層次的波動，開始合而為一！突然，出現一道很像透明玻璃的界線，彷彿隔開了兩個境界，感覺上，此界線非陰非陽、亦陰亦陽！接著，這道界限開始分別往左右兩邊分裂，各是一面太極，由於是相對位置，所以旋轉方向似反實同。兩旋轉太極愈離愈開，旋轉速度也愈快，轉出了兩大玄雲，玄雲中間形成一橫圓柱，呈半透明的晶亮，我們三人皆跏趺其間，大郭師姐居中，香一師姐與我，位其右左。

漸漸的，三個形體又合而為一，此時，有無量波動的亮點環繞著這個『一』，接著，『一』的相消失，繼而形成像太陽般的亮圓球體。……整顆地球被強大的能量波包圍住，心頭一念：消災解厄……呼喲！置於膝上的雙掌，感覺有氣旋在搔著，我將兩掌心與肩同寬的相對，掌心各發出金白光束，光束在中央相遇，撞擊出旋轉的光輪，並分別向上、下各衝出一道光柱……，我的頭頂和座底亦各出現反方向旋轉的太極，位於中間的我，被圓柱金光圍繞著，然後，我開始變得碩大……。頂上太極往上發出強光，上耀聖道；底座太極亦向下發出強光，下照六道……。電話響了，醒了，收功！懇請兩位師姐確認我所觀，謝謝！」

5玄牝門：「今天弘法有出現兩個玄牝門，一黑一白，眾生像龍捲風上去往兩個門上去，白門後面是白色，黑門後面是金色，結束後覺得很多眾生還沒有上去，再辦一場，這次只有一個黑色玄牝門，很多眾生上去，但有一批上去（不知是啥？），另外隱約有另一扇門（罩著薄紗），好像有一批眾生（不知何物）在等那扇門，不知是否跟我們有關？請師姐幫忙確認，謝謝。」

6神來之筆：「師父賜予神來之筆，黃金為筆桿，桿端鑲嵌琉璃珠，珠內充盈氤氳之氣，當我執筆運寫時，琉璃珠內的氤氳之氣便會開始運行，如同一個小宇宙。此筆筆毫之長短軟硬，皆任由我自如運用。神來之筆，筆下！……神來！懇請師姐為我確認好嗎？」

7能量波：「恭承師父大威神力與大郭師姐威力加持！~昨晚練功~~大郭師姐已發功，我上虛空靜守玄雲頂端，觀到大郭師姐強大的能量波相續啟動，其中央有兩顆旋轉的亮點，一顆是大郭師姐的，而另顆……？？不是香一師姐的？那師姐上哪兒去了呢？大郭師姐的能量波相當清澈，其清澈中閃爍著如電波般的混合彩光……，大郭師姐的能量玄雲籠罩整個臺灣島上空，下方則分散各處，觀到有部分能量回流，當下恭請師父慈憫，將這些回流的能量迴向給十方法界諸有情，讓祂們也有機會可以分享這麼棒的正能量。突然間，頭漲得厲害，原來我正不自覺的開始吸收大郭師姐的超級能量，奇妙的是，這能量彷彿來自一條通～～大郭師姐之上是師父，師父之上是太虛，太虛之上是……咦？疑似「自性」耶！

嗯～既然源頭是自家的，那就不用客氣了，直接動念——將這些能量供養諸佛菩薩與十方法界眾生吧！讓所有眾生皆能因這能量而提升證量，願所有眾生能因此次練功而感應到，香積法門的大門，正為所有眾生而開！～～感覺張開的雙手，手掌心各出現一顆水晶球，其中一顆晶瑩剔透無內含物，另一顆則有闇黑煙霧飄游其中，兩顆晶球漸漸互相吸引，立即合而為一，並逐漸變大，速度很快，大到宇宙無邊大呀！不知道它大至哪兒去了？只觀到，眼前全是密密麻麻燈星球，莫非，我正身處河漢之中？……水晶球開始回縮了，剎那間，又分別停在我掌上，接著又合一，然後，縮小，縮縮縮，咦？不見了！法輪轉了起來，轉著白亮亮的光，無盡燈愈發外亮了……不知不覺的弘起法來了，法輪恆轉，眾生平等！

恭請師父慈悲作主，將弟子今晚練功所獲得的能量，全數迴向諸佛菩薩與十方法界諸眾生！感恩師父！感恩大郭師姐！僅以此次練功所觀與同行分享！感恩！」

8黑洞：「剛剛香慈弘法，天空出現一個大黑洞，一批一批送上去，門後是金色世界，這景象是第一次看到，我接著辦第二次，出現一個更大黑洞，也是分批上去，眾生上去是一條線一條線，還有聲音喔，據現場特派員香瑜報導，因弘法地點是圓我的願，因現場還有一些很可憐小孩沒上去，再辨第三場，這次出現白金色洞，這些現象都是首見，我只能是一個矇眼說書人，呵呵。」

9無顯醫與還原珠：「報告香一師姐，今早要體檢，在今天之前，眼睛常覺得乾、澀且開始有看不太清楚的狀況，有點擔心因過度用手機及電腦導致視力下降及老花，於是在出門前先用無顯醫跟還原珠為自己的眼睛靈療，隨後跟師父報備後出門，到了醫院發現眼睛的狀況很不錯！乾、澀感全無且看的很清楚，量完視力後雙眼裸視皆為1.2，維持過去的水準！另外在體檢的過程想起去年體檢有不少膽囊瘜肉約0.5mm的狀況，於是動念用顯日法淨化並運金丹至膽囊處（過去沒特別像這樣處理），檢查時醫師說膽囊瘜肉最大約0.3mm，而且數量少少的。謝謝師父！法真是太殊勝了！」

10智慧蓮華：「敬問師姐：今天打坐時整個頭突然變很大，額頭中心出現一朵金紫色的蓮花，師父說這是智慧蓮華請師姐解惑。」，「有些法門修觀想，觀想佛，觀想菩薩，或觀想上師，這是執取相。我們不做如是想，讓念頭自由來去，因為……念想由來幻，妄情不須息，長波當自止，功到自然無。」

11施法治療：「敬問師姐：剛幫師兄治療的時候，感應到他周圍有一股氣壓圍繞，不讓法施進去，後來我改將法變成細針狀用射的進去。請問那股籠罩的氣是師兄自已的保護機制，還是有不善的在阻撓？我印心是不善的，師兄印心是好。請師姐幫忙確認。感恩。」

12師父賜法——卍勢心源：「敬問香一師姐：感應師父有賜法，法名為『卍勢心源』，為大勢至菩薩的法，運起此法感覺體內能量爆發，像是要破繭而出，心輪處出現一個八卦，隨著呼吸起伏呈順時鐘運轉動一圈，其作用為改善身體機能，幫助突破修行境界。不知是否有疏漏或錯誤之處？敬請香一師姐幫忙確認，謝謝香一師姐。」

13佛光：「香一師姐好：今天到奧萬大經過埔里，因為埔里最近做醮，沿路淨化突然眼前出現紅光、紫光、藍光一直交錯變化，第一次覺得十分特別，是諸佛菩薩親臨的光對嗎？」

14師父賜法——六通法：「敬問香一師姐：昨晚練功前體悟有收到師父賜法，法名為『六通法』，作用為有助於開啟六神通。昨晚運作起來雙耳上方漲漲的，接著感覺到雙耳有點刺痛，且之間的筋絡有連接起來，身體產生高溫，雙手不斷有能量放出，心輪也一直發燙，隨著練功過沒多久我就睡著了，剛剛起床這些現象仍在持續中，此法持續於打坐時修練應當能更加精進。有請示師父是對的，不知是否是自己的妄念想太多了？敬請香一師姐幫忙確認，謝謝香一師姐。」

15環繞虛空：「敬問師姐：這裡面太空的景象跟我打坐時看到的東西都是一樣的，是因為打坐時環繞虛空嗎？請師姐解惑。」

16靈體求渡：「師姐，下午發生奇妙的事，忽然肚子痛拉肚子，感應很多靈體求渡，是在中日戰爭中喪生帶著怨念的靈（因為一直關注網民在網路上亂罵的現象），他們的怨念影響著現在生存的人，也充滿了怨恨，加上奧運比賽的過程更強化了。下午渡了一批、兩批、三批，在休息的空檔，手機的音樂聲響起，應該是第四批求渡，渡完之後，音樂聲終止，好奇妙喔！不是鈴聲，是唱歌的檔案，沒有碰觸之下唱起歌來！」

17太上心經：「敬問香一師姐：昨晚練功時，有看到一名老者，雖然無法與之對話溝通，不過我覺得應該是太上師父。隨後前額感覺開了一條縫，接著往兩邊延伸到整圈，然後感覺頭頂有被往上抬的感覺，後來出現一個童子，手上捧著一些書籍及書卷，然後放進我頭裡面，接著出現一本書，上面寫著『太上心經』。請問這些書籍及書卷是太上師父派書要給我的嗎？敬請香一師姐幫忙確認，謝謝香一師姐。」

18蟲洞和玄雲：「香一師姐：剛剛靜坐現大人相後有看到一扇拱門很亮，推開後非常亮，我就坐下盤腿。後面看到我和玄雲合一，我就是蟲洞，能量一直下來，又看到我坐在中間，菩薩眾跟我頂禮，後來看到三位師父在笑。又看到空中有寫字，頭頂上有一顆水滴狀寶石，透明，發出七彩光，能量很強。」

19群組揪團淨化渡亡：還有在群組裡揪團一起幫忙，有一段群組裡的對話如下：「香瑞請求法門同行幫忙俊師兄加速淨化渡亡，幫助俊師兄，感恩。」，師兄師姐們收到訊息後，可愛貼圖紛紛出籠示意動念前往支援了，也有進一步詢問者，「可以請師姐告知俊師兄現更明確的位置嗎？例如某醫院。」，「台北榮民總醫院，感恩同行。」，「不要說我慢半拍，靈界無時空，啥時都有用。」，「香瑞代替俊師兄感恩同行出手幫忙加速淨化渡亡，感恩師父！感恩師兄姐們！」，「感恩師兄姐幫忙俊師兄加速淨化渡亡的速度，幫忙俊師兄趕上渡亡的進度，讓他的靈趕快安定下來好好配合復健，聽得懂指令配合復健，晚上乖乖睡覺，不要吵整晚，影響同病房的患者跟其他看護，不要讓看護阿玉姐一直萌生求退。」。隔天香瑞師姐的訊息：「香瑞感恩同行昨天幫忙俊師兄加速淨化渡亡，看護阿玉姐說師兄昨晚睡覺有比較安分一點，阿玉姐也有多睡一點點。香瑞能否再次請求師兄姐再幫忙俊師兄加速淨化渡亡，幫助師兄更安定，可以聽懂指令配合復健，早日康復。感恩！感恩！」。

20師父能量球：「香一師姐：我昨晚練功右手痠，觀是一個金元寶，壓在我右手上，想說知道了沒理會……，繼續右手痠，直到我和師父說我知道才解除。靜坐完躺在床上要睡覺，木地板有聲音，右手掌外有能量，等著我去接，有觀到能量和手勢變化，感應是師父能量球跑出實現化。」

21土地公：「說到土地公，我們有個師姐，在同事的請託下作陪拜土地公，師姐拿起香尚未做拜，只見土地公連忙跳開的趣事。又有幾次的功德行，去到某寺廟門口，觀音來迎，入寺廟內見裡面的觀音與來迎的觀音一模一樣，差別在多了一件披風，原來披風是外出服。」

22被淨化的眾生光點：香一師姐在群組裡發了一則訊息：「感恩師兄姐的菩提心，師姐得以見到密密麻麻的被淨化後往上升的光點。」，以前聽香興師兄、香音師姐說過，被淨化得渡的眾生，會變成一個光點往上升，若是得渡眾生很多，一個接一個絡繹不絕，就會形成一條一條的光束一樣。香一師姐解說，這些得渡的眾生會上升去到有緣淨土，或各歸本位。

23我也喜歡：香馨師姐和香德師兄分享的一個經歷，因為工作的關係，她們二位要巡視店鋪，有一天開車經過一處夜總會，香馨對香德說：「旁邊有夜總會，趕快淨化……」，也因為心生法喜，當下使用導航中的手機竟然自己發聲，在喳喳聲中講出「我——也——喜歡」四個字。因一念善念，得無形眾生回應，無形也能轉化為有形，虛實相應，這正是香積法門殊勝之處。

24煉妖爐：某日上午9:33在群組裡貼文發出幾張照片，本來是要先發給香豐師兄、香音師姐詢問確認照片中的禪寺主殿及旁邊的福壽塔、涼亭是否要「開庫」，結果陰錯陽差地直接發到法門群組裡，沒有無故的發錯，就順水推舟請師姐師兄們取寶！才發出就看到香一師姐前一分鐘9:32才貼文：「又有新的法器可用了，香常師兄收到『煉妖爐』，所謂煉妖爐，**是將冥頑不靈不如法的，不肯從善的，執著不去的，放入煉妖爐中去淨化改造（有形眾生亦適用，可化戾氣為祥和）**。」。我原以為先知香一師姐早一分鐘預言香常師兄收到煉妖爐，就是在這裡開庫取寶所獲，而我剛好正站在這五層樓高的福壽塔前，同時也感應到這整座塔藉實煉虛本身就是一座煉妖爐隱身在內。經分別向香一師姐及香常師兄詢問確認，原來不是同一座煉妖爐，香常師兄的煉妖爐是兩三天前在家裡師父賜的，香常師兄試用了幾天之後才在今早跟香一師姐確認，且發想「煉妖爐還可再用至各大監獄所有受刑人身上，化戾氣為祥和，出獄之後切莫再犯！」，托香常師兄的殊勝機緣，才能因緣俱足恰巧同一天幾乎同一時間，我跟著感應到這福壽塔就是另一座煉妖爐，嗣經香一師姐回覆驗證確認無誤；且再問香一師姐這座煉妖爐是否要移交給香常師兄保管使用？師姐回覆道：「法器自有智慧，有需要時自會自動轉移啟用無須移交。」」。何等殊勝之法器，這樣陰陽兩界的不如法眾生，都有淨化再造的機會與重生之所。

以上記載內容，除了我自己的驚奇機遇外，也摘錄其他同行師姐師兄的親身經歷事，於個別詢問求證驗證後，共同見證香積法門賜予的殊勝大法，讓我以及同行師姐師兄們，有能力在平凡生活中去感應體悟不平凡的事證。以我一介凡夫俗子，從未曾想過我也會有這樣虛實相應的感應能力，這都是因緣俱足幸入香積法門之後才有的際遇轉變。「你相信，你便得見」，你存疑，更讓你看見！

1.6

唱Rap唱到開頂痛

法門的師姐師兄潛心修持一段時間之後，因為證量逐漸提升，再上層樓更上層樓，通常都會經歷「開頂痛」的過程，感覺好像整個頭殼開花散裂開來，刻骨銘心的疼痛感，就像唐僧唸起緊箍咒時孫悟空頭痛欲裂的那種感覺。簡言之，就是整個人要脫胎換骨質能轉換，準備更晉級一層去修持學習更多的殊勝大法，持續積累更大的證量去踐行弘法利生的任務。

我也很期待能經歷開頂痛的過程，只是萬萬沒想到我經歷開頂痛的過程，不是在想像中水深火熱雷電交加的試煉環境中，或是在聽經聞法大澈大悟的閉關苦修下，竟然是在一場晚會即興饒舌歌唱表演的情境下發生。

二〇一八年夏天，《青澀芷蘭》協會[12]在金山青年活動中心舉辦兩天一夜的年會，當天

[12] 「**社團法人中華民國青澀芷蘭菁英培育發展協會**」，簡稱「**青澀芷蘭**」，又稱「**青幫**」，本協會資助家境困苦但學業成績優異的高中生全額學雜費至高中畢業，也由受資助的學生升大學或畢業就業後回協會擔任志工，自成一股善的循環力量。協會每年舉辦年會讓全省青幫學子齊聚一堂聯誼交流分享心得，協會會務的詳細介紹請上網搜尋參閱青澀芷蘭官網資訊。

晚會是年會活動的高潮，由全台灣各縣市區域的青幫學子表演競賽。為應和少年郎的口味，我在年會前一天燒腦即興創作了這首Rap歌詞，在年會的晚會上「全球首發」演唱，唱到後來全場嗨翻掉，數百人一起合唱副歌——「親愛的神　偉大的神……」，幾乎要掀了會場屋頂！

但唱完後慘了，我頭痛欲裂，整個頭殼從頭頂、太陽穴痛到後頸，以為是不是快要腦中風了？那次年會有邀請香興師兄參加，我唱完下台就去找香興師兄，告知香興師兄我頭痛的狀況不妙，想說要把握急救的黃金時間，趕緊打119叫救護車來緊急送醫！結果香興師兄笑笑地說：「恭喜！你不是快中風，你這是開頂痛，因為你自己帶動唱唱得很大聲——『親愛的神　偉大的神　賜我法寶　修心渡人　every moment！』，師父馬上回應你！」。記得香興師兄那時還說：「好多位師父有來，都在上面看你們表演！」。

這首詞裡有寫到Golden香興師兄及Shine香竹師姐，香竹師姐是每次青澀芷蘭年會的當家兼首席也是唯一的全程鍵盤手！Steven是香永師兄、David是香考師兄及Ricky都是法門師兄，也是青澀芷蘭協會裡極富愛心的核心成員。因為是即興創作的詞曲，於是結合香積法門與青澀芷蘭協會的名稱，就將這首Rap饒舌詞曲命名為《香積芷蘭》！

《香積芷蘭》

十點報名練功　我要報名練功
一三五六到點　大家一起練功
不管腰痠背痛　還是神經緊繃
練功打坐之後　你就感到輕鬆
身體欠安　工作不順　時運不濟
已經有夠鬱卒　又遇到好兄弟
冤親債主　業障福報　種種問題
只有靠你自己解決不用懷疑
感謝親愛的神　偉大的神
我要報名練功　請您帶我入門
親愛的神　偉大的神
賜我法寶　修心渡亡　**this moment**

千奇百怪社會　三教九流人物
有人榮華富貴　有人愁雲慘霧
不管你是獅子老虎還是白兔
各有業障天命我走我自己的路
看到很多爛咖　咬金奶嘴長大
我們天地為家　個個都是學霸
青率非為澀是我青春的滋味
芷草蛻貴蘭誰說小鳥喚不回
感謝親愛的神　偉大的神
今日人人為我　明天我為人人
親愛的神　偉大的神
等我長大　回報社會　**any moment**

青澀一家怎麼扯到香積法門
無心發心殊途同歸都是為眾生
本來沒有關係　要怪就怪Steven
Ricky、David、Henry　還有師兄叫Golden
一首佛曲天上來Shine驚為天人
法音渡人　意猶未盡　再加Rap聲
順隨因緣利益眾生的方便法門
球來就打　有緣就渡　喝酒一口悶
感謝親愛的神　偉大的神
我要報名練功　請您帶我入門
親愛的神　偉大的神
賜我法寶　修心渡人　every moment
感謝親愛的神　偉大的神
今日人人為我　明天我為人人
親愛的神　偉大的神
賜我法寶　修心渡人　every moment

第二章 地獄遊記

得之於天地，用之於眾生，受之於同門，回饋於娑婆。地獄一直被認為是作惡者死後受刑之處，下地獄遊地府，是生人迴避之事，生者若欲一窺究竟，除非去觀落陰，從未曾想過有人可以人天地獄自由來去，若有自稱能者，若非神棍，就是精神異常者。豈料，自己似乎一步一腳印走在印證之路上，見證凡人也可以修得不凡的能力，是學習特異功能，還是開發人類潛能，還是天賜神蹟，且先保持客觀，將親身經歷事實詳實記錄下來，日後見真章。

2.1 地獄遊記初體驗

一、幽冥教主令旗與黑麒麟

二〇二〇年五月一日北部功德行，橫跨淡水河出海口兩岸，從淡水河左岸的八里觀音山凌雲禪寺、凌雲寺，到右岸的關渡宮、北投行天宮忠義廟、淡水行忠堂、清水巖，再回到中和烘爐地南山福德宮。鑒於過去參加功德行收穫滿滿的經驗，有功德行的機會，若無其他更重要的事情牽絆，當然要參加。

中午在北投行天宮正殿旁的迴廊下休憩時，涼風徐徐催人眠，風似乎帶有能量，吹得人身心暢快好舒服。我坐靠著柱子閉目養神享受涼風，似睡非睡半夢半醒間，突然感覺到不自覺的伸出雙手，且手臂不斷往前往下延伸，穿過了石磚地板，伸到地底下去，抓出一個黑黑的方型帶把的盒子，但不知是啥寶物。

甦醒後，張開眼伸伸懶腰，香豐師兄見我醒來直接就問：「有什麼感覺嗎？」，豐師兄突如其來一問，我一時還沒回過神來，草草回答「啊?!感覺很好睡！」。原來方才我睡夢中的奇遇感應，豐師兄及其他幾位師姐法眼金睛都看在眼裡。經豐師兄告知，我剛剛入定時，有一道紅光照在我身上，看到關聖帝君與我合而為一。我才想起說出剛才睡夢中有從地下土裡抓出一個黑盒子，一時間也不知是何寶物。

我後來感應盒子裡是一面令旗，但不知感應是否正確，這令旗裝在盒子裡埋在北投行天宮的地下，又是什麼樣的一面令旗？會是什麼作用呢？為此，特別發Line去請教香一師姐，不久就收到香一師姐的回覆告知：「這是幽冥教主令旗，執此令旗神鬼不欺，人天地獄自由來去。」。

香一師姐的回覆令我震撼，馬上回應貼上查理布朗翻倒的貼圖給香一師姐，也敬謝香一師姐告知釋疑。這感覺有些沈重的寶物，因為師父安排賜與的寶物都是有用意的，既然是自己親手挖出這面幽冥教主令旗，可不是當導遊旗去地獄自由行純觀光用的，是指示我也要去地獄功德行辦法會渡地獄眾生的意思，即如幽冥教主地藏王菩薩的誓願：「我不入地獄，誰入地獄；地獄不空，誓不成佛。」。

接著又想到，下午在淡水行忠堂八仙洞開寶庫時，有感應從洞中出現一隻麒麟朝我走來，似黑色又不是全黑，隨著光線及角度不同，有炫麗的色彩變幻很漂亮，讓我想起幾日前在家裡打坐時，才得到一顆像茶晶水晶球般帶有黑色冷火焰的「黑麒麟珠」，是否這隻黑麒麟是要來和黑麒麟珠會合的，於是我就動念帶回家囉。

這讓我前後聯想起來，是不是要我帶著令旗騎著黑麒麟下地獄去？經向香一師姐求教印證確認後，我不禁由衷感佩與感謝師父，不但賜予我前所未有去地獄出差參訪的機會，還發給我一面可以來去自如的通行證令旗，連地獄來回的交通工具坐騎都幫我安排準備好了！且若不是幾日前自己在家裡先修得一顆黑麒麟珠的徵兆，今日又如何能讓此一聖獸黑麒麟近悅遠來相見歡！

淡水行忠堂大門旁的麒麟石雕

二、初出茅廬地府探路

功德行隔日，在豐師兄家聚會分享心得，討論到昨天功德行收穫種種，我像是要準備首次出國般，請問香豐師兄許多下地獄的問題，要怎麼去？要注意什麼？去到那邊有沒有人帶路？要不要先去拜會閻羅王拜碼頭打招呼？初來乍到需不需要帶什麼伴手禮？我突發奇想問豐師兄可不可以現在就試著去下地獄看看，趁現在聚會有眾師兄姐在，萬一我在地獄迷路了，或是有什麼突發狀況，身邊還有眾師兄姐可以就近討救兵。

我坐在小椅凳上，閉目凝神，動念騎上黑麒麟，出發。坐了半天，觀了半天，也睡了半天，一路上都是灰濛濛的沒看到啥東西。後來看到一面灰色的牆，不高，順著牆面走著走著來到一扇門，門也不大，像一般尋常百姓家的門，也是一樣的灰色調，但裊無人煙，也黯淡無光，是不是我走錯地方了，四下也無人可問，覺得無趣，一睜開眼就回來了。

向豐師兄回報剛剛所見，豐師兄說：「你第一次下去可能是飄浮在半空中，四周當然是灰濛濛的，你要往下看，有很多，角度問題，下回去再試試看。」。豐師兄面授機宜，說得好像是從家裡樓上看樓下一樣容易，但我已銘記在心，角度問題。聽豐師兄經驗分享，現在的地獄不只十八層，是一〇八層，看你要一層一層渡，還是全部一起渡，還是你人在中間層，整個地獄把你圍繞起來渡，……。

沒多久，趁著大家閒聊討論之際，我又閉目養神偷偷騎上黑麒麟下地獄去，一樣灰濛濛的過程，但動念間很快的似乎就到了地獄，這回感覺明顯不同，我動念默誦香積佛曲，環顧四周依然是灰濛濛的，但調整角度往下一看，「OMG！」嚇一跳！我離地面大約三四層樓高，地面上萬頭鑽動，還真的好多，不知是平常都這麼熱鬧擁擠，還是現在才衝著我來的？我有點嚇一跳，還沒有心理準備，我只是先來探路的，眼一睜就溜回來了。剛剛所見，似有若無，如幻似真，色不異空，空不異色。Anyway，I will be back！

三、地獄遊記第一回

昨晚早早不到十二點就睡了，想今日早起打坐時就來好好認真的下地獄遊地府去，這是我第一次準備自己下地獄，過去在職場闖蕩多年東奔西走，雖然不乏單槍匹馬單刀赴會的經歷，但下地獄，還真是大姑娘上花轎，生平第一回。

生理時鐘準點四點就醒來了，刷牙洗臉清醒後，拿出地毯鋪在客廳佛堂前，點上一柱龍涎香，行禮如儀後就四平八穩地坐下盤腿，深呼吸，放空，動念觀想騎上黑麒麟，背著幽冥教主令旗，再次記誦準備著平日弘法渡眾的功課內容，只是這一次的地點在地府。一切就緒後，「老黑，出發囉，勞您帶路！」。

黑麒麟，今後也是我人天地獄三界來去的夥伴[13]，應該給祂起個親切好記的名字，「小黑」？師父賜予的聖騎，高大威猛的黑麒麟，叫祂小黑似乎沒禮貌太失禮了。那就叫「老黑」好了，且為日後國際化預做準備，一併取個英文名字叫「**Black**」、「步雷客」，冠上「**老**」字號，是對資深前輩的尊稱，於是乎黑麒麟的名字就這麼定了。

騎著老黑，哼唱著香積佛曲，心曠神怡，感覺就像平日開車上下班一樣，不同的是，平日開車可以看見車水馬龍山川景物，但這回騎著老黑，一路上還是灰濛濛的啥都看不到，心裡頭不免罣礙，要先諮詢確認一下，「老黑，您還認得路嗎？」。不知是不是初次搭檔默契不夠，老黑沒搭理我，自顧自不知是走著、飄著還是飛，身陷五里霧中，四周寂靜無聲，我也只能仰仗老黑帶路了。就這樣，騎著飄著，騎著飄著，享受全然寂靜的旅程，朝未知之境前進……。

突然清醒過來，清晨六點整，我整個人已經躺平在地毯上，耶?!這是我家佛堂沒錯，那地獄呢？我到底去了沒？老黑到底有沒有把我帶到？還是舟車勞頓到了地獄我也睡著了？老

13 香有師姐分享經歷，她想到地府弘法，請示師父之後眼前突然顯現出一朵金色的花，詢問香一師姐才知道是師父賜金蓮座，助香有師姐到地府弘法用的。另外師父還賜予香有師姐一顆摩尼珠，也是助香有師姐到地府弘法用的，令人間地獄無幽暗、人間地獄放光明。

黑怎不叫醒我，還是叫不醒我？我怎麼毫無知覺、毫無印象？怎麼就把我載回來了？我充滿期待興致高昂的地獄遊記第一回，就這樣一路睡去又睡回?!這老黑也太不夠意思了，真沒默契！

四、一〇八層功德圓滿

後來發現，是我錯怪老黑了，去地獄辦法會渡眾生，非比尋常不可兒戲，幽冥眾生引頸期盼著得渡的契機，期盼著離苦得樂滅惡滿願，因此每次去地府渡眾生，都要貫注精神竭盡全力，直到請示師父確認功德圓滿，所以醒著去睡著回是很正常的。

地府若有一〇八層，我決定一層一層渡，平日我利用每天上班開車的時間動念辦法會，意念所到之處，無遠弗屆，如Golden香興師兄說的，一天可以渡五大洲，我不知道我有沒有這麼大的能耐，我想還是一層一層去拜訪認識一下，也藉此機會深度旅遊，笨鳥慢飛穩妥一些。

說實在的，剛開始到地府渡眾生，我只是按照師兄師姐教導的方式步驟以及分享的經驗，按部就班地進行，究竟成效如何，我也不知道。直到有一次功德行，香音師姐和我同車，和我說起她有一次到地府出公差時有看到我，看我正忙著在法會中弘法，讓我建立起一些信心，暫不論弘法渡眾生的功力成效如何，至少有師姐見證我真的有到地府幹活兒去！這讓我每天的例行功課越發起勁，一天一天日起有功，一層一層累積心得。

每次的地府渡亡法會過程，最後會問參與法會的眾生，如果還有罣礙於心放不下的人事物，可以寫下陳情書或請願書，我會轉呈師父，請師父做主處理，每次都會收到成堆的陳情書或請願書。有一日渡到第一〇五層後，當天剛好路經松山慈祐宮，就順道入內參拜，在慈祐宮內發現有供奉地藏王菩薩，我就禮拜地藏王菩薩，並稟報說我最近正在地府渡亡，已經渡到第一〇五層了，請地藏王菩薩協助保佑一切順利圓滿。隔日清晨打坐時，我就感應到地藏王菩薩前來，把祂手中的「明月摩尼寶珠」賜給我，當天開車上班途中的地府第一〇六層渡亡法會，我就把地藏王菩薩賜予的摩尼寶珠用上，分享法寶給參與法會的眾生。

說來也奇，那一天的法會程序最後，請心有罣礙的眾生寫下陳情書或請願書，竟然一封都沒有，接連三天到渡完第一〇八層，都沒有再收到地府眾生的陳情書或請願書，只收到一封感謝函。表示地府眾生都已經心無罣礙得渡去耶，表示地藏王菩薩賜予的明月摩尼寶珠功效果然厲害！二〇二〇年五月到八月間渡完酆都地府一〇八層，功德圓滿！

2.2 地府渡亡第二輪

事隔半年多，二〇二一年二月二十六日，農曆新年正月十五日元宵節，開始第二輪的酆都地府渡亡功課，而開始第二輪酆都地府渡亡功課的起因，是地藏王菩薩差使陰陽判官顯像來提點我。

二〇二一年農曆年後開工不久，老闆請我和另一位同事在國賓飯店一起午膳，飯後走出飯店，在大門口陪老闆等座車開過來，難得機會能和老闆一起餐敘，我趁空檔拿起手機連拍了三張合照，回到公司後要把照片發給同事，三張照片對比之下才發現，其中一張我的臉色明顯的從正中一分為二，深淺兩種不同膚色，就算是燈照光影也不會這麼剛好、這麼巧、這麼精準吧?!我把照片發給香一師姐，求教是何原由，香一師姐回覆告知是陰陽判官顯像在我身上，但為何陰陽判官會顯像在我身上呢？隔日清晨，用意知曉。

「香一師姐早安：謝謝師姐昨日驗證告知與老闆的合照中變臉，是陰陽判官顯像。今早打坐感悟心得，陰陽判官顯像，其實是地藏王菩薩要我再次去地獄渡眾生，感悟是否正確？

也請香一師姐驗證指導。謝謝香一師姐！」，經香一師姐印證確認後，當日上班開車途中就開工了。

這第二輪的酆都地府渡亡法會，一切按部就班如昔，只是加入了更多的法寶，都是這半年多來打坐練功或功德行所獲。但更特別的是，法會最後收到眾生的陳情書或請願書過程，很明顯的與第一輪的渡亡法會不同，少了許多紙張書信，多了其他因時因地制宜的材料。曾經收過書寫或畫記於樹葉、石板、羽毛、魚鱗、獸皮上，經求教印證於資深師兄師姐，始知是因為受渡六道眾生之不同也，石板更是史前時代的眾生靈所用。

「敬謝香一師姐！剛開車到台北已經去第一層開工了，現在再去地獄渡眾生確實比上一次多了許多法寶可用，特別的是，最後請還有要陳情訴願的眾生提交陳情書請願書時，沒有陳情書或請願書，只有一個黑色小小四方盒子，不知是何物，就上呈交給師父做主處理了。敬問香一師姐，請問那一個黑色的方形小盒子是何物？謝謝師姐！」，「敬回師兄：黑色方盒子，智慧之錦囊，遇事不決時，妙計即出現。」，「敬謝香一師姐解惑！我現在還真是需要智慧之錦囊，可是這錦囊上呈給師父啦!?」，「還在師兄的身上」，「還在我身上?!噢耶——太棒了！謝謝師父賜予！謝謝香一師姐告知！」。

「香一師姐早安！今早例行功課去地獄第二層渡眾生，感覺求渡眾生好多，還好我現在可用法寶也很多，儘可能圓滿眾生需求。今日特別的是，最後請還有要陳情訴願的眾生提交陳情書請願書時，一樣沒有陳情書請願書，卻有一個金色小小金字塔，且似乎會忽大忽小，這更不知是何物了，先上呈交給師父做主處理。敬問香一師姐，請問那一個金色的小金字塔又是何方聖物？謝謝師姐！連假愉快！」

「敬回師兄：先跟師兄分享一則師兄姐淨化渡亡小故事，有亡靈遞陳情書欲討報，在幾番勸說下才肯放下，卻因為跟　香積如來不熟，而不肯去，有的請祂們的祖靈來帶，有些請天使、天父、阿拉等（其實都是眾生自分別，所以才會有八萬四千多種法，方便因應眾生）。金字塔意寓師兄所渡亡靈來自埃及，時大時小因亡靈之多寡，畢竟師兄天眼未開，且尚未能了了分明，故以此來表相令汝知。」

「香一師姐早安！今早例行功課去地獄第四層渡眾生，感覺求渡眾生仍然好多，可用法寶全數供應，加量不加價，儘可能圓滿眾生需求。今日也是很特別，最後請還有要陳情訴願的眾生提交陳情書請願書時，一樣沒有陳情書請願書，卻有一面黑色三角形令旗，不知是何令旗，先上呈交給師父做主處理。敬問香一師姐，請問那一面黑色令旗又是什麼令旗？謝謝師姐！」

「敬回師兄：黑色三角令旗是教主令，如尚方寶劍之掌生殺大權，表示求渡者眾，需令旗來維持秩序。」，「敬謝香一師姐解惑。原來是教主令旗，記得去年北部功德行，在北投行天宮休息時，我伸手從地底下抓出一個木盒，裡面是一面黑色的『幽冥教主令旗』，我應該拿出來善加使用。謝謝香一師姐！」

「敬問香一師姐：酆都渡眾法會，今天渡到第十八層，最近幾次的法會，在用水涎珠、水靈珠、黑龍珠三合一，灑甘露水、施甘露飯，並化露水、雨水、江湖河水為甘露水外，福至心靈想到說也將受苦受難眾生的汗水、淚水甚至血水都化為甘露水（自體甘露）回饋供養給自己，當下渾身有感起雞皮疙瘩，不明所以，以為只是巧合，後來幾天的法會每到這階段，動念至此，就一樣渾身起雞皮疙瘩，便覺不是巧合，但這又是何原因？求教香一師姐。謝謝師姐！」

「敬回師兄：因為受者眾之故，師兄起了怖畏之心」，「敬謝香一師姐指點！原先沒懂何謂『起了怖畏之心』，谷哥了一下才明白，殊勝大法受者眾，我感同身受反而莫名畏懼了，應該平常心，去五怖畏之心，才能讓法更自在的開展，讓更多眾生受益。這樣的領悟理解對吧？」，「敬回師兄：別掛礙！突如其來見此場面本能反應！這是很自然的，雖然沒看到但是體感能感知，有師兄姐曾看到一望無際場面壯觀的無形眾生，有護法神在維持秩序，

（看不到未必不是好事）有師兄姐會感到汗毛直豎，或全身陰冷從骨子裡尤其是在尾椎，也有被拖住腳邁不開步伐的，這皆因是受者眾之故啊！」，「敬謝香一師姐指點說明，我會以平常心視之，按部就班繼續渡就是了。謝謝香一師姐！師姐晚安！」

還有其他很特殊的經驗，有一次渡到第二十五層時，收到一件獸皮卷，感應是《軒轅黃帝的聖旨》，便向香一師姐求證。「香一師姐早安！今早例行功課去渡地獄眾生，第二十五層，感覺求渡眾生仍然好多。今日也是很特別，最後請還有要陳情訴願的眾生提交陳情書、請願書時，一樣沒有陳情書、請願書，卻有一卷《軒轅黃帝的聖旨》，就上呈交給師父做主處理。敬問香一師姐，請問這感應正確嗎？謝謝師姐！」。「敬謝香一師姐！再敬問香一師姐，這一卷《軒轅黃帝的聖旨》有特別的用意嗎？這一次渡地獄眾生的法會很特別，每一層的眾生都很多，陳情書、請願書都很少或沒有，但都有不同的聖物。」

「敬回師兄：師兄所渡有來自涿鹿之戰的亡靈，為超拔祂們故請出軒轅皇帝之聖旨宣讀，表示任務圓滿結束，各歸本位。」，「哇——原來如此！來自逐鹿之戰的亡靈，幾千年了，忠義之士，敬佩！任務圓滿，功德圓滿，安心得渡。感謝師父賜與救渡眾生的殊勝大法！」

還有一次是收到一件從未見過的，比指甲片小，精巧如ＵＳＢ的超迷你記憶體，經感應是來自外太空的眾生靈求渡，請師父為其作主得渡後，一道光束直衝外太空而去。嗣後恰巧有新聞報載，墨西哥政府首次公開了兩具風乾千年的外星人屍體，引起全球議論[14]。不謀而合由此可證，真的有外星人來過地球，還作古於地球，若不是有幸遇到香積法門的殊勝大法，外星人真的只好把地球當第二故鄉了！

以上所述，如天方夜譚、三叔公講古，若非自己親身經歷感應，又經過其他師兄師姐印證確認，而且還有很多位師兄師姐分享各自的不同經歷體驗，德不孤必有鄰，否則我自己都會想去看精神科醫師檢查一下。

心經云：「色不異空，空不異色，色即是空，空即是色，受想行識，亦復如是。」，虛

---

14 綜合路透社（Reuters）等外媒報導，墨西哥國會召開了堪稱國際首次的「不明飛行物聽證會」，專攻不明空中現象（ＵＡＰ，Unidentified Anomalous Phenomena）的莫森（Jaime Maussan）也在記者環繞下做說明，「可以確定的是，這並不是來自地球的生物」，莫森表示，兩具屍體的發現地點並沒有飛碟殘骸，而是呈現化石的狀態被發現，悄悄的藏在秘魯的一處在矽藻（藻類）礦中，研究團隊接手後也從碳14分析得知，兩具遺骸具今已有超過千年的歷史，且挾帶多達三分之一的未知ＤＮＡ，由此推測應來自外星。除此之外，兩具屍體分別在體內發現3顆疑似是卵的物體，以及稀有金屬。參閱網搜TVBS新聞網二〇二三年九月十四日，八點二十三分發佈新聞。

虛實實，是虛是實，是幻境？還是存在於不同維度的實境？張開眼睛看到的世界，閉上眼睛看到另一個世界，科學家以實驗證實「信息場」、「靈界」的存在，認為這個宇宙是由一個八度的複數時空構成，四度為實數時空，就是物質的世界，也就是俗稱的「陽間」；另外四度為虛數時空，就是俗稱的「陰間」或者「靈界」，而這八度的複數時空是交相重疊同時並存的，個人的親身經歷正應證了科學家的實驗結論。

這兩個世界究竟是如何同時並存？在兩個世界不同時空轉換交流的標準作業流程（ＳＯＰ）為何？媒介通道又是什麼？是有形的物質還是無形的意念？科學家認為是透過「氣場」、「撓場」來聯繫溝通陰陽[15]，認為「氣場」是跳脫科學的第五種「力」的存在，並預言五十年至一百年後可以發明出具體的儀器設備來傳遞與接收訊息，這未來顯學值得探究，且拭目以待。

[15] 參閱前台大校長李嗣涔博士著《撓場的科學》。

陰陽判官顯像傳達再次前往酆都渡亡的訊息

2.3 遠渡酆都第四回

事出有因

每次有功德行機會，我都七早八早就報名要參加，這次二〇二二年九月九日的嘉義功德行也不例外，我看到群組裡發布功德行訊息就報名參加，因為適逢中秋節連假，必須事先早一點統計人數，以便預訂住宿地點。豈料上週五公司臨時通知，八月二十二日要出差大陸一個月，因為疫情期間關係，大陸僅開放幾處機場供入境隔離檢疫，必須先飛到成都隔離十天後，再搭大陸境內班機到廈門轉入廣州，突如其來的出差行程，怕打亂既已安排的所需共乘車輛及住宿訂房，昨日分享會中特別反映此臨時通知出差事。

豈料，香豐師兄老神在在地說，「去吧！」，這都安排好了，你去出差是有任務的，正好藉公司安排的出差行程，順道代表香積法門就近去處理該處理的事情。香音師姐接著說，這次功德行報名時，「我就知道香輝師兄不會去」，聽了心理暗暗一驚，原來一切都在師父運籌帷幄中，但不知究竟是什麼任務？香豐師兄、香音師姐目目相覷說得有所保留，言談中帶著天機不可洩漏的一絲詭譎笑容，讓我益發覺得事不單純！

分享會繼續進行中，後來話題提到農曆七月，我突然頭頂冒出燈泡心裡為之一震，「農曆七月?!」，拿出手機查看一下黃曆，「ＯＭＧ！」，八月二十二日出發那天是農曆七月二十五日，還在農曆七月間。繼之若有所悟，腦海中浮現熟悉的「酆都」二字！上個月才剛出版的《拉拉山林奇遇記》一書，有一篇寫「酆都渡亡第二輪」，實際上今年三月間我已經完成第三輪了，自己出書堂而皇之公開宣說去酆都渡亡，這下可好，現在馬上應驗安排受邀去實地參訪酆都總部，還剛好趕在農曆七月底關鬼門前去，留給我五天時間去聯誼交流，有這麼巧？真是現世報，好心就會有好報！

發現這個「巧合」之後，立即向香豐師兄反映，豐師兄說這就是你的任務，你已經有去地府渡亡的經驗，就放心去吧，有師父作主，師父賜你「純陽寶劍」一把！香音師姐在旁補充行前教育心理建設，你去會看到很多，真的很多，不要被嚇到，有什麼狀況就隨時發訊息回來，我們會去支援你！「會有什麼狀況？」心裡不免ＯＳ……。

該來的躲不掉，單槍匹馬千山我獨行不是第一次了，酆都也去了三回，一回生，二回熟，三回變成好朋友，早已經練就了球來就打、靈來就渡、寶來就謝謝收下的反射動作反應！何況這一次去酆都不會是我一個人，大牛、老黑陪我去還不用買機票，還有光之軍待命候遣隨傳隨到，我自己都很期待咧。酆都法會第四回，昨天分享會回家後已經連夜開工了！

自香一師姐公開傳授了玄雲心咒，法門裡的師兄姐都可以自己辦法會渡眾生了，我特地把我自己平日辦法會的過程寫下來，一來分享給日後新進的師姐師兄參考，二來也留下個書面紀錄，日後出書可以分享給有緣人。

昭告諸十方法界眾生：

現在要在【淡水河觀音山出海口】以及【大陸四川酆都地府】、【……（其他地點）……】舉辦弘法法會，邀請十方法界眾生及酆都地府眾生分別前來這裡參加法會，恭請護法神到現場維持秩序，恭請師父加持我與玄雲威德力，能渡化這裡的眾生到祂們該去或想去的地方，如有不如法眾生，恭請　玄雲師父作主處理，「**布補阿彌嘛哈唆依蒙呢**」。法會開始，放佛曲。

出水晶球珠、黑麒麟珠：淨化，淨化法會空間磁場，也淨化參加法會的眾生身上的磁場，助參加法會的眾生都能與法會的磁場融為一體，能充分接收法會裡殊勝大法帶給眾生的一切利益。

出水涎珠、水靈珠、黑龍珠：灑甘露水，施甘露飯，並且把雨水、露水、溪湖河水江水都化作甘露，同時也把受苦受難眾生一生的汗水、淚水甚至血水都化作自體甘露，回饋供養給自己。甘露水又稱八功德水，化作無數小水滴，一滴一蓮花，助參加法會的眾生，都能同登蓮臺、同霑法雨、離苦得樂、滅惡滿願。

分享神佛賜予的法寶：齊天大聖孫悟空定海神針金箍棒，東海龍王龍王寶盒，太湖龍王水涎珠，濟公活佛藥酒，財神玄壇元帥趙公明金銀財寶，黃財神讚巴拉的珍寶，香積如來師父萬象壺、象牙塔、滿願盆、成願星、獨角獸、純陽寶劍，桃園龍潭三坑三寶地牛魔王金磚，新竹南庄元寶山金元寶，復興鄉東眼山三叉戟神兵器，觀音鄉石觀音寺大金元寶，淡水河劈靡釜，七星山金刀金盾，擎天崗絹絲瀑布碧水劍，南故宮震天弓、若日劍、白龍馬、古越劍，屏東竹田五老公山水湖聖道院藥師佛祖的丹藥，四川樂山大佛金磚，四川成都岳陽神劍，北京頤和園昆明湖不動明王劍，玉山群峰金磚，新埔飛龍池天地之眼，司馬庫斯神劍、司馬庫斯精靈的法財資糧，以及香積如來師父賜予、神靈分享的所有法財法寶，通通化作光與愛，化作眾生所需的資糧，助眾生安心得渡到眾生該去或想去的地方。

珠光還原大法：大日如來顯日法起作用，聖堂十字光法起作用，五芒星大法起作用，北斗七星大法起作用，弘光如來大法起作用，昊天大法起作用，青巖大法起作用，光照二十四珠：

淡水清水巖清水祖師五龍玉珠、大水晶球珠、黑麒麟珠、澎湖四眼井黑珍珠、東眼山水靈珠，太湖龍王水涎珠、大同林家祖宅／嘉義神社夜明珠、香積如來師父智慧珠、祥和珠、還原珠，弘光如來師父弘光如來寶珠、復興鄉觀音洞黑龍珠、台北大安森林公園天鐵球珠、北投半嶺瀑布水靈珠、天母公園磺溪磺珠，龍女菩薩龍珠，香積如來師父鎮心珠[16]、枕石珠、渾元珠、開天珠、闢地珠[17]，向天湖賽夏之珠[18]、富士山火山琉璃珠、北京雍和宮大白傘蓋佛母如意摩尼寶珠，二十四珠合一。再加入：

大日如來顯日金丹、地藏王菩薩明月摩尼寶珠、祖古澈桑仁波切貝葉經醫藥寶典、白馬

16 香能師姐於群組中傳達分享，師姐於靜坐時看見一顆閃亮的金黃色珠，經請示師父是「鎮心珠」，作用為鎮定人心，師父賜於每位同行，請在淨化時啟動展開，鎮定眾生的心。

17 二〇二二年底法門師兄姐於全省的拔龍釘任務，拔龍釘後留下的坑洞，要用枕石珠、混元珠、開天珠、闢地珠等寶珠來填補及回復元氣，之後也用在日常法會中分享給無形有緣眾生。開天珠和闢地珠，此二珠為開天闢地之力所化，一擊之下，可發出開天闢地之力，等閒法寶不可抵擋。

18 二〇二三年三月春季功德行，來到苗栗南庄賽夏族聖地向天湖，當以珠光還原大法為眾生淨化靈療超渡回歸祖靈時，感應從向天湖中浮現一顆「賽夏族之珠」，是賽夏族祖靈回饋相贈的禮物，珠面有著賽夏族特有的菱形雷神紋／雷女紋圖騰。嗣經香一師姐驗證並告知，該珠能起風調雨順圓融和諧之淨化作用。

將軍六合一天珠及國際金丹、香積如來師父再生花、大日如來師父大日金蓮、北投五福宮福德正神福德真經、萬年雲靈芝、大白傘蓋佛母舍利、釋迦牟尼佛祖舍利、北投善光寺佛陀舍利、四川樂山大佛一切如來心祕密全身舍利寶篋印陀羅尼經、廣州光孝寺金剛經、台中普濟禪寺煉妖爐、長白山蔘王百草藥。

恭請　師父作主加持：放光照射加持所有參加法會的眾生，助參加法會的眾生身、心、靈都得以回復健康平衡，安心得渡到眾生該去或想去的地方，如果眾生還有罣礙於心放不下的人事物，可以寫下陳情書或請願書，我會幫眾生轉呈師父，請師父為眾生作主處理。「光之軍」出，若有眾生不便書寫陳情書、請願書者，再請協助為其繕寫完成，三界六道眾生都能平等得渡。

出動香積寶船：接引眾生到眾生該去或想去的地方。若有阻礙眾生得渡的不如法，恭請玄雲師父作主處理，「布補阿彌嘛哈唆依蒙呢」，收！

寫好陳請書、請願書的眾生，請將您寫好的陳情書、請願書交到我手上來。

敬呈　師父，眾生的陳情書、請願書：恭請　師父為眾生作主發落處理。

敬問　師父：今日法會是否圓滿？（點頭示意表示已圓滿，若未點頭則須再感應請示原因予以對症處理，直至感應點頭示意法會圓滿止。）

謝謝　師父主持法會的辛勞！謝謝眾護法神維持法會現場秩序的辛勞！也謝謝眾生的參與，更恭賀眾生都能安心得渡到您該去或想去的地方。今日法會功德圓滿，後會有期，我們相約在　香積如來淨土！

最後，功德迴向：「往昔所造諸惡業，皆因無始貪嗔癡，我今佛前求懺悔，一切功德皆迴向，迴向給累世父母，迴向給累世冤親債主，昔日因我而受苦，願今日因我而得渡！」

「香一師姐好！原本已報名九月九日嘉義功德行，上週五公司通知八月二十二至九月二十一要出差大陸一個月，先飛到成都隔離十天再飛廈門轉入廣州，昨日分享會中提到此事，香豐師兄、香音師姐告知，原來此行是有任務的——要去酆都總部！酆都法會第四回，昨晚已經開工了！就順手把這一段也寫進揭天幕新書中。

裡面提到辦法會的過程，我就把我平日辦法會的ＳＯＰ寫下來，也可以分享給日後新進的師姐師兄參考，但因這ＳＯＰ是我自己的『法會總匯三明治』，從來也沒和師姐師兄討論過，不知是否恰當，是否太繁瑣或是不足，或可以補充修訂再精進，剛好藉這機會一併校正。為此求教香一師姐，敬請香一師姐惠予檢視指導。謝謝香一師姐！」，嗣經香一師姐回覆：「從心所欲如實如是呈現」。

要特別補充說明一點，以上所述我日常辦法會的過程內容，只是為了完整記錄及呈現，供其他師姐師兄及有緣讀者參考，惟實際在法會執行時，若時間充裕如平日上班途中，我就行禮如儀詳細的唸；若是時間不允許的情況下，例如功德行的緊湊行程下，就只需要一個動念——「一切智慧法出！」，就ＯＫ了！因為香積法門弟子所獲得及施展的法及法器、法寶等，本身即具有相當於ＡＩ人工智慧，會自動以最適合的方式去開展分享給有需求的眾生。且每位師姐師兄的機緣不同、專長不同、任務不同，所獲得的法與法器、法寶等殊勝寶物不盡相同，於法會中施展的法自有不同，誠所謂「法無定法」，順應眾生需求爾。

遠渡酆都

酆都法會第四回，利用上下班開車時間，今天已經渡到第十二層。感覺有些不同，人多，書面的陳情書、請願書也很多！香音師姐說：「我昨天已經幫師兄拿一堆了，到現場還有很多，陸陸續續的送到。」。我詢問香音師姐，在台灣渡酆都地府眾生，和去到四川酆都渡地府眾生，這「酆都地府」有不同嗎？香音師姐回覆道：「各地有各地的眾生啊，到現場跟我們在這裡渡，在現場會比較仔細。」。

就是怕到了四川成都再去渡，擠在關鬼門前五天忙不來，所以現在提前開工！香音師姐說：「師兄放心，師父會做最好的安排，童子們也會拉線讓我們去處理，昨天先處理就是怕太多。」。我感覺大陸酆都地府的眾生不僅多，而且真的比較多狀況，兇惡的、殘缺的、爭先恐後怕搶不到、沒禮貌的，……。

香音師姐說：「師兄要跟他們溝通，說要有禮貌，因為有一些青面獠牙的，那種都是很兇，流氓級的，不過師兄不用怕，鬼差師兄都可以差遣。」。香豐師兄補充說：「你有純陽……^_^」，好耶！感覺就是很多沒有文化素養的，未受教化的盲流，不乖的就拿純陽寶劍來打屁股?!

2.4 血書請令旗

二〇二二年七月二十七日

每回地府渡眾生的法會都會有不同的感應，第一回去地府渡眾生時初次學習收取眾生的陳情書、請願書，第二回渡眾生時學習更精細明確地感應不同時空年代的眾生陳情書、請願書的不同（參閱本書2.2酆都渡亡第二輪），第三回渡眾生時感應眾生的陳情書、請願書變少了。而這一次是第四回了，而且是去到四川酆都地府總部，剛開始的過程與前三回又是截然不同的感應。

這一天上班途中繼續進行酆都渡亡法會功課，一次兩層來進行，從第十三層渡到第十八層，一樣都好多人好擁擠的感覺，令人感受深刻的特別感應有二，到公司後就先把剛才法會中的感應記錄下來：

一是這裡的地府眾生似乎很多是有身體殘缺病痛的，每當我進行到化甘露水、施甘露飯時，念誦「同時也把受苦受難眾生一生的汗水、淚水甚至血水都化作自體甘露，回饋供養給自己……」這一段時，一陣電流穿身而過渾身疙瘩，就和第一次提到自體甘露時一模一樣的感應。

二是法會最後請眾生若還有罣礙於心放不下的人事物，可以提出陳請書或請願書時，一樣都有很多陳情書及請願書，收到一大疊一大疊，特別的是在第十三、十四層時，感應到其中有一封是「血書」，而且感覺這一封血書是由兩個人一起合寫的，不知是哪位眾生有何冤情要上呈血書，我先上呈給師父，請師父為眾生作主處理。當感應到有這麼一封血書時，我特別動念將血水都化作甘露，讓寫這封血書的眾生用自體甘露供養自己，再以珠光還原大法助祂身心靈回復健康平衡，至於陳情請願的事會請師父幫祂作主處理！

接著把這感應紀錄發給香音師姐，請香音師姐幫忙驗正感應有此血書是否正確？若真有血書，能否知悉是什麼冤情？香音師姐回覆說，血書陳情者是要來拿令旗的，為慎重行事起見，要我也向香一師姐再求證一下。我把訊息轉發給香一師姐，香一師姐很快已讀但過了段時間還沒回覆，我以為是有不同的答案，於是捉狹的再問香一師姐：「香一師姐已讀未回，是否表示那封不是血書，只是不小心沾到番茄醬？」。

香一師姐就回覆說：「血書來自明朝，血書內容大約是因被羅織罪名而誅連九族，雖然羅織之人已受報，但是未及九族，致心有未甘。哎呀！因果律真的是盤根錯節，一般人很難明瞭。」」。看到香一師姐的回覆，頓時心情沉重了起來，似能體會感受到陳情者壓抑已久深沉的痛與怨，衷心為方才的失言懺悔。惟地府眾生若心有未甘心有罣礙，只會障礙自己得渡解脫的時機，也衷心希望這兩位以血書陳情請令的眾生能圓滿因果後，早日放下怨念安心得渡！

2.5 冰火地獄

二〇二二年八月一日

法門弟子出任務的時機與形式，不論是去到各地功德行，或是去地府辦法會渡眾生，大多數時候都是在睡醒時意識清醒下進行，但也有時候會是睡夢中或打盹半夢半醒中，元神出竅執行任務去了。之前幾次在地府渡眾生過程，都沒遇到過傳聞中的寒冰地獄及炎火地獄，沒料到這一回在地府分層渡眾生期間就親身感受到了。

我在群組裡提問：「香音師姐早安！我體質熱，平常是怕熱不怕冷的人，夏天在家裡都會開冷氣，平常吹冷氣睡覺都不蓋被子的，昨晚突然會覺得『起畏寒』，身體覺得怪怪的不是很舒服，以為是感冒了，但量體溫又很正常，早早去睡還是覺得畏寒。睡到四點醒來就起來打坐，突然想到最近在大陸酆都渡亡，已經進行到第五十層，是不是元神渡到寒冰地獄去了，於是啟動三昧真火給自己加熱保溫一下，打坐完才覺得舒服一點。但是現在反而覺得很熱，都冒汗了，但量體溫正常。敬問香音師姐：我是不是跑到寒冰地獄去了？」。

香豐師兄先回覆了一個「YES」的貼圖給我，接著香音師姐也回覆：「蓋十條棉被都沒有用。我進法門的第一個禮拜就去了！大夏天的吹暖氣蓋棉被都沒用，就是冷。」，原來真的到寒冰地獄去了，那種如同置身冷凍庫裡又寒又凍的感覺，寒意不是來自外面環境，而是發自體內，感覺很像是骨髓、血球都結凍了一樣，所以穿再多衣服蓋多層棉被也沒用，反而是把寒氣包裹起來適得其反。

更奇怪的是，才去除寒意之後不久，怎麼開始覺得熱起來了，這是怎麼一回事？於是求教香豐師兄，「再敬問豐師兄：我現在是不是跑到『八炎火地獄』去了，我現在好熱啊！」，香音師姐率先搶答回覆說：「火焰也是一樣，怎麼吹冷氣就是熱，會狂冒汗。」。真的，那種熱也是發自體內，光是吹冷氣是沒用的，感覺好像身體著火了一樣，很想跳進去裝滿冰塊冰水的浴缸裡，邊泡冰水邊吃冰，內外夾攻才能緩解那身體裡外的灼熱感。

接連著讓我體驗置身寒冰地獄與焰火地獄的感覺，忽冷忽熱極冷極熱，好特別的體悟經驗，我想這也是這一回地府渡眾生要讓我實地體驗感受的課程吧。Anyway，確定不是傷風感冒或確診就好，恰逢疫情期間，很怕是自己中招確診了，沒事就好，哈哈！

【後記】地府法會第五回

二〇二三年四月十八日清晨打坐中，很意外的感應到黑麒麟老黑出現，除了與老黑初相遇結伴首遊地府外，這是第一次在我打坐時老黑出現主動來找我，無事不登三寶殿，我心想老黑會來找我八成是又要去遊地府了，難不成要再去地府辦法會第五輪不成?!於是向香一師姐稟報求證感應是否正確?這一回是否有什麼特別的任務或目的要去執行?香一師姐回覆說:「感應正確，至於是什麼特別任務，師父沒說。」，師父沒明說的任務，就是要弟子自己去領會體悟了，若有所悟，日後補述。

二〇二三年六月二日完成了酆都地府第五回一〇八層的法會，功德圓滿，但這一回的地府法會相當平順，沒有什麼特別的感應或體悟，或許只是為了去圓滿所有在地府中與我有因緣的眾生，渡祂們到祂們該去或想去的地方。如我每次法會後說的迴向文——「往昔所造諸惡業，皆因無始貪嗔癡，我今佛前求懺悔，一切功德皆迴向，迴向給累世父母，迴向給累世冤親債主，往昔因我而受苦，願今日因我而得渡。」。

第二章
最好的安排

3.1 家母住院

二〇二二年七月，家母突然腹痛，緊急送醫院急診室，先做超音波、MRI核磁共振等檢查後，發現是膽囊結石掉落到總膽管與胰臟管的交叉口，造成胰臟發炎，所以不能進食，必須立即住院吊點滴注射治療，而為了辦理住院，因為正值Covid-19疫情期間，必須先做PCR快篩，結果足不出戶的家母竟然驗出陽性，CT值31，介於陽性與陰性、有無傳染力之間，因此醫院還是決定必須先住進確診者隔離病房十天，必須等PCR檢測CT值高於34無傳染力後，才能轉到一般病房，才能就胰臟發炎進行治療。

沒住過不知道，住進去才知，原來所謂的確診隔離病房，就是沒有冷氣空調的負壓病房，一般科技公司的負壓無塵室，是為了將室內空氣中的粉塵排出室外，但至少還有冷氣空調。而確診隔離病房，卻是連冷氣都沒有的負壓病房，七月大熱天沒有冷氣，一室三人都是確診者，不難想像那是一個什麼樣的封閉環境?!

而且家母沒有注射疫苗，抱著胰臟發炎的身體病痛，又不能進食更沒有體力及抵抗力，在這樣悶熱又充滿確診者新冠病毒的密閉空間裡，對年逾八旬的家母真是身體與心理的凌遲酷刑，真擔心家母還沒來得及治療胰臟炎，就先悶出其他問題來，或者原本無症狀確診轉為出現重症了。此際，醫院在疫情期間也禁止探病，僅准許一位家屬陪同住院照顧，也要一起被隔離，其他家屬是啥忙也幫不上，只能為家母祈福祝禱！

這時，我去請教香豐師兄及香一師姐有何對策可施，豐師兄回覆說：「請師父做最好的安排，如有進開刀房，要淨化醫療團隊。」，香一師姐也回覆指導說：「師兄可以隔空幫媽媽施治以玄雲無顯醫的威神力讓媽媽早日康復，我們一起加油讓法展開，再將玄雲大法推廣，畢竟疾病是眾生最大的苦因。」。

我立即遵照香豐師兄及香一師姐提點的方法，向師父稟報情況請師父做最好的安排，接著動念請　玄雲師父協助以玄雲大法施展玄雲無顯醫，庇佑家母與陪伴照料家母的內人，在這悶熱的確診隔離病房裡都能平安度過考驗。

大熱天裡，我想到化法藥給家母多喝水，於是也把家母狀況告知香一師姐，求教師姐可以化什麼法藥，香一師姐回覆說：「可化法藥茵陳篙湯+散腫潰堅湯。」，我就依循香一師姐指導如法泡製，豈料，化法藥也有神蹟出現，要讓弟子眼見為憑生大信根。

3.2 化法藥

香積法門有一項殊勝神奇的化法藥能力，能將一杯白開水或一般礦泉水化成法藥，原本應該平淡無味的白開水或礦泉水，經過　香積如來師父化法藥之後，竟能出現明顯的中藥味。我第一次參加功德行時帶了一箱金奇水[19]，晚間聚會分享心得時，師姐引導我把礦泉水化成「百花甘露水」，我依樣畫葫蘆動念化「百花甘露水」，只消三五分鐘的時間拿來喝，礦泉水竟然真的有花香味，而且喝起來的口感已經不是原來的礦泉水，多了甘甜潤喉的美妙滋味。

日後有一次微感冒頭痛，在家裡準備了一杯熱開水放在神桌上，向師父稟明症狀後請師父化法藥，稍後拿來喝竟有一股明顯的熟悉的中藥味，但一時說不上來是什麼中藥味。隔日小女腹痛，我就再次如法炮製請師父化法藥給小女止痛，幾分鐘後拿給小女喝，結果小女一喝馬上反應說：「怎麼有甘露丸味?!」，這一語驚醒夢中人，我竟然忘了這熟悉的中藥味就

19「金奇水」是一款市售飲用水品牌，水源來自新北市的翡翠水庫，經特殊製程改變氫氧分子結構，據稱具小分子團水特性。

是藏藥甘露丸的味道，我密宗上師　祖古澈桑仁波切在世時給了我許多甘露丸，家人也都一同分享吃過甘露丸，小女才會一喝就說出有甘露丸的味道。

二〇二二年七月二十二日，高溫三十六度的夏天，家母胰臟發炎住院，想到化法藥給家母飲用多喝水，遂向香一師姐求教法藥，香一師姐回覆並提到法門宗旨——「自疾自醫醫諸疾，拓展玄雲大法，減少人間煉獄。」。於是我拿了兩瓶金奇水放在神桌上化法藥，為了記錄化法藥的過程，順手用手機拍了張照片，拍完後發現家裡供奉　太上道祖師父的頭頂上有一點藍光，放大看是一道藍光，甚覺奇異。當時佛堂並未開燈，應該不會有反射的燈光才對，即便有開燈也不會是這樣的形狀與顏色。

香一師姐告知很多師兄姐雖然能看到法藥的諸多光彩及結黃金似的光晶，但都無法具像顯像，我這一張照片實屬難得。為了客觀實驗做對照，隔日同樣時間地點特別再次化法藥，我將水瓶放在神桌上同樣位置，站在同樣距離角度拍照，唯一差別是佛堂有開燈和沒有開燈，有開燈時會有明顯燈源反射投影（最右邊照片），但不論有無開燈，照片中都一樣沒有再出現藍色光點，刻意想拍照就拍不出來了，驗證香一師姐所言無法具像顯像。這更驗證第一天無意間拍的照片，化法藥時下化的清氣藍光，彌足珍貴！

撰文校稿之際，恰巧看到網路上有台大前校長李嗣涔博士的【超時空教授專訪】系列訪談文章[20]，其中一篇記載二〇〇一年初大陸特異功能人士張穎來台灣表演「隔空抓藥」，雖然在記者會中遭魔術師指稱其使用的伎倆為魔術「仙人採豆」，但是李嗣涔博士仍然相信張穎有特異功能，因為——「高橋舞說，抓藥的時候，天上有無形的光照了下來，她看到那道光降於張穎手中，打開就有藥。要不是有高橋舞這樣的敘述，我說就當變魔術，從這裡我相信張穎是有能力的。」，李嗣涔博士願意幫張穎公開背書，是因為高橋舞[21]的見證。

雖然有人質疑張穎隔空抓藥只是借魔術手法，也有人質疑高橋舞長大後手指識字能力已逐漸消失，但高橋舞與張穎無利害關係，毋寧選擇相信高橋舞所見所言，其所描述的抓藥過程，「天上有無形的光照了下來」，與本文所記載化法藥過程所顯示的藍光，似是不謀而合。

---

20 網搜標題「【超時空教授專訪四】隔空抓藥被魔術師揭穿做假他自比是哥白尼」，鏡周刊發文，發布時間二〇一九年三月四日，六點五十八分。

21 高橋舞，一九八二年生，於一九九三年開始參加前台大校長李嗣涔博士主持進行的手指識字等特異功能實驗，高橋舞於多次手指識字等特異功能實驗中的正確率極高，因此深獲李嗣涔校長的信賴。

左右兩張照片是隔天在沒開燈與有開燈下的拍攝結果，與中間對照比較。

3.3 最好的安排

二〇二二年七月三十一日，我媽昨天出院了，謝謝香豐師兄的指點，「請師父做最好的安排」，我如是請求，週六住院，住了兩週週日出院，剛好都在假日我可以照應處理。我媽在悶熱又吵雜的確診隔離病房住了十天，幸好沒有被感染重症，轉到有冷氣空調的一般腸胃科病房，以內視鏡順利取出結石，休養兩天就出院了！

沒有打疫苗的八旬老媽無症狀確診，卻要住在確診隔離病房，就怕無症狀也被感染出現症狀來。而且，內人為了照料我老媽也跟著住進確診隔離病房，更怕沒確診也要被傳染確診，身體與心理同時面對環境考驗的壓力，沒在夏天住在這沒冷氣的確診隔離病房裡的人是難以體會的。惟慶幸與感恩，我媽在確診隔離病房裡沒有再被感染出現重症，內人也平安健康沒有被感染確診，若非她們兩位是神力女超人，這簡直是奇蹟！

在醫院住了整整兩週，解隔離之後轉到一般雙人病房，老媽就一直掛心住院醫療費用，最後出院結算買單，健保支出了十二萬餘元，自費部份是六萬餘元，剛好買的股票連續兩天漲停板就有找了，但這股票為何會連續兩天漲停板我也不知道。老媽聽到住院醫療費用都這麼機緣湊巧地準備好了，終於放寬心，有了笑容。謝謝師父這一切最好的善巧安排！

過去兩個月這段時間裡，先是老爸椎間盤突出壓迫到神經影響到腿部行走，一連串的檢查確認原因後以打針治療，才剛治療好不久就接著換老媽住院，還好都有驚無險康復出院了。見老爸老媽都逐漸回復元氣，我接著要去大陸出差一個月，可以放心的出遠門了，時間都安排的這麼剛好，感謝師父冥冥中都幫我做了最好的安排！

日後回想起來，一切似乎都在師父的安排掌握中，先幫我處理安頓好爸媽之後，讓我心無旁騖地去大陸出差一個月，而這一次出差大陸的過程，更是始料未及的驚奇之旅，詳細內容請參閱本書第五章「成都閉關記」。

3.4 香素師姐

在《拉拉山林奇遇記》一書「2.2明慈寺九天玄女娘娘—阿嬤罵阿公」一文中，有提到一段關於我姐姐的故事，三歲時因病過世，後來我加入香積法門，香興師兄幫我把姐姐渡上香積學苑，但之後也未曾再有任何關於姐姐的訊息。直到有一天，我在酆都法會第四回時，感應到我姐姐出現了。

二〇二二年八月十日大清早開車上班途中，大陸酆都地府渡亡法會已經到了第七十五、七十六層，法會圓滿結束。但最後在收完陳情書、請願書時，腦海中出現一個小女孩，原以為是要來特別陳情求助者，後來感覺是我姐姐，但我感應不出她為何而來，所求何事？於是向香一師姐諮詢求證。

香一師姐很快回覆我說，「令姐無所求，本已得渡去，現身來說法，助弟渡眾生。」，看到香一師姐回覆驗證，心中充滿法喜，太棒了！姐姐已經得渡，還特地回來陪我助我到地府渡眾生，真是感動！但同時也覺得自己怎麼這麼憨慢，怎麼就看不懂我姐在做啥，真該好好懺悔，好自修為精進才是。

事隔三日後，大陸酆都渡亡法會功課已經進行到第九十層，法會進行到最後時，突然又想到姐姐會來酆都法會幫忙渡亡，腦子突然閃過一個念頭——姐姐有法號「香素」。但這次我真的不確定是不是感應正確，還是純粹只是我自己私心作祟，想像著姐姐也有法號，於是又向香一師姐求證。香一師姐回覆說：「香素有返璞歸真之意，也意謂著令姐在香積學苑，故有此號。」，看到香一師姐回覆驗證訊息，我感動的都掉下眼淚來了。

接下來幾天，到了法門打坐練功報名時間，我就把姐姐香素一起在群組裡報名，雖然看不到姐姐，但感覺得到，能和未曾謀面的姐姐一起辦法會，也能一起打坐練功，感覺是很溫馨的事。但因為畢竟姐姐是早逝先人，我沒有在法門群組裡像介紹一般新進法門的師姐師兄一樣介紹，結果火眼金睛的香能師姐發現了，看到群組裡有一個報名練功的偷渡客，來電詢問誰是「香素」，說明原委後，香能師姐讓我還是介紹給大家認識一下。因此，才在法門群組裡分享這一段故事。

話說我三歲過世的胞姐，自從民國八十年我當兵退伍那年在路上遇到高人，提點我說我背後有個女孩跟著我，應該是我家人姐姐或妹妹有事求助，讓我第一次知道原來我有個姐姐存在，為了幫姐姐超渡助姐姐能早日投胎轉世，前後曾經多次找過靈學老師幫忙處理，我不懷疑我有個早亡的姐姐存在，但說實在的，我無從得知老師處理過後的成效如何，因為我從來沒有自己感應過我姐姐。

直到入香積法門修持學習之後，我終於可以感應到我姐姐出現了，還會來我的法會裡幫忙，這是我在香積法門裡才有的殊勝感應，親身經歷見聞，焉能不信受奉行。

3.5 香珪師姐

平日法門打坐練功時間，我大多會在佛堂地板上鋪著軟墊打坐，二〇二三年三月四日週六晚上到了打坐時間，我偷懶不去拿軟墊到佛堂前鋪坐，想直接在客廳舒服的皮沙發椅上打坐，才走到客廳沙發椅上要入坐，就和正對面櫃子上的木雕觀音四目相對，突然福至心靈的念頭感應，這尊觀音也入香積法門了，而且有法號——「香珪」！

我民國七十八年大學畢業當兵，八十年退伍，八十一年三月到台北花旗銀行總行上班，當時起薪月薪兩萬八，剛報到上班沒幾天，都還沒滿月還沒領薪水咧，就在住家附近一家新開張的三義木雕藝品店看到這尊觀音，頗有一見如故一見鍾情的感覺，標價三萬多元，和老闆商量讓我用兩個月薪水分期付款買回家，當下就訂下了，看了就開心，充滿法喜。

這尊觀音自我初入社會工作就一直伴著我闖蕩江湖，從銀行業、代工製造業、法律事務所、工研院，至今協槓人生設立了兩家公司，地球繞了半圈只差沒飛過大西洋，至今三十多個年頭了！也就在花旗銀行工作那時候，認識香興師兄而加入華興靈修中心，多年後也因香興師兄而加入香積法門，也許是因為這尊菩薩冥冥中庇佑接引的因緣吧，出社會工作至今，沒有間斷過宗教信仰與自我修持，也一直不斷有奇遇發生，特別是自入香積法門之後！

因為這件木雕作品遠看就像是觀音菩薩站在一隻大海龜上，剛剛感應到這尊觀音有法號時，第一時間的念頭就是──「香龜」?!經請示師父，又點頭又搖頭，便知是音對字不對，於是乎開始說文解字，香閨、香歸、香癸、香圭、香鮭、……，最後感應是──「香珪」，連連點頭！而且感應「龜」是要來幫「魚」的！魚幫龜，龜幫魚[22]?!

打坐時間過後馬上向香一師姐求教驗証，香一師姐很快回覆說：「大凡有形必有靈，映入眼簾皆是緣，沒有無故的遇見，何況中駐著聖靈。」，還附上一個比「讚」的貼圖。在家裡擺放了三十年的木雕，平日打坐時幾乎忘了祂的存在，怎麼今天換個地方打坐，就偏偏和祂對上眼了而有此一念，也許是時機成熟因緣俱足了吧。

「沒有無故的遇見」，這一眼瞬間，如同當年在藝品店裡一見如故的感覺，一轉眼已經過了三十多年，也許是與香積法門早就緣起三十年前吧。很久沒有好好仔細看看祂了，

[22] 二〇二三年二月十七日正式登記成立了「香魚藝術有限公司」，由師父賜法號「香魚」給香嚴師兄香慎師姐賢伉儷的三魚畫室衍生而來，將一起為香積法門弘法利生的工作效力。

再看還是一樣充滿法喜的開心，訴苦哈啦無需言語，一切悲喜心照不宣！冥冥中似乎早就安排好了這三十多年來的種種因緣際遇。

【後記一】

香一師姐神來一句「沒有無故的遇見」，似有魔力，一直在我腦中迴盪著，若有所悟地思索，從這一眼瞬間的交會開始回溯過往經歷的人事物，一切都是沒

咦，香珪師姐是不是在抿嘴偷笑?!

"沒有無故的遇見"
如一顆玉石丟入青海
像一陣和風吹過太湖
大半生遇見的人事物
沒有無故必有因緣
那錯奇的現在佛
因這幅過去佛
緣結未來佛
遇見非無故
斷捨離亦然
消逝的離去的
凡緣起終有緣滅
平常心看待無常事
發大悲心廣渡有緣人
歲月生命有限大願無邊
一念亦無念只管積極行願
香輝

有無故的遇見?!那麼人生中求而不得失之交臂的是否也一樣?如果每個人一生中經歷的悲歡離合取捨得失皆有其因緣,那麼人生究竟是早已注定無法改變的既定劇本,還是充滿變數的善惡因果惟主宰在我?為何有人出生就含著金湯匙,而有人窮極一生連免洗湯匙都是奢侈品?人真的生而平等嗎?人生際遇公平嗎?人唯一公平的只有一天同樣二十四小時的時間,但諷刺的是每個人擁有的天數卻不同……@!@……!不用想太多,多想無濟於事,還有啥該做想做的事就趕緊去做,珍惜當下,積極行願!

【後記二】

家中多了一位香琟師姐出現之後,打坐練功時我就一併報名,三月二十一日接到香能師

姐來電告知，原來「香珪」法號看似是師父頒賜給我家中的木雕觀音菩薩，實則「香珪」法號是我家中另一尊會走會動也會洗衣服煮飯菜的「活菩薩」內人的法號，只是先藉由木雕觀音菩薩代為受領來預告，待機緣成熟，內人也將加入香積法門，屆時再正式受頒此「香珪」法號。我認識內人是在當兵退伍前夕，退伍後不久的正職工作便買下這尊觀音，時間先後相差不到一年，內人與這尊觀音也算是同年同梯的，無怪乎有此因緣由木雕觀音來代為受領、預告此法號！

我一直都很期望家人可以和我有一樣的宗教信仰，可以和我一起打坐、參加功德行等修持實踐活動，但我家裡奉行宗教信仰自由的憲法精神，互不勉強與干預，家人都沒有打坐習慣，對宗教也不是特別熱衷，小犬還會戴著倒十字架的項鍊來禮拜佛堂裡供奉的道祖，宗教多元傾向未明。多年來家人對我參與宗教活動的態度，無異議就當作同意，沒有反對就是支持。內人雖然有了法號，但生活一如往常，我也只能等待機緣成熟時，再告知內人有關香珪法號一事。豈料，就在內人赴日本觀光旅遊之際，因緣俱足機緣成熟的時刻到來。

內人與朋友組成台灣大媽團，二〇二三年六月七日赴日本旅遊，到了富士山下的河口湖，觀賞湖光山色隨手拍了富士山及河口湖照片回傳分享，我看到照片當下就感應到要淨化及開庫的訊息，於是先諮詢香豐師兄驗證確認後，隨即將富士山及河口湖要淨化、開庫訊息連同照片上傳法門群組，請師姐師兄一起前往淨化磁場、開庫取寶。後來也把法門群組的對話內容轉發到家人群組裡，現在家人都知道我們家馬迷也有法號叫「香珪」了！

托香珪師姐的福，可以在日本富士山、河口湖開庫，及時取得重要的寶物「火山琉璃珠」[23]回台灣大屯山安地理，希望能化解一場看似即將一觸即發的自然浩劫。更感謝師父的善巧安排，用這樣的方式讓香珪師姐正式出場，也開啟了我與內人在香積法門共修的契機。

23 在富士山開庫取寶，取得一顆「火山琉璃珠」，安置於台北市郊的大屯山安地理，詳請參閱本書「1.5師兄姐的體悟分享」第「15.火山琉璃珠」。

香珪師姐拍攝日本河口湖眺望富士山

第四章
功德行

4.1 功德行的意義

在香積法門裡修行沒有功課表，也沒有時間表，「各人吃飯各人飽，各人生死各人了」[24]，師父領進門，修行就在個人。大家平日在家裡各自修為，除了在同一時段打坐與師父雲端連線之外，不定時舉辦的分享會或是功德行活動，更是要把握時機的挖寶機會，這是獲得無形法寶最直接的方便法門，每一次參加功德行都會有不同的收穫，所以有功德行的機會時，我都儘可能排除旁務報名參加。

功德行的地點遍及台灣各地，包括金門、馬祖、澎湖、小琉球等離島地區，有時候功德行的地點不遠，例如就在台北市、新北市一帶，當天就可以結束行程當天來回。有時候功德行的地點較遠，就必須安排兩天或三天的行程，且為了儘可能讓師兄姐都能參加，功德行會

[24] 「各人吃飯各人飽，各人生死各人了」此句原出自禪宗，亦作「各人生死各人了，各人罪業各人消」。聖嚴法師（一九三〇至二〇〇九年）《學佛群疑》：「佛法所講的因果，是眾生共同的，各自造作不同的別業受別報，多人造作相同的共業受共報；造惡業受苦報，造善業受福報。例如眾人都吃飯眾人都能飽，眾人不吃飯眾人皆飢餓；一人吃飯不能使得眾人皆飽，一人不吃飯也與眾人的飢飽無關。所以說『各人生死各人了，各人罪業各人消』，正如《地藏經》說：『父子至親，歧路各別，縱然相逢，無肯代受。』」。

安排在有連續假期的日期，而連假期間的住宿地點都必須提早訂房，功德行的地點、日期就必須在幾個月前就先安排底定，要參加的師兄姐也必須儘早報名，以便確認人數好預訂住宿的地點。

功德行，顧名思義是去做功德的旅行，走出家門前往各地，去到各地的宮廟、山川大澤，甚至是一般公眾場所，舉凡有需要淨化處理超渡眾生的地方，都是功德行的地點。功德行的目的很多元，所到之處除了淨化磁場、超渡眾生的基本功課之外，有些地方會開門、開庫取寶物，師姐師兄各自領取自己所需用的法寶、法財；有些地方會去收掉[25]一些不如法的無形物，有些宮廟會去頒旨，為該宮廟的主神升格或降級，在本章各節將個別說明。

功德行也是學習觀察天地萬物虛實有無的機會，資深師姐師兄會引導解說各地潛藏的玄機，引導同行去體悟、辨明、驗證這大千世界中萬物的虛實有無。例如經過一間宮廟，引導同行先去感應這間宮廟磁場好壞，是光亮的，還是暗黑的，若感應是一片暗黑磁場不佳，就動念加以淨化處理，然後再動念給予加持，再感應磁場是否已經轉變為光亮的正磁場。若是有危害眾生、阻礙眾生得渡的不如法，也會恭請師父作主發落處理。

25 香一師姐註解，師兄姐們出任務時常會接到旨令，「收」什麼什麼的，為什麼會有個「收」字？這像人有生老病死，物有生住異滅及成住壞空這四劫四個因緣，時間到了就須轉換。

香一師姐分享一個故事，某次功德行時，有一眾生來求渡，為了解其情，故請其描述狀況，祂指著自己脖子搖搖手，啊！原來還執著在生前氣切故開不了口。在某師姐（忘了是哪位）為其靈療後，可以開口訴說前因，在為其解冤釋結後，問祂是否願往我們師父　香積如來的香積學苑進修？祂問說　香積如來是誰？我又不認識。師姐往上指著一處說，你看是不是很亮，而且你的九玄七祖都在那裡，說畢點頭說好願意前往時，遂化成一道光點迅速消失。在超渡法會時，我們都會幫求渡眾生的冤親債主及九玄七祖一起超渡，這要有多大的願力才能有此能力？要有多大的福報才能有此機遇渡與被渡？唯香積法門誓願宏深福澤廣被三界六道。

功德行也是各師姐師兄與靈界有緣萬物因緣俱足的相會時機，例如我在南投妖怪村與牛魔王隔世相會（參閱1.4牛魔王Daniel），在淡水行忠堂與黑麒麟老黑相識（參閱2.1地獄遊記初體驗）。又例如二〇二二年春季功德行，在獅頭山一處寺廟前的廣場，一隻看起來像是無主流浪犬趴在地上曬太陽，看牠氣定神閒的氣勢頗不一般，我隨手拍下幾張照片，後經香豐師兄告知，這一隻流浪犬的靈是廟前的護法獅。是藉假修真，還是藉真修假，假假真真，虛虛實實，萬物無形藉有形，天地實相亦虛相。

看似無主流浪犬，靈是廟前護法獅！

4.2 桃園功德行

大陸出差行程訂在二〇二二年八月二十二日週一，這一次桃園功德行安排在出差前的週末，讓我還能在出差前參加這一次意義不凡的功德行，感謝師父別具用心的行程安排。

觀音鄉石觀音寺

這次是我第二次到桃園觀音鄉石觀音寺功德行，石觀音寺以寺內有數個出現觀音菩薩紋路的石頭而聞名，鬼斧神工的天然紋路確屬一絕，值得前往旅遊觀賞。石觀音寺的另一知名法寶就是觀音甘露天然湧泉，泉井已經不對外開放取用，但設了販賣機可以直接買水。在觀音亭前開寶庫，這一次出現了圓滾滾的碩大的金元寶，我拿得好開心，觀音佛祖賜予這些無形的法財，都是用來助香積法門弘法利生之用，我在日後的日常法會中就用上了。

大園空難現場

華航大園空難事件，發生在一九九八年二月十六日，一架華航空中巴士A300型客機自印尼峇里島飛回台灣中正機場，因降落時高度過高，機師擬執行重飛再降落，因操作失誤導致飛機失速當場墜落，撞擊到機場跑道旁的圍牆，一路衝到跑道圍牆外的台15線國際路二段馬路上並且爆炸。這起空難造成機上乘客與機組人員共一百九十六人全數罹難，並且波及跑道圍牆外的民宅與馬路上的汽車，導致地面上七人死亡及數人輕重傷。這場空難總共造成兩百零三人罹難，包括時任中央銀行總裁的許遠東夫妻，也包括了香菱師姐的哥哥，當時剛結束工作要返家途中竟逢此意外變故。

空難事故發生後在當地辦了盛大的超渡法會，令人意外的是，二十多年過去了，竟然還有許多的靈在當地執著滯留，或是因故受縛受困至今，我們師姐師兄一行人才剛到事故現場，多位體質敏感的師姐就立即有感應了，大家一起齊心動念淨化、超渡那些受苦受難的眾生，渡祂們到祂們該去或想去的地方。

桃園功德行來到1998年華航空難台15線國際路二段事故現場

香菱師姐家

香菱師姐也是一位有故事的人，十多年前我在明慈寺問事時認識了王師姐，那時候也參加明慈寺的進香活動，當時每次進香活動時，王師姐都是走在進香團最前頭的兩大先鋒官之一，有著不同於一般人的敏感體質，後來有好幾年與王師姐斷了聯繫，未料今年因緣俱足又聯繫上了，遂邀請王師姐來香積法門一起打坐。

果不其然，王師姐第一次打坐就有很深刻的感應，一試成主顧，香積法門啟發了王師姐先天元靈，開啟了王師姐另一扇修行之門，很快地就成為香積法門的入室弟子，也很神速地獲師父頒賜正式法號——「香菱」。香菱師姐在香積法門的過程經歷也很神奇且精彩，期待香菱師姐把經歷記錄下來，彙編成書以饗同行大眾！

這次功德行的另一個重點，就是要到香菱師姐的新家走走，給香菱師姐的新家旺宅一下！香菱師姐的新家是自地自建的一棟四層樓房子，室內空間寬敞舒適，主建物結構已經完工，就等核發使用執造後，就可以進行裝潢了。在分享會時聽香菱師姐談起新家購地興建的過程，購地前也有請地理師去現地堪輿，地理師手持的羅盤指針像風扇一樣轉，直言該地理穴位磁場很不一般。

有道是福地福人居，這特殊的地理穴位，就是等待有緣有福的香菱師姐一家人去居住，這回功德行特別安排去參訪香菱師姐的新家，實地考察感應一下特殊的磁場環境，同行師姐師兄一大夥人去給香菱師姐家熱鬧一下，淨化加持，有形無形各安其位，旺宅平安！從香菱師姐家看出窗外，天空中的藍天白雲快速變換著，有法器，有聖獸，拍下的這一張像不像是前來道賀的祥獅獻瑞?!

4.3 小琉球功德行

二〇二二年十月八日小琉球功德行，這還是我第一次去到小琉球，而且有二十多年沒騎機車了，這回到小琉球去到各個地點，唯一的交通工具就是騎機車，藉此回味一下年輕時的飆風感覺，真是愜意！

小琉球是個古老的珊瑚礁岩島嶼，面積六點八平方公里，環島一圈約十二公里，島上多處景點都是珊瑚礁與石灰岩地質形成的特殊景物，烏鬼洞、美人洞、蝙蝠洞、龍蝦洞等，各有特色，相逢渡有緣，沿途所到之處也都是我們淨化之所。

因為適逢雙十連假遊客眾多，沒訂到小琉球的民宿，所以我們當天傍晚就從小琉球搭船回東港到高雄過夜。在小琉球要上船之前，我順手拍了幾張搭乘的客船以及碼頭的照片，之後看照片，又出現了「蒼穹之眼」，我把照片發到法門群組，香一師姐很快回應：「日月麗天」，意指日月同天、老天有眼，驗證大自然中虛實相映的景觀，以肉眼與心眼併用，細心觀察不難發現。

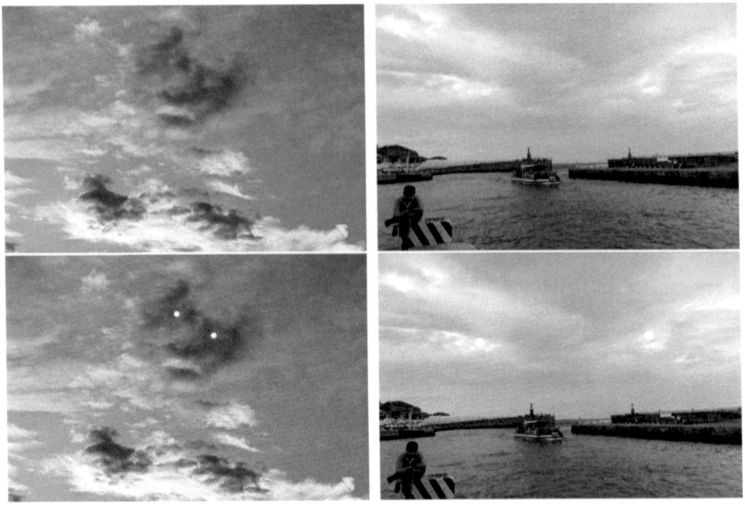

小琉球漁港的天空出現了「蒼穹之眼」

更奇妙的是，當天晚上在高雄住宿的旅館分享心得，大家難得齊聚一堂，我用手機隨手拍攝幾張照片，拍完之後看照片，赫然發現其中一張出現異象，沙發椅靠墊位置出現了一個很明顯的黑色不明物，可以看出有像是鱗片又像是羽毛或魚鰭之類的紋路，但那是在現場的師兄姐都沒有看見的東西。

我把這兩張對比照片發到群組裡，大家都覺得很不可思議，香豐師兄、香音師姐解說，那是原本安息在小琉球附近的海底古生物靈，因為最近東南亞頻頻有軍事演習飛彈試射，驚擾到深海底的生物靈也不得安寧，剛好我們去到小琉球功德行，就跟著我們到高雄，透過我的手機攝影顯象驗證生物靈的存在，讓我們大家眼見為憑。

但是我心裡不免又想，那古生物靈又為何要跟著我們從小琉球到高雄來呢？我把照片轉發求教香一師姐後真相大白，「敬回師兄：魔羽是香若師姐新收的護法坐騎，可大可小，師父說既然願意從善，就去掉魔字加香，『香羽』，我們歡迎祂來聞法。」。原來是因為和香若師姐的因緣而來，至於又是什麼樣的因緣，日後有機會再來問香若師姐。

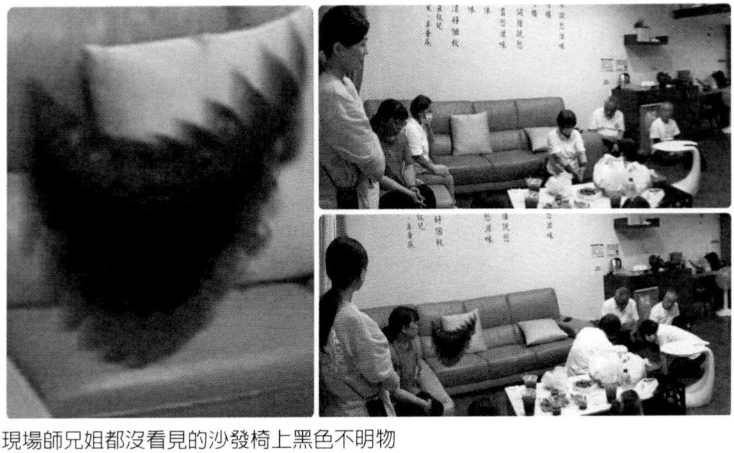

現場師兄姐都沒看見的沙發椅上黑色不明物

4.4 開庫與開門

開庫

到全省各地的宮廟寺院名山大澤功德行，經常會去「開庫」或「開門」，有時候接連著「頒旨」、「開門」及「開庫」，都是有特定的任務或目的，由與該地方或該次任務目的有因緣的師姐師兄來負責動念執行。

所謂「開庫」是開啟虛空界中無形的庫房，庫又分「天庫」、「地庫」、「水庫」三庫，開庫之後取出伏藏其中的祕法、法器或法財等寶物，由師姐師兄各自動念取出自己前世所用之物，或是與自己今世所負任務功課有關的寶物。這開庫取寶的任務，與密宗伏藏師取出伏藏有異曲同工之妙。

開庫取寶，動念可得，各取所需，若是屬於其他師姐師兄的寶物，則非份之想再怎麼動念也是徒勞。我個人在開庫時先後取得許多寶物，用於日常法會的有鎮天弓、若日劍、白龍馬、古越劍、岳陽神劍、司馬庫斯神劍、不動明王劍、黑麒麟、黃金磚、金元寶、寶篋印陀羅尼經、金剛經、藥師佛丹藥、煉妖爐，以及五龍玉珠、黑珍珠、夜明珠、賽夏之珠、富士山火山琉璃珠、大白傘蓋佛母如意摩尼珠、……等寶珠，每有新的收穫就使用於日常法會中，「加量不加價」，因為取之於天地，自當用之於眾生，且不支不費。

有時在某一處開庫取出的寶物，是準備在另一處功德行地點使用，例如師姐師兄在大津瀑布取「枕石珠」，在花蓮清水斷崖取「開天珠」，都是拿來準備用在全台各地日本神社遺址拔除龍釘之後補洞之用。也有在台灣某宮廟開庫取出的寶物，是準備在金門馬祖或澎湖等外島功德行使用。我也曾經在南投埔里大雁頂一處山坡地結穴處取出一份寶藏清單，帶回北部陽明山姜太公道場交給姜太公暫時保管。

有時開庫也可以透過與師姐師兄聯手合作，例如平日有師姐師兄去到各地感應到要淨化、開庫時，拍照上傳到法門群組裡，有其他師兄姐即時看到訊息時，就在群組裡回覆個訊息，即可就地動念參與淨化、開庫。又例如香琟師姐參加台灣大媽團去日本旅遊，觀光看風景隨手拍了富士山及山下的河口湖照片回傳分享，我看到照片就感應到要淨化及開庫的訊息，經諮詢香豐師兄確認後，便將富士山及河口湖要淨化、開庫訊息連同照片上傳法門群組，請師姐師兄一起前往淨化磁場、開庫取寶。

開門

「開門」則是開啟通往「天庭」或「地府」的門，開啟上天庭或下地府的「通道」的門。相對地，有些地方出現阻礙眾生得渡的不如法，甚至會直接危害到有形及無形眾生，我們在師父旨意下也會直接把這不如法的「通道」給封存關閉禁止出入，或直接收掉不復存在。

依據師姐師兄的經驗分享，每次開天門的情況並不一定，因每次的任務不同而會出現不同的景物。香音師姐分享一次在南部功德行的經歷，在六龜大佛那裡開天門的時候，有天女來迎接，天女來迎接的時候有天女散花及天女舞蹈表演，後面就看到南天門，當我們經過南天門上去時，我們的服裝都會自動換裝變成不一樣，每一位穿的都是官服。

而開地門的時候，有時候是開到惡鬼地獄的門，出現的景象是餓鬼地獄的眾生揮舞雙手在空中亂抓，因為祂們也希望能夠抓住機會離開餓鬼地獄，那裡的惡鬼都是骨瘦如柴皮包骨，也希望能抓到一些食物或飲水止飢解渴，有一些眾生嘴巴是噴著火焰無法進食，這時候我們就可以動念用楊枝甘露熄滅他們的焰口，再施甘露飯來佈施給餓鬼地獄的眾生。

香有師姐分享她第一次開地門的經驗，師姐領旨到一間宮廟開門，四處察看開門的地點之後，找到牆壁一幅壁畫，請示師父之後確定此壁畫就是開門之處，當師姐動念開門的時候，一陣非常陰涼的氣直衝而出，而且伴有特殊的氣味，感應是要幫好兄弟們開門讓祂們出來討報。香音師姐補充說，打開地門時會有的特殊味道，有時候會是屍臭味，或說是魚腥味，或是濃重的吊點滴的藥水味等等。

因果業報是天理定律，但若能開悟放下瞋恨心才能早日得渡解脫，否則冤冤相報只會落入惡業循環。香積法門弟子有機緣開地門的師姐師兄，目的是協助持有令旗（類似民間法院裁定核發的執行名義）的地府眾生能出來討報圓滿因果。至於沒有令旗但含冤未雪的眾生，則藉開地門讓祂們有出來訴願陳情[26]請令旗的機會，甚至是能接受開示放下瞋恨怨念，而獲有直接得渡（類似民間的大赦、特赦）的機會，如同我們功德行遇到眾生攔路求助時，我們會開導渡化求助眾生，引導祂們得渡到該去或想去的地方一樣。

香豐師兄分享一個經歷，香豐師兄服務地點中有個發送所，裡面有一棵榕樹長的很怪異，豐師兄每次騎車經過都會不由自主地看著這棵樹，有一次又經過時特地往下觀，看到樹

26 無形眾生提交陳情書的途徑多元，並非只有開門時才可以提交陳情書，有時候無形眾生也會攔路陳情呈上陳情書，日常法會中也會有提交陳情書、請願書的機會。陳情書、請願書因時空背景的關係會有多種不同材質，詳參本書「2.2 地府渡亡第二輪」。

下地裡有密密麻麻的骷髏頭骨，原來是在日據時代受日軍迫害屠殺的受難先民，因為怨念太深無法放下執意討報，豐師兄當下動念協助這些受縛於此的眾生靈，經向　香積如來師父請令領令之後，飛往日本討報去了結圓滿因果。

二〇二三年十一月我到大陸廣州出差，行前恰巧在香豐師兄家有分享會，我提問說我即將出差去大陸廣州，是否有什麼要注意的事情？香音師姐回應問說「那裡是不是有一個五羊石雕？你要去一趟。」。經查那五羊石雕像是在廣州越秀公園[27]，等我出差到了廣州，週末專程去了越秀公園找到五羊石雕像，感應此處是廣東地氣通天庭仙府之樞紐，要開天門、開地庫，經諮詢香一師姐及香音師姐確認無誤。

廣州越秀公園地標——五羊石雕像

[27] 五羊雕像連基座高11米，位於廣州市越秀公園內，根據五羊的傳說創作。相傳在周朝時，南海的天空出現五朵彩色祥雲，上有五位仙人身穿五色彩衣，分別騎著不同毛色口銜稻穗的仙羊降臨廣州。仙人把稻穗贈給了廣州人，並祝願這一地區永無饑荒，祝罷仙人騰空飛逝，五隻仙羊化為石羊留在山坡，這就是廣州有「五羊城」、「穗城」、「羊城」名稱的由來。節錄自網搜百度百科。

至於開門所在之處，其原理又是什麼？開門既是開啟天庭或地府的通道的門，則探究門在哪裡，是否必須先探究通道在哪裡？或者主從相反，因為接獲任務指令後隨機擇地開門，開門之後便自動連結通道?!參照前台大校長李嗣涔博士所提到的複數時空理論，複數時空的陰陽兩個世界的通道在哪，中國傳統太極圖的魚眼部位就是穿越陰陽的通道[28]。但同樣的問題是，這個魚眼及通道又在哪裡？如同我們開門時要先確認門及通道在哪裡？如何去客觀精準的測量定位出來？還是這魚眼通道本身就是個隨機亂數，會因人因事因機緣而異？換言之，也可以說是無處不在，處處都可以是通道？

法無定法，順隨因緣，依我參加多次功德行觀摩所見及經歷，開門處的通道所在，固定與隨機兼而有之，各地先天環境特殊正負磁場下的既有通道當然有，歷次功德行已經開門關門了好幾處。而因任務需求，法法孵法法，因緣俱足機動開啟的門與通道更不知凡幾，如同宇宙蟲洞一般，何處開啟？何時開啟？通往何處？何時關閉？無從預知，但憑機緣。而香積法門弟子卻能得受天機，隨機開啟如宇宙蟲洞般的通道之門，這正是香積法門殊勝處！

---

28 參閱網搜【李嗣涔教授個人網頁】16.道家與金鐘罩一文。此外，二〇二三年十月《自然光子學（Nature Photonics）》期刊上更新了一篇論文，研究人員展示了更加清晰的量子糾纏成像，竟然神似太極圖，這項研究出自於加拿大渥太華大學的研究人員與羅馬薩皮恩扎大學的達尼洛・齊亞（Danilo Zia）和法比奧・夏里諾（Fabio Sciarrino）。

文末，香一師姐特別回應「門在哪裡？」，分享提點開門心法：

師父教學淨化功德行
開門開庫樣樣都要行
若問開門究竟在哪裡
百千法門同歸於方寸
恆沙妙德總在你心源

【後記】

在撰寫本章節有關於藉開地門讓沒有令旗但含冤未雪的眾生有出來訴願陳情請令旗的機會，我再向香音師姐、香豐師兄諮詢請教領令旗的細節問題，香豐師兄回覆道：「眾生討報令旗，藍、綠、紅、黃、黑五令旗為主，框邊又分黑、白、金，所以又分：藍（藍黑、藍白、藍金）、綠（綠黑、綠白、綠金）、紅（紅黑、紅白、紅金）、黃（黃黑、黃白、黃金）、黑（黑紅、黑白、黑金）。框邊金色為大，大不過黑（黑紅、黑白、黑金）。」。因為「黑黑」看不出來，所以是以「黑紅」取代。

我不求甚解繼續追問香豐師兄：「再敬問豐師兄：1.這些不同顏色的令旗，有個別代表什麼意義、功能或目的嗎？2.這些令旗是由誰發出？眾生請令旗要向誰請？」，結果香豐師兄的回覆讓我意外的嚇一跳，竟然是十殿閻羅王出開示親自來解答：

「藍凡燒殺奪掠犯行等……

綠凡姦人妻女、欺騙犯行、五倫逆行、加油添醋等……

紅凡奸人所害、知錯不改、倒行逆施者、挑撥離間等……

黃凡叫人聽唆、蓄意傷人、殘害生命、口是心非者等……

黑以上情節重大者，或所犯受害者怨恨難消者等……

以上地府核准給予令旗，正常管道由地府請令分發部長執行，或諸佛菩薩領旨令辦理代發令旗補件地府。」

為方便參閱，彙整十殿閻羅王有關於請令旗的開示內容表列如下：

請令旗				
五令旗	框邊			討報罪行
	黑	白	金	
藍	藍黑	藍白	藍金	凡燒殺奪掠犯行等
綠	綠黑	綠白	綠金	凡姦人妻女、欺騙犯行、五倫逆行、加油添醋等
紅	紅黑	紅白	紅金	凡奸人所害、知錯不改、倒行逆施者、挑撥離間等
黃	黃黑	黃白	黃金	凡叫人聽唆、蓄意傷人、殘害生命、口是心非者等
黑	※黑紅	黑白	黑金	以上情節重大者，或所犯受害者怨恨難消者等

※註：黑令旗黑框邊（黑黑）不明顯，故以紅框邊（黑紅）取代。
所有令旗裡以黑金令旗的討報效力等級最大。

4.5 拔龍釘補地氣

參加多次的功德行，例行任務大多是淨化、超拔、頒旨、開庫、開門，今年的功德行中有一項比較特殊的任務，就是去全台灣各地的日本神社遺址拔龍釘。

某日香豐師兄在群組裡發布通知，要到全省各地現存的日本神社遺址淨化、拔龍釘，包括1台北圓山神社、2新北金瓜石黃金神社遺址、3桃園神社（桃園忠烈祠）、4苗栗通宵神社（虎頭山公園）、5苗栗稻荷神社遺址、6彰化員林神社遺址（百果山風景區）、7雲林林內神社（林內公園）、8嘉義神社遺址（嘉義忠烈祠）、9台南林百貨頂樓神社、10台南鹽水國小神社、11屏東高士神社、12花蓮玉里神社遺址、13花蓮新城神社遺址（新城天主教堂），由師姐師兄自由認領，就近前往執行任務，之後香菱師姐發現台北圓山飯店裡也有日本神社遺址。

因為是第一次有這樣的功德行任務，大部分的師姐師兄都還不清楚「拔龍釘」的用意、目的、方法，很快香慎師姐提問：「敬問豐師兄：拔龍釘的用意是？」，香豐師兄回覆說明：「以前日據時代蓋神社，有的（剛好）蓋在龍脈上，斬龍釘，有的像碑一樣，時間到了要處理，台灣才會好。」。香有師姐接著提問：「請問師兄：所以每個地方都要找到龍釘再處理對嗎？」，「對了，要等南宗明天去取枕石珠，要補斬龍釘拔除時留下的洞，需要枕石珠補起來喔！」。

於此同時，南宗的香能師姐已經在屏東縣高樹鄉大津瀑布取枕石珠。另有師姐也提問：「在大津瀑布的慈津寶宮，地藏殿感應地藏王賜寶月珠給同行，請示師父，師父點頭。是否正確？請教師姐寶月珠的作用和使用方法如何？」，豐師兄回覆說：「有淨化及照明效用，寶月明珠照徹天堂路，指引眾生歸彼岸。」，「開天珠和闢地珠，此二珠為開天闢地之力所化，一擊之下，可發出開天闢地之力，等閒法寶不可抵擋。枕石珠，修補拔龍釘洞；闢地珠，回復元氣。」。

接著幾天，就看到各地的師姐師兄就近去各地的神社執行任務，也將神社拍照上傳群組，師姐師兄都可以同時動念支援參與。二〇二二年十一月二十日週日上午，我和香殊師兄、香音師姐、香菱師姐一同去桃園龜山的忠烈祠，裡頭有一座完整的日本神社遺址，據記載是目前全台灣唯一一座保存完整的日本神社建築群，建築用料全部是台灣檜木。

香音師姐特地看了時辰，十點十八分進行拔龍釘，進行過程，我感應似看見神社底下有隻全身黑色的龍，被困在神社底下，極力扭動身軀想掙脫但是被綁住了。經詢問香音師姐，香音師姐回覆驗證確認，所以要拔龍釘，也把受困的龍釋放出來。我動念以「珠光還原大法」將該地理還原回復，感覺黑龍已經脫困飛出地底，正在神社外的虎頭山麓翻飛翱翔，且身上顏色恢復原來鮮豔的青綠色，就像在一般廟宇屋頂上交趾燒常見到的青龍一樣。

未久，看到香豐師兄轉發新聞訊息，「地牛翻身台北超有感九點四十九分規模5.1地震」，香豐師兄說是與拔龍釘有關，若是就我所看到那神社地底下的黑龍急欲掙脫的扭動情況，說引起地震也不無可能。但更奇妙的是，隔日一早開車上班途中，例行的開車法會，我感應到昨天在虎頭山神社脫困的那條青龍出現了，一路跟到台北，感應祂是要來香積法門當護法。我便發訊息給香一師姐請求驗證，經香一師姐回覆驗證無誤，這真是又一次奇妙又殊勝的功德行體悟。

桃園虎頭山忠烈祠內神社遺址建築

4.6 二〇二三跨年功德行

二〇二三年跨年功德行，地點在屏東、高雄，主要地點有屏東長治鄉九龍山西岐城、竹田鄉五老宮山水湖聖道院、萬巒鄉西方道堂、高雄旗山三桃山龍雲寺、佛光山等，每一處都有不同的功能任務，都有滿滿的收穫。且功德行當天清晨四點就醒來，打坐中感應到關聖帝君及白馬將軍前來，特別是白馬將軍穿上了師父賜予的銀白鎧甲戰袍，手持長槍佩掛寶劍，點兵三萬兵將，大陣仗蓄勢待發，似是要一同參加這次功德行，這次功德行的任務重要性可以想見。

還有一段趣事，我是超級會認床的人，在家睡覺頂多四、五個小時，出差到外地的話，住宿飯店基本上都是不睡覺的，因為會認床睡不著。這次跨年功德行，在民宿那張已經變形凹陷的床墊，竟然可以睡到早上七點半！大人冤枉啊！不是我貪睡，除了前一天藉香能師姐被師父灌炁灌飽了之外，元旦清晨半夢半醒之間是忙得起不來，睡醒後就忘記了，回程和香豐師兄同坐高鐵車上聊天才猛然想起。

元旦跨年夜住宿在萬巒的一家民宿，凌晨近一點我才關燈，毫無睡意就坐在床上打坐，坐到腰瘦腿麻了才躺下，床上鋪著棉被都沒掀開，躺下還睡不著，心裡哼著香積佛曲，就不知不覺睡著了。也不知睡了多久，我就站在住宿的房間門口一直「發東西」，門口外有「人」安靜有秩序的排隊前來，我一直發東西發不停，我還踮起腳尖看看後面還有多少人，長長的排隊人龍看不到尾巴，應該排到樓下民宿外面去了。一直到七點三十分香忍師兄打電話來通知要外出吃早餐，我才被電話鈴聲叫醒起床！豐師兄說我在發「號碼牌」，因為在幫眾生處理事情，人太多所以先發號碼牌，最終都有圓滿處理完畢了！二〇二三跨年神奇的元旦早晨。

這次功德行，許多的收穫及體悟，我用在佛光山地宮拍的增生舍利子照片，寫上我的體悟分享師兄姐：「跨年功德行體悟，此行不虛道深遠；反省過去錯與惡，除惡務盡去積習。充電面對新生活，心行合一勤練功；萬法唯心勝無心，有心還須身力行。力行一分或十分，行有所求或無求；義無反顧不多想，置之死地而後生；香積資糧如舍利，大心弟子自增生。」

跨年功德行體悟
此行不虛道深遠
反省過去錯與惡
除惡務盡去積習
充電面對新生活
心行合一勤練功
萬法唯心勝無心
有心還須身力行
力行一分或十分
行有所求或無求
義無反顧不多想
置之死地而後生
香積資糧如舍利
大心弟子自增生
增生舍利子
佛光山地宮
2023.1.1

第五章

成都閉關記

5.1

出差廣州先確診

四年多沒出差離開台灣了，這回為了參加公司廣州新辦公室落成啟用酒會，有了機會出差大陸，因為國際間Covid-19新冠病毒疫情未歇，出入境都需要防疫隔離，所以出差行程特別提早兩週動身。目的地是在廣州，但因大陸開放入境可隔離檢疫的機場有限，班機只能買到成都雙流機場，必須先在成都隔離十天後，才能轉機到廣州。

台灣出境防疫規定，必須有出國前兩天內的兩次ＰＣＲ核酸檢測陰性證明，才能辦理登機，我特別安排在出國前一天趕緊完成，才能順利劃位登機。飛機在二〇二二年八月二十二日週一下午三點起飛，兩個半小時航程，傍晚六點不到就到了成都雙流機場，成都機場的旅客入境防疫工作也是大陣仗，量體溫、做ＰＣＲ核酸檢測自不可免，都過關後，才正式出海關、拿行李、等候安排的大巴士接送到防疫旅館，等到了旅館入住底定後，已經是晚上近十一點了！

防疫旅館看起來是一個社區大樓的小套房，掛名「桂錦佳苑健康服務中心」，房間乾淨程度還可以接受，還好有一面大窗可以看到外頭的景物，緩解小套房的壓迫感。所有入住的人在入住時即加入微信群組，方便管理單位同步傳遞訊息交流意見，剛入住時看到最多人反映的都是房間的問題，冷氣不冷、浴室排水孔為何密封、電視壞的、沒衛生紙、有供宵夜嗎、……。

就這麼巧，我傍晚才到成都，晚上八點多我人都還在機場裡尚未入境，就接到青海玉樹囊謙的師伯札江仁波切的大女兒忠朵才措師姐微信訊息：「剛讀完你遇見叔叔的章節，多麼殊勝的緣起，非常感動，我和弟弟妹妹都在看，謝謝你，也祝願你全家安康、幸福美滿。」，還發來一張財寶天王唐卡照片。師姐八月初收到我寄去給她的書《拉拉山林奇遇記》，特地發來訊息分享剛讀完我與我密宗啟蒙上師　祖古澈桑仁波切相遇過往的那篇文章，我很開心地回覆師姐，並告知師姐我人正在大陸成都，才剛到成都，要在成都防疫隔離十天後去廣州。才剛到成都人都還在機場裡還沒入境，就接到師姐的訊息，這時間點也太巧了吧。說是巧合，我想是冥冥中　祖古澈桑仁波切師父安排師姐來為我接風的吧！

入住第三天（八月二十四日，週三）開始做ＰＣＲ核酸採檢，我竟然沒通過，第四天（八月二十五日，週四）一早再做一次仍然是陽性反應，大陸規定入境旅客的ＣＴ值必須大於40才算陰性，但是我並沒有感覺到有任何身體不適狀況，無症狀確診！除了偶爾輕微咳嗽，我自知這是夏天喝多了冰飲造成的老毛病，來成都前就已經犯咳了。

當天下午就派專車（醫療救護車）來防疫旅館接人，一路鳴笛「醫喔～醫喔～」限時專送百里加急快遞般，火速把我轉送到成都市公衛中心醫院，出發前還要換穿和小白防疫人員一樣密不透風的防護衣，從頭套、手套到鞋套全副武裝，我也成了小白一員，活像個穿白紗的大姑娘上花轎，生平第一次的體驗。

來成都前一天才做兩次PCR，都呈陰性才能劃位登機，到了成都下飛機後又做核酸檢測，通過後才能出境到防疫旅館，怎麼住進防疫旅館第三天採檢就變陽性了？隔天看到當地新聞報導，成都市新冠確診者突然遽增，「八月二十四日零時至二十四時成都新增本土確診病例十例+無症狀感染者七例」，真榮幸，我就是那七例中的一例，初來乍到沒幾天就登上地方新聞版面，無言又無奈，也只能順隨因緣，隨遇而安，以不變應萬變。還好這回一起出差同行的其他幾位同事都沒有確診，害他們「剉咧蛋」，虛驚一場。

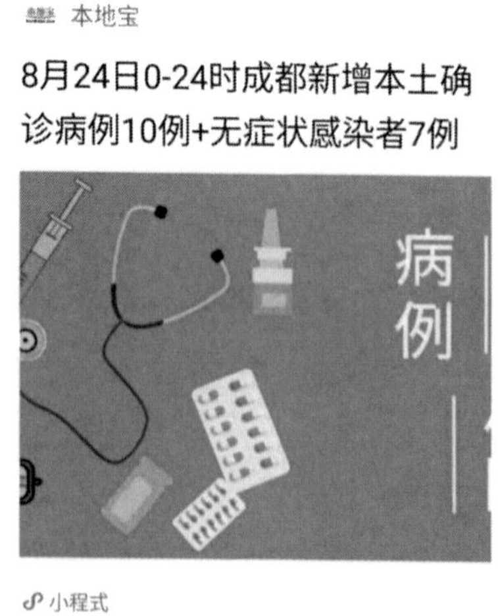
本地宝
8月24日0-24时成都新增本土确诊病例10例+无症状感染者7例
病例
小程式
2022/8/25成都本地新聞手機截圖

剛住進成都市公衛中心醫院351床時，一間病房四張病床，但只住了三個人，一個是新疆博樂市人，一個是山東濟寧人，都是無症狀確診者。三天後山東室友出關了，隔天就進住兩個人，病房就滿床了，又隔幾天，那三位室友同一天出關了，這病房就只剩我一人，原以為很快又會有人進住，豈料我獨自一人住了三天如同三年，三天後才有一位室友進住，之後就成為雙人套房住到我先出關離開。

住進隔離醫院的第二天，又收到忠朵才措師姐發來財寶天王唐卡照片以表祝福，我回覆師姐說這財寶天王唐卡發來正是時候，因為我被轉送到隔離醫院來了，正悶著慌，看到這財寶天王唐卡心裡舒服多了。師姐很快回覆我表達慰問，並解說唐卡上藏文的意思是「願你所願皆有所得」，並附上一張山上閉關中心的照片，矮矮的平房裡溫馨溫暖的燈光，與屋頂上夜空的滿天星相互映照，瞬間我的魂已經逃離醫院，飛到青藏高原看星星去了！隔天師姐再發給我一段師伯札江仁波切在閉關中心講經的視頻，師

姐發來的唐卡、照片和視頻，恰恰讓我緩解了剛住進隔離醫院的諸多心理不適應症。

住進隔離病房後問室友才知道，無症狀確診者也必須在醫院隔離觀察七天，第六、七兩天連續做核酸採檢，必須都呈陰性，CT值需大於35，第八天就能出院離開了，但仍然必須回到防疫旅館重新隔離七天；若沒通過，接下來就每天持續做核酸採檢，直到有連續兩天通過後，才能在隔日出院。

我原以為無症狀確診者應該都可以隔離滿七天後就如期出院，豈料命運安排往往出乎意料，我第六天核酸採檢沒過，第七天過了，第八天又沒過，又要等第九、十天的採檢結果，結果第九天過，第十天沒過，第十一天過，第十二天又沒過，一直到第十三、十四兩天才連續過關，第十五天中午出院，整整在隔離醫院住了兩週，原本此行出差要去參加公司廣州新辦公室落成啟用酒會也錯過了。

相較之下，隔離醫院病房環境及三餐伙食還比不上防疫旅館，自己私人空間就只有那一張活動病床，整天幾乎都賴在床上度過，也沒有對外窗戶，只能從房門看出去走道另一邊的一扇窗戶，還可以看得出來白天或夜晚。三餐飲食真的是不敢領教，不論炒什麼菜都是泡在油裡，吃兩天就已經倒盡胃口了，鹹辣有熱湯的方便麵反而成了開胃美食，但這樣不健康的午晚餐，讓我幾乎天天拉肚子。到醫院一週後去量體重時，我已經成功減重1.5公斤，這算是意外的收穫了！

早餐的稀飯小菜水煮蛋加牛奶，算是我在醫院裡較正常的一餐，蘋果、鴨梨、香蕉等新鮮水果則是住院期間的最愛。好笑的是，三餐必須自己上網向醫院的餐廳訂餐，而上網下單訂餐必須同時付款結帳，這些簡單的訂餐付款程序都是由手機操作，必須先有大陸的手機門號去驗證基本資料，而我四年沒來大陸，一來就被軟禁至今，還沒有機會去申辦大陸手機號碼。在家靠父母出差靠同事，在醫院那兩週的三餐伙食，都是靠同事從廣州幫我遠端上網訂餐。

在醫院隔離無所事事，不是沒事，而是在那樣的環境下，啥事也不方便做、不想做，唯一方便能做的事，就是待在床上或坐或臥，看手機裡的影片、新聞、聽音樂、收發訊息，在這與外界隔絕的地方，更需要常划手機刷存在感，也只有靠手機才能四處漫遊。此外，就是放香積佛曲辦法會，而這似乎才是此行出差廣州借道成都的主要任務。

5.2 樂山大佛取伏藏

八月二十五日被通知確認確診，要立即轉送去隔離醫院時，我心裡是非常淡定的，甚至是有一絲莫名的竊喜，好像早在預料之中一樣，因為在出差前的分享會中，香音師姐與香豐師兄已經預告說「到時候會有一些狀況」，所以當被通知確診要轉去隔離醫院時，我心裡第一時間的反應是——「狀況來啦？等你咧！」。只是我當時沒有大陸手機門號，也還沒去銀行開戶綁定手機支付功能，這下要脫離同事被單獨隔離，除了種種不方便之外，是否還會有其他狀況，一時無法料想，料想也沒用，千山我獨行又不是第一回了，怕個毛，就去吧！

萬沒想到，無症狀確診進住公衛中心隔離病房後，原本期待第六天、第七天可以順利通過核酸採檢，預計第八天（九月二日）就能出院，結果我竟然沒通過，除了偶有輕微咳嗽，沒有其他任何不適症狀，而成都市因為確診人數有驟增趨勢，自九月一日晚上六點開始封城，其他同事恰好九月一日出關要去廣州，結果也收到簡訊通知飛往廣州的航班臨時取消了！現在是啥情況？狀況連連，這讓我有些沮喪了，但也只能待在隔離醫院，坐在病床上划手機，向公司同事及法門群組報告現況出不去，順便發發牢騷一下。同時我也在想，是不是還有什麼「任務」還沒完成，才會繼續留我在這裡？

香音師姐很快回應我說：「師兄請示師父看四川淨化完成了嗎？」，我即靜坐感應後回覆香音師姐：「還沒，酆都淨化ＯＫ，但還有其他地方，青城山、峨嵋山。」，香音師姐回：「師兄要不要線上支援？上傳選佛場，也許機場就開放了。」。於是我上網找青城山、峨嵋山的照片，發到香積法門選佛場的群組裡，請求師姐師兄們幫忙一起淨化，很快的，淨化完畢。接著也接到訊息，同事順利改訂到其他航空公司加班機如期前往廣州。

九月一日核酸採檢ＣＴ值32，未達35沒過，九月二日當然就出不去了，每天持續做核酸採檢，看哪兩天連續核酸採檢都通過了才能出院。於是九月二日採檢過了，但九月三日又沒過！這核酸採檢ＣＴ值還會這樣忽上忽下的整人？隔離醫院每天都有值班醫師來巡房問診，連巡房的醫師都對我連續幾天的核酸採檢結果表示關切與同情，言談間盡是對我這位遠來台胞表達「稀客！稀客！」的慰問之意！

「醫師，醫院每天這麼多人做核酸，這核酸結果靠不靠譜啊？會不會弄錯了？您有遇過我這樣的核酸紀錄病人嗎？」我抓著巡房問診的醫師問，那位醫師也很直接但表情靦腆地回答我說：「我們這兒核酸結果肯定靠譜的呀！不過還真是第一次看到您這樣的病例！您就悠著好好休息唄……」。九月四日核酸採檢通過了，就看九月五日核酸採檢能否通過。但說實在的，這時候我已經有在醫院裡長期抗戰的心理準備，說不準從成都解離後就可以直飛台灣回家了！

九月五日一大清早，防疫人員例行查房，量血壓、血糖、脈搏，早餐後不久就接著再做核酸採檢，一個上午就平靜地過去了。午餐過後不久，我在床上盤腿靜坐著，但心裡一直懸著一件不明所以的事，參不透、悟不到，坐得有些腰痠腿麻，便平躺在床上，才躺下不久就覺得我的床怎麼開始搖晃起來，是我的錯覺？還是我半飢餓狀態好幾天開始在暈眩？有眾生來求渡？還是地震？我還在感覺那搖晃程度研判究竟是啥狀況時，室友先喊了出來——「地震！」，我才確定原來是地震！不久新聞快報就出來了，四川甘孜州瀘定縣在十二點五十二分發生6.8級地震！

地震後我發訊息給香一師姐，「敬稟香一師姐：中午四川甘孜地震，地震時我正在樂山大佛挖寶，從昨晚就覺得在這四川地區好像哪裡有『伏藏』待取出，或是有什麼封印待解封，後來感應覺得是這樂山大佛，覺得大佛連同山壁裡頭是個大藏寶洞，我已經取得萬兩黃金，但還有一件很大的不明物件，還不知如何挖掘取得。正想發訊息問香一師姐，但猶豫了一下，想說自己再感悟看看能否發現，不久就地震了。恰恰同一時間，香音師姐看到新聞後也發來消息說『要開法壇開工了！』，敬問香一師姐：香輝感應是否正確？那不明巨物又是什麼聖物？和這地震有關聯嗎？敬謝香一師姐！」。

還沒等香一師姐回覆，我接著發訊息給香一師姐：「是一隻龍龜？是一隻和山體一樣巨大的龍龜，或者應該說山體只是一個偽裝，龍龜守護著一個天鐵盒，天鐵盒裡裝的是『法』！」，「龍龜和天鐵盒剛出土現身時都是黑嚕嚕的，但漸漸可以看出那龍龜是金黃色的，天鐵盒是銀白色，盒裡金光閃閃，不知是什麼『法』？」，「敬問香一師姐：這感應是否正確？還是我在這成都的隔離醫院被關了十天已經開始出現幻覺了？」。

不久就接到香一師姐回覆訊息：「**敬回師兄：龍龜變成一山體，伏藏隱藏在這裡，靜待有緣悟天機，廣施有情得大益。**」，「師兄別懷疑！要這麼說，大郭師姐豈不天天時時都在幻覺中。」。有了香一師姐回覆釋疑，覺得很開心，再一次驗證我的直覺感應，不是我被關出幻覺來了，而且是很重要的任務，取出伏藏祕法，那我就繼續努力，看能否解讀這盒裡的「法」究竟是什麼殊勝秘法！

後來我也問香音師姐：「敬問香音師姐：香音師姐知道這天鐵盒中的『法』是什麼法嗎？開法壇是否也為了取出這伏藏在樂山大佛裡的殊勝秘法？」，「因為也是香音師姐說開法壇開工後，我一來開工再渡，二來以珠光還原大法把大佛及巨物還原縮小，才悟出看出那龍龜及天鐵盒來。」。香音師姐回覆：「不能洩密，我已經提示了。」，「疫區、地震」，「只有天祥兩個字，其它師兄要自己悟」。香豐師兄也回應提點：「天機、大益，心大自然得天機，益人益己諸有情。」，這些猜謎式的線索，比元宵節猜燈謎還難，也只能靠自己靜心去領悟了，反正現在被關在醫院裡，雨天打孩子閒著也是閒著，就來悟唄！

隔天早晨靜坐時，又福至心靈有新的感應，向香一師姐求證，「敬稟香一師姐：今晨靜坐感悟有二：一、更正補充：樂山大佛相贈黃金是以『噸』計，贈與香積法門助弘法利生之用。二、千年伏藏天鐵盒中的秘法是《一切如來心秘密全身舍利寶篋印陀羅尼經》。敬問香一師姐，此感悟是否正確？敬謝香一師姐！」，嗣經香一師姐回覆確認驗證無誤。據查網路資料記載，此《一切如來心秘密全身舍利寶篋印陀羅尼》大寶塔位置，就在成都市東北方四百二十六公里處，四川省平昌縣岳家鎮。

原來千年伏藏天鐵盒中的秘法是《一切如來心秘密全身舍利寶篋印陀羅尼經》，我對這陀羅尼經並不陌生，多年前曾經持誦過，沒想到會在這樣的情形下取出伏藏陀羅尼經，我特別再上網研讀此經內容，發現其中有段經文與防治疫情有關：「佛告金剛手言。若有眾生書寫此經置塔中者。是塔即為一切如來金剛藏窣都婆。亦為一切如來陀羅尼心祕密加持窣都婆。即為九十九百千萬俱胝如來窣都婆。亦為一切如來佛頂佛眼窣都婆。即為一切如來神力所護。塔及形像所在之處。一切如來神力所護。其處不為暴風雷電霹靂所害。不為毒蛇蚖蝮毒蟲毒獸所傷。不為師子狂象虎狼野干蜂蠆之所傷害。亦無藥叉羅剎部多那毘舍。遮魑魅魍魎癲癇之怖。亦復不為一切寒熱諸病。癧瘻癰疽瘡疣疥癩所染。若人暫見是塔能除一切災難。其處亦無人馬六畜童子童女疫癘之患。不為橫死非命所夭。不為刀杖水火所傷。不為盜賊怨讎所侵。亦無飢饉貧乏之憂。厭魅呪咀不能得便。」。雖然說許多宗教經典都有趨吉避凶之效，但是此刻從樂山大佛大龍龜護持的伏藏取出陀羅尼經，我想應該有它特別的用意與功效吧！

於是我特別請教香音師姐、香豐師兄：「敬問香音師姐、香豐師兄：這《一切如來心秘密全身舍利寶篋印陀羅尼經》是否有對治、預防新冠病毒及一切變種病毒的功效？」，經香音師姐驗證無誤。從網路上看到陸續上傳的九月五日震央災區受損視頻，於是還在隔離醫院那幾天開始再辦法會，特別是把定海神針安在震央，以珠光還原大法加上《一切如來心秘密寶篋印陀羅尼》，放射淨化加持十方三界六道眾生，希望疫情能控制住，所有病毒病菌也都還原成對眾生有益無害的益生菌！

真的是功課做完任務完成了才能離開，九月六日、七日連續兩天的核酸檢測都通過，醫院通知九月八日可以出院了！離開隔離醫院，還要再回去防疫旅館重新隔離七天，順利沒再有意外的話，最快九月十五日飛廣州，九月二十一日原定日期回台。結果此行出差行程一個月，前後隔離了二十三天，頭尾兩天航程交通時間，在廣州只待五天，扣掉週末週日兩天，真正在廣州公司只有三天，而這三天裡一天（周五）辦手機門號及銀行開戶，一天（週一）上午去醫院辦回台出境核酸檢測，下午回公司給員工培訓上課，真正在廣州公司裡的辦公時間只有一天半！我不得不強烈懷疑這次假私濟公出差的真正目的！香豐師兄說：「其實是考察民情，代天巡狩微服出巡。」。

回想起來，如果不是趕在這疫情期間到廣州出差，就不會在成都防疫旅館裡無症狀確診。如果沒有確診，我就不會住進隔離醫院。如果沒有住進隔離醫院，而且遇到離奇的連續四個「ＸＯ」級核酸結果，就不會招待我多住七天。如果沒有多住七天，就不會經歷那七天裡及之後發生的一連串事情，而這一切似乎早在師父盤算之中，應驗行前香音師姐說：「師兄放心，師父會做最好的安排！」。

完成了此行在成都最重要的任務後，我也就離開了成都市立公衛中心隔離醫院，回到原來的防疫旅館，重新再隔離七天。從地圖上看這幾個功德行的地點位置，剛好走了一圈圓滿，我也在樂山大佛留下註腳！而我此刻突然領悟了一種心境，「我願確診被關，受那七天做核酸，核酸沒過又七天，過了再七天，只求挖寶得法圓滿。」[29]

千年伏藏龍龜臥
一震寶現樂山佛
天府傳香九洲益
祥雲厚積無量波
如來祕法印陀羅
吉慶盈門免災禍
蒼生為念神護持
乾坤借力半點多

[29] 佛教經典愛情故事「我願化身石橋」，佛陀弟子阿難出家前在道上遇一少女，從此愛慕難捨，阿難出家後問佛祖：「我鍾情一女子」，佛祖問阿難：「此情多深」，阿難說：「我願化身石橋，受那五百年風吹，五百年日曬，五百年雨淋，只求她從橋上經過。」

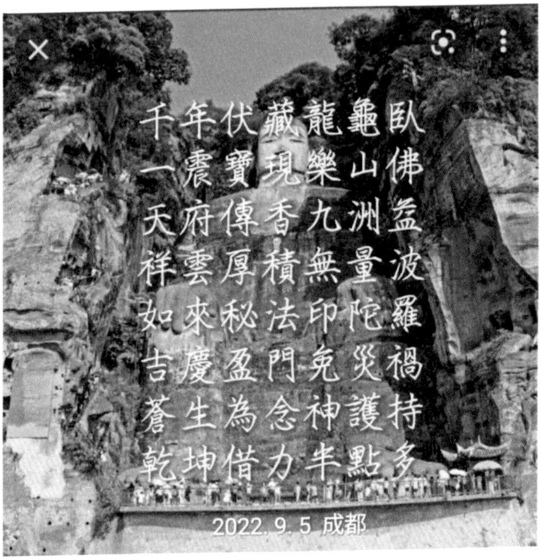

四川樂山大佛

苦難
終究是會過去的~
久旱逢甘霖
美味呀~！
康師傅
君住隔離樓 三餐飯菜油
毋寧吃泡麵 我也甘願瘦
康師傅
鹵香牛肉面
康師傅
纯牛奶

在成都隔離醫院住院期間自我解嘲的插圖

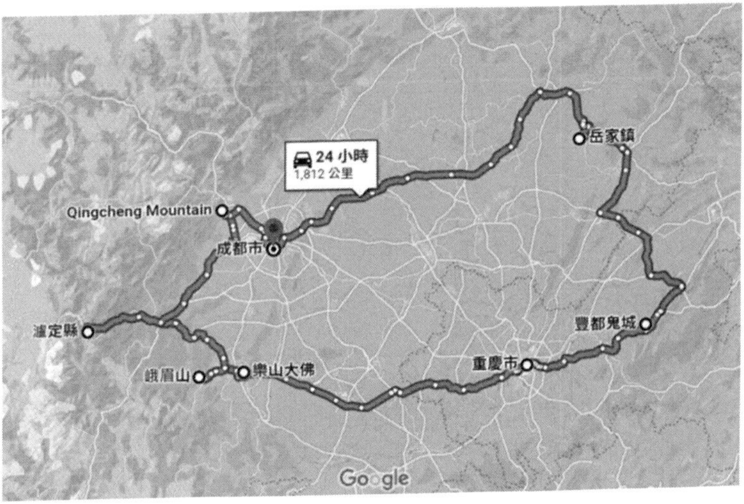

2022秋大陸四川功德行行腳

Day	1	2	3	4	5	6	7	8	9	10	11	12	13	14	15
Date	25	26	27	28	29	30	31	1	2	3	4	5	6	7	8
PCR	X	-	-	-	-	X	O	X	O	X	O	X	O	O	
P.S.	住院							九月				地震	cc	cc	出院

連值班巡房醫師都沒見過的核酸採檢結果紀錄表，連續八天四個XO，讚嘆稀客啊！

【後記一】二〇二二年十二月二日

大陸出差回台灣後，心理一直罣礙著從大陸取回的兩部經書，一是在成都樂山大佛千年龍龜取出的伏藏《一切如來心秘密全身舍利寶篋印陀羅尼經》，二是在廣州光孝寺浮屠塔取出的《金剛經》，不知這兩部經書是我自己要在家修習研讀的課本，還是要對外廣為宣說有助防疫或有其他效用的功課？於是諮詢求教香一師姐，香一師姐回覆：「先修習內化再宣說」。說來也是，若自己都沒有好好研讀理解這兩部經書，要如何對外廣為宣說呢？遂把重新研習這兩部經書列為功課，但至今還在原地踢正步，一直也沒有進一步認真去研讀。

昨日下班回家吃過晚餐後早早犯睏，在客廳沙發上就睡著了，凌晨三點醒來，心裡想，又是這「殊勝時辰」醒過來，不知又有何殊勝大事？就乖乖的去佛堂打坐。拿出手機上網從YouTube播放香積佛曲鋼琴曲，在優美的鋼琴佛曲旋律伴奏下打坐，十來分鐘的鋼琴曲很快就結束了，打坐過程啥事也沒有。拿起手機想再重按播放鍵，不意觸碰划到螢幕，YouTube自動跑出《一切如來心祕密全身舍利寶篋印陀羅尼經》佛曲，才又想到在成都樂山大佛取出的伏藏密法《一切如來心祕密全身舍利寶篋印陀羅尼經》都還沒好好研習。說來也奇，怎麼就剛好划出這陀羅尼經？怎麼不是划到現在二〇二二年底全球最熱搜的FIFA世足賽主題曲?!

就在聽著寶篋印陀羅尼佛曲的同時，上網搜尋看到有篇貼文介紹埔里彌陀村彌陀寺，有供奉寶篋印陀羅尼寶塔，讀完介紹後繼續打坐，打坐中感應到虛空中出現一座巨大無比的微透明的五彩陀羅尼寶塔，如同經文中所述「**其七寶塔全身舍利之妙寶藏，以此咒的威力而拔擢聳立，高至阿迦尼吒天宮[30]之中。**」，寶塔從天而降把我籠罩包圍住，然後出現一座分身小寶塔，先落在我雙掌上，再飄移至頭頂從我頭頂進入體內，安置於胸口八卦處。

怎會有如此幻象還是感應？有何用意？接著浮現一個念頭，我應該去埔里彌陀寺一趟，將樂山大佛取回的寶篋印陀羅尼經伏藏與台灣彌陀寺的寶篋印陀羅尼寶塔「會靈」，加持彌陀寺的寶篋印陀羅尼，為台灣注入渡化眾生的安定能量。嗣經向香一師姐稟明過程請求驗證，香一師姐回覆：「敬回師兄：傾聽心內音，隨順其指引，心到法就到，不必有所疑，執行任務去。」，那我就篤定要專程前往，心到法到人也到！

突然想到，我在成都隔離旅館時，獨在異鄉為異客，一個人過了個中秋節，而同一時間

30 阿迦尼吒天，色界十八天中之最上天名。佛家言三界六道，欲界、色界、無色界合稱三界，其中色界十八天，據大毘婆沙論卷一三六載，色界之初禪、二禪、三禪、四禪共十八天。初禪三天，梵輔天、梵眾天、大梵天；二禪三天，少光天、無量光天、光音天；三禪三天，少淨天、無量淨天、遍淨天；四禪九天，小嚴飾天、無量嚴飾天、嚴飾果實天、無想天、無造天、無熱天、善見天、大善見天、阿迦尼吒天。參閱慈怡法師主編佛光大辭典。

法門同行也在台灣中部功德行，其中一站好像就是彌陀寺?!於是特地向香音師姐、香菱師姐詢問求證。果然，原來如此，真相大白！中秋節連假同一期間，法門師兄姐在台灣中部功德行到彌陀寺，我在四川樂山大佛取出伏藏大法寶篋印陀羅尼經，兩岸分工，分進合擊，原來是我回台灣後還沒去彌陀寺交差咧！

後來經香菱師姐告知，同行去的是嘉義的彌陀寺，不是南投埔里的彌陀寺，「咦？此彌陀寺非彼彌陀寺？有幾個彌陀寺？」心裡有此疑問，立馬上網搜查。原來台灣北中南至少有九間以上的「彌陀寺」，但大多只是寺名相同，惟埔里彌陀寺裡有建造供奉寶篋印陀羅尼寶塔，較吻合四川樂山大佛取出伏藏的寶篋印陀羅尼經及感應所需，所以今早第一直覺看到的埔里彌陀寺是會靈的目的地無誤。無怪乎香一師姐一早就語帶玄機預示說「傾聽心內音，隨順其指引」！

但最重要且巧合的有二，一是台灣地理中心點位置正是在埔里，在埔里近郊的虎子山立有一座「台灣地理中心碑」，將四川樂山大佛取出的伏藏大法《一切如來心祕密全身舍利寶篋印陀羅尼經》於埔里彌陀寺會靈安置，恰可庇佑五方福澤廣被全台灣。二是不偏不倚嘟嘟好那麼巧，埔里正是我出生的故鄉！

【後記二】二〇二二年十二月三日

翌日恰好是週末，清晨七點鐘不到就開車出門前往埔里。走1號國道到新竹轉入3號到台中接6號，6號國道的盡頭就是我的故鄉埔里，每次開車在6號國道上，近鄉情怯心情總是特別不同，就像天氣一樣，從桃園出發時還陰冷飄細雨，到了中部就萬里晴空艷陽高照，令人寵辱皆忘心曠神怡。

到了埔里下愛蘭交流道，我再從手機導航設定目的地「彌陀寺」，怕走過頭，出發前先看過地圖，彌陀寺就在下交流道後不遠，往埔里方向但還沒過愛蘭橋。豈料，手機導航卻過了愛蘭橋，一時莫明所以，反正顯示也只有幾百公尺，就跟著導航路線走。從埔里外環道進入，大馬路開到小馬路，小馬路開進羊腸小路，有路開到快沒路，蔓草叢生比車高，懷疑這導航又搞飛機，但後悔已經來不及，路僅車寬，無法會車，更難以倒車，無法回頭，只能硬著頭皮繼續往前開。

荒煙蔓草疑無路，豁然開朗又一區，只是心頭為之一震，放眼所見是一片墳墓區，與外隔絕封閉於荒煙蔓草中，難怪一路進來無人無車，難怪會開到這裡來，原來如此。淡定回神後心領神會，相逢渡有緣，「渡！珠光還原大法出！一切智慧法出！渡眾生到該去或想去的地方，……。」。要是在入香積法門以前碰到這種情況，身陷窘境進退不得，驚嚇指數破表刺激過度，我肯定要去拜拜收驚了，而現在，地府都去了四回，還怕啥？只怕有未得渡的遺珠。

回想起來也好笑，沿路渡過墳墓區之後，小路盡頭還真有一間彌陀寺，但高牆圍籬鐵捲門深鎖，門邊掛著牌子「謝絕參觀」，寺裡寺外無人無聲無動靜。當下突然有一種時空交錯的感覺，好像來到倩女幽魂電影中的場景，書生寧采臣意外來到蘭若寺，心裡想，萬一這時候突然有人開門出來，笑臉迎人邀請我入內歇息，我是進去還是不進去？萬一卻之不恭半推半就進入寺內，奉茶，我是喝還是不喝？……！@!@#$%^&*……。我想我還是趁現在小倩還沒開門出來招呼我入內喝茶，趕緊去找要去的彌陀寺，來去如風亦如煙──。離開後再上網搜尋確認，還真的有此彌陀寺，主祀釋迦牟尼佛祖，位置鄰近埔里鎮溪南里公墓，無罣礙故，無有恐怖！

重新設定導航後，從別條小路開出去，原來還有別的路，剛剛來時就硬是要讓我走墳墓區，原來我的目的地正確名稱是「圓覺彌陀村」，相距不到四公里，開車不到十分鐘就到了，就在愛蘭交流道下來不遠處，出入口就緊鄰著中油加油站，還有一面大大的看板，怎麼剛剛來時就是沒看見?!

到達彌陀村，適逢吉日，大殿佛堂裡有很多人正在誦經，外頭反而都沒有人，我沿路直上直達寶篋印陀羅尼寶塔處，塔尖恰好反射陽光大放光明，我繞塔三圈，結法門指印稟明，自大陸四川樂山大佛取出伏藏大法《一切如來心祕密全身舍利寶篋印陀羅尼經》，專程來此與大寶塔會靈，祝願寶篋印陀羅尼經與大寶塔合一之神力，護佑台灣政治清明，百姓安居樂業，芸芸眾生皆能受益得渡！才說完，我胸口八卦處的小寶塔自動飄移出來，進入眼前的大寶塔與大寶塔會靈合一了！

接著驅車進入埔里市區，前往台灣地理中心點，位於埔里北邊郊區虎子山山頂，海拔五百五十五公尺。日據時期日

軍在虎子山頂設立一顆一等三角點，位於東經120°58'25"，北緯23°58'32"，是台灣幾何中心點，作為中央山脈三角點群的原點，從事全島的地籍測量。民國六十六年八月內政部委託聯勤測量隊精測，在虎子山設立一顆「台灣省虎子山三角原點」，作為台灣大地測量的參考原點。民國八十八年921地震時，三角原點損毀位移，之後於原址建立衛星追蹤站，提供衛星控制點系統基準資料[31]。

虎子山上視野遼闊，可以俯瞰整個埔里盆地，到達台灣地理中心點，時值正午時分，風和日麗，動念將枕石珠、混元珠、開天珠、闢地珠安置坐鎮於中心點四方，祝願安定台灣地理及三界六道，福澤廣被寶島有形無形一切眾生。

任務完成離開前，見地理中心碑公園入口有一位腦性麻痺的年輕人在賣刮刮樂，遊客不多門可羅雀，遂趨前向他買了一千元的刮刮樂，支持一下努力討生活的小同鄉，結果刮中一千兩百元，投報率百分之二十，他樂我也樂，賺了二百元剛好在公園對面小餐館吃午餐，錢盡其用回饋故鄉。感恩一切冥冥中的善巧安排，愉快圓滿的週末故鄉功德行之旅！

[31] 參閱網搜虎子山天文原點——台灣的地理中心介紹，二〇一一國立台灣大學地理環境資源學系著。

伏藏寶篋會埔里
法門神珠鎮中心
福澤廣被發原點
異鄉緣起是故鄉

【後記三】二〇二二年十二月九日

香豐師兄傳達　香積如來開示：

台灣本島五龍脈
五大山脈五龍聚
中央山脈為首要
崑崙山起至台灣
龍氣延綿台灣聚
五洲台灣為中心
五龍扶持台灣起

5.3 獨在成都過中秋

二〇二二年九月八日離開隔離醫院，成都仍在封控中，馬路上無人無車，一個人坐一輛救護車，一路上又「醫喔～醫喔～」專車直達送回防疫旅館。說從地獄回到天堂是有些誇張，但確實有出關重返人間的感覺，雖然仍是在防疫隔離中，但至少在一居室的獨立套房裡，享有個人隱私的起居空間。旅館的設備環境也比醫院病房好多了，有張書桌椅可以吃便當、打電腦，不必像在醫院吃喝坐睡全賴在一張病床上。還有一扇大窗可以看到外頭的風景，至少不會覺得整天不見天日，而且三餐也不像醫院便當那麼油膩難嚥。自己回想起住在隔離病房十四天，真不知道自己是怎麼熬過來的。

過兩天九月十日就是中秋節了，行前原本以為可以和同事一起在廣州過中秋，豈料人生總是很多意料外之事，第一次自己孤獨一人在外地過中秋，心裡掛念著家人，又是在這樣防疫隔離出關又隔離的狀況下，百味雜陳。也只能安慰自己，慶幸自己能在中秋節前離開隔離醫院，否則不見天日中秋月，心裡可能更落寞難捱吧！

看著窗外的防疫人員忙進忙出，忙著照料來來去去的過境旅客，我先發個訊息給家人及法門、同事群組，報個平安告知回到防疫旅館了，訊息內容是照片上寫著「雖然沒有柚子月餅，That's fine，我還有一扇窗～」，自我安慰一下。香一師姐回應了一張貼圖，一個初升的大月亮，上面寫著兩行字：「我還有一扇窗　還能欣賞月光」，是呀，沒有柚子月餅，至少還有一扇窗能賞月。

防疫旅館——我還有一扇窗

回到防疫旅館的第一晚，也許是心理輕鬆自在許多，舒服痛快地洗個熱水澡後，早早就睡著了，但清晨四點就醒來，驚見床上明月光，月光透過落地窗灑進我房間裡，我躺在床上就可以欣賞一輪皎潔明亮的中秋月。難得在異鄉成都過中秋賞秋月，當然要拍照片寫日記，也藉此DIY卡片向法門師兄姐及廣州的同事們賀節。

說來也奇，那月亮好像是專程出現來讓我拍照似的，應應景讓我拍了幾張之後，月亮就下班快閃隱入雲層之後消失不見了。有感而發寫完這首詞：「雖然沒有柚子月餅，That's fine，我還有一扇窗，還能欣賞月光，快門留下倩影，再望已無蹤，清晨時分，虛實如夢，……@!@……，祝大家~中秋節平安喜樂！」。

拍完照我也睡了個回籠覺，睡醒再看照片，發現這月亮好像是一顆大眼睛?!我轉發給香一師姐詢問：「香一師姐早安！敬問香一師姐：照片中今天清晨拍的月亮，是誰的一個大眼珠子嗎？」，不久香一師姐回覆道：「佛眼看世間」。我一直相信老天有眼，關照著世人的悲歡離合，也鑒察人世間的是非善惡因果業報，不是不報，時候未到爾！

從防疫旅館賞中秋月好像一顆大眼睛——佛眼看世間

5.4 一曲香積千山路

自八月二十二日晚上到成都，至今天九月十五日防疫隔離期滿，我整整隔離閉關了二十三天，終於可以離開防疫旅館去廣州了。因防疫期間有許多針對跨境旅客的防疫規定，而且各省市之間的規定還不太一樣，自成都搭機至廣州，兩地各自有各自的規定，成都搭機前要有二十四小時內的核酸檢測陰性報告，「天府健康碼」必須是綠色才能劃位登機。到了廣州後也要再次做核酸檢測，陰性才能出機場進市區，而去廣州之前就要先上網申報完成「行程碼」、「穗康碼」、「粵康碼」等基本資料，到廣州市區後的每日監測結果就看這些碼，昨天就開始準備這些資料。

因為四年多未到大陸，以前在大陸用的手機門號已經被停話消號了，這次來大陸入境就隔離至今還沒機會外出，還沒有大陸手機門號可用，這些上網申報基本資料都需要手機門號回傳驗證碼，我都得填寫已經到廣州的同事的手機號碼，然後麻煩同事用微信幫忙轉發驗證碼給我，常常因錯按或網路問題沒傳送成功，又要重新填寫資料重新申請，重複好幾回合之後總算都搞定了。

接著要預約今天來接送我去機場的計程車，也是要請廣州的同事幫忙預約叫車，豈料，因為成都封控，竟然叫不到車去機場，古云蜀道難難於上青天，怎麼成都去廣州更難，這啥世界？我詢問防疫旅館客服中心，客服回應「您只能試試95128」，給了我一個叫車專線號碼，說要離開防疫旅館的人打車只能自己去聯繫叫車。出外靠朋友，最終還是遠在廣州的同事成功聯繫上，預約好今日來接送我去天府機場的計程車。

一早四點多就醒來，臨別秋波，離開成都之前再辦一場法會，渡有緣眾生，也感謝成都隔離這段期間，在地神佛眾生的關照，下回不知何時才能再來成都。臨別法會完成，靜坐冥想一會兒，冥冥之中從虛空中出現一把《岳陽神劍》，我心領神會收下。同時也心有所悟，把中秋節寫的詞再補上一段，當作是此行成都的臨別註腳。

獨在異鄉囚為客
晝無語　夜難眠
琴音訴嗚咽
孤懸窗外黎明月

初一弦　十五圓
古今恆不變
受之天地施眾生
功德行　路遙遠
相逢渡有緣
來去如風亦如煙
心一念　千萬年
香積在人間

一週前中午近一點回到防疫旅館，表訂今日下午一點鐘就可以出關離開了，昨天還特別再聯繫防疫中心確認過。今天過中午十二點半，我都已經換

香積在人間

好衣服準備離開了，突然接到電話通知，說我昨天的核酸檢測報告還沒有送來，等報告送來後會有人上樓來通知我，請我先在房裡等一下。乍聽下心裡又十五個吊桶七上八下，沒料到還有這種狀況發生，該不會是核酸檢測又出了啥狀況？要等到啥時候才會送報告來咧？

沒轍，只好先通知幫我叫車的廣州同事聯繫司機，請司機稍等一下。同事聯繫好司機才剛回報給我，防疫人員就帶著我的核酸報告來敲門了，時間也剛好過一點鐘，不算延誤，是我太猴急著想趕緊離開防疫旅館了。順利下樓走出防疫旅館的社區大門，真有重獲自由海闊天空的感覺，空氣都不一樣了。回頭拍了幾張這防疫旅館社區，不堪回首這三個多禮拜是怎麼熬過來的?!

坐上車，直奔天府機場，路經成都市區，有多了些行人、腳踏車，我問司機說，現在成都封控，怎麼大家還是可以出來走動？司機告知說，「成都剛好從今天中午十二點才剛解封」，所以大家可以出來透透氣，但是不鼓勵越區移動，沿路也都設有路檢站，查驗天府健康碼是否綠色，要去機場的車輛更必須出示搭機者的核酸檢測報告、天府健康碼及機票訂票資料等，一路上還真遇到三處攔檢站。

在車上我就把這成都解封訊息發給同事及香積法門群組，從九月一日封城時我已經到公衛中心醫院隔離，九月五日中午過後在樂山大佛取寶時，成都西南方的甘孜市瀘定縣發生6.8級地震，九月十五日中午十二點解封，我也跟著在下午一點鐘解封，離開防疫旅館後就直奔天府機場，我真的是來成都全程參與疫情封控的。同事回覆說「這麼巧！」，香豐師兄回應說「共進退！」。

到了天府機場，掃碼檢疫過關，走進機場大廳，空蕩蕩的旅客大廳只有寥寥幾人，中午剛解封，機場裡的商店一家都沒開，很奇怪的氛圍，還懷疑我真的可以離開成都了嗎?!等劃位完成、行李托運、拿到登機證了，才確認無誤我真的可以離開了！回首來成都二十多天，來去如風亦如煙！祝願這一趟天府成都之行，真的是功課做完、任務完成、一切圓滿，在成都這段時間發生的諸多巧合殊勝奇遇，其中因果之玄妙善巧，又該如何詮釋理解呢？

【後記一】二〇二二年九月十五日

早晨作詞完成，分享發至法門群組，也就開始收拾行李準備離開成都去廣州。前往廣州的路上看到香宇師兄回應說：「香輝師兄這首詞真的好美，淡淡的鄉愁隱含在如如不動的心境中，卻一點衝突感也沒有，更輕描淡寫繪出了香積人的大心。記得香輝師兄還會作曲，許願香輝師兄出關前能有機會聽到它變成一首歌。先謝謝師兄了。」，「這篇我早上到現在不知道看了幾遍，被引出濃濃的鄉愁，拿了一疊白紙一張撕過一張，怎麼寫都覺得自已的字污穢這詞的美，哈！」。

看到香宇師兄這樣的真誠回應，說實話，當下感受如流浪野馬遇伯樂，真的蠻開心的。但是我哪會作曲啊，我連五線譜都不會看，但為了感謝鐵粉香宇師兄的熱情捧場，且莫名的捉狹鬼又來了，當晚到了廣州下塌旅館後，我回覆香宇師兄：「感謝香宇師兄美言這麼捧場！……，不忍讓香宇師兄失望，勉力為之，有輕快版及抒情版，不知香宇師兄想聽哪一版？」。其實當下我心裡想的捉狹輕快版，是搭上《王老先生有塊地》的童謠曲，抒情版還沒想到。

豈料隔日一大早，香宇師兄很認真地回我說：「版本您決定就好，香輝出版必屬佳作！」，再次受寵若驚，我即回覆：「大清早的，先為您獻上輕快版，振奮一天的工作精神，但我怕一開嗓會擾人清夢，所以我先獻上伴奏曲~」，並附上連結Youtube上的王老先生有塊地伴奏曲，大清早的逗逗大家！

隨後，我就很認真的想有哪一首歌的曲適合這一首詞，心中突然就浮現出我很喜歡的潘越雲的《浮生千山路》（作曲：陳志遠）這首歌，覺得曲調風格有搭，試著配對詞與曲，幾番哼唱微調後，覺得還真的蠻搭配的，於是就這麼定調了，還把這首詞就命名叫《香積千山路》。

當晚回到住宿旅館後，上網找了合適的伴奏曲，把浴室當作錄音間，因為隔音效果好，不怕半夜會吵到別人叫來公安，且回音共鳴效果也不錯，於是用筆電上網播放伴奏曲，同時用手機錄音，唱了好幾遍之後，選了一個唱得沒岔氣還可以聽的版本，發送到法門群組裡，算是圓滿交差，這首《香積千山路》的詞曲就這麼結合誕生了。

【後記二】二〇二二年九月二十一日

從廣州返台，在防疫旅館及家裡3＋4又隔離了一週，十月三日週一上班日，一早在家打坐時突然感應到要「領旨」，感悟是要把在成都隔離時寫的《香積千山路》詞曲收錄為法門歌曲，立即向香一師姐反映求證：「香一師姐早安！敬稟香一師姐：這有些尷尬，老王賣瓜，又延誤不得，只能如實稟報！今晨打坐，感應領旨，將香積千山路詞曲收錄為香積法門歌曲，僅微調修訂幾字以應諸同行。我原本心裡OS有反映說，感謝厚愛不嫌棄，但這似老王賣瓜，是否由其他師姐師兄領旨公告為宜，但無感，最後……就醬囉！敬問香一師姐：不知感悟是否正確?敬謝香一師姐！」。大清早的還沒六點，不久就接到香一師姐回覆，發來一張比讚的貼圖，表示確認驗證無誤！所以，就醬囉！

【後記三】二〇二二年十月七日

「香一師姐早安！敬稟香一師姐：今晨四點被歌聲叫醒，醒來彷彿聽到自己心裡早已經在自動播放《香積千山路》？即起打坐，仍在默唸吟唱這詞曲，最後突然張開雙臂，激烈甩動雙掌，雙臂漸漸收合於胸前，雙掌從激烈甩動變成在搓磨壓縮什麼東西，漸漸搓成一線條，最後磨成一顆小珠子，敬獻給香積師父、 太上師父、 玄雲師父、 清心如來師父等香積法門

香積千山路
獨在異鄉為異客
晝無語 夜難眠
琴音訴嗚咽
孤懸窗外黎明月
初一弦 十五圓
古今恆不變
取之天地施眾生
功德行 路遙遠
相逢渡有緣
來去如風亦如煙
心一念 千萬年
香積在人間

香積千山路

眾師父。接著那小珠子變成金丹回到我手中，自頭頂收入於胸口八卦內。

經詢問眾師父，感應是我將《香積千山路》詞曲化成丹珠敬獻給法門眾師父，香積師父將此丹珠化成金丹賜與法門諸同行！敬問香一師姐：此感應是否正確？若正確，此金丹該如何稱呼？又有何作用或是該如何運用？敬謝香一師姐！」。不久，經香一師姐回覆驗證並賦詩註記：

且將丹心獻師父
師父回贈金丹珠
丹珠照亮千山路
千山行來路不苦
輝澤眾生皆蒙福
輝澤丹心珠加被
信願行路無厭疲
一路行來皆有光

緊接著十月八日小琉球功德行，返回高雄路上恰與香豐師兄同車，聊到前一日感應到將《香積千山路》詞曲化成丹珠敬獻給法門眾師父一事，晚上在住宿的會館分享會後也再聊到這首詞曲，香豐師兄及香音師姐先後不約而同告知，因這首詞曲作成，起心動念是為法門、為眾生，所以 香積師父賦予這首詞曲與《香積佛曲》有相同的功能，就如同香竹師姐為法門彈奏的《香積佛曲》鋼琴曲一樣。

事後回想起來，完成《香積千山路》詞曲，應該也是這次大陸出差功德行的神任務之一吧，若不是在經歷過那樣的主客觀情境當下，加上師父賜予的神來之筆，我擠盡腦汁兒應該也擠不出來這首詞。而香宇師兄像是師父派來的教育班長一樣，要求跑步答數還要帶殺聲，意外成就了這詞曲結合的作品。感謝師父賜與我能有這樣的經歷與歷練的機會！

5.5 故地重遊廣州行

手機門號通行證

整整隔離三週之後，我終於來到了廣州，廣州白雲機場把成都來的旅客視若疫區瘟神一樣，把整班飛機的人從停機坪用接駁車載到一處最偏遠的角落進行核酸採檢，可能因為是因應突發疫情狀況的臨時措施，動線管理配套措施都還不到位，冗長又亂無秩序的核酸採檢程序後，再一次亂無秩序的安排計程車從偏門接送出機場，連白雲機場大廳都沒踏進！

等出了白雲機場，到機場附近的一家酒店，才坐上廣州公司派來的車，到了公司安排的住宿旅館已經快晚上十一點了。同事文義來接我，帶我去辦理住宿手續進住公寓旅館後，再帶我去樓下美食街吃點心，吃完回旅館休息。雖然在白雲機場的核酸採檢過程令人氣憤又無奈，當住進舒適寬敞的公寓旅館後，覺得過去隔離二十三天的苦難終究是結束了！

抵達廣州翌日已經是週五，今天首要任務就是申辦大陸手機門號，以及至銀行辦理開戶，有了自己的手機門號，以及手機綁定銀行帳戶後，在大陸各處公私場所都需要用手機掃碼，確認穗康碼、粵康碼核酸採檢結果保持綠色，顯示健康無確診才能進入，許多的民生消費才能使用手機支付功能。過去三週在成都隔離期間，沒有自己的手機門號，也無法掃碼支付費用，簡直像是沒有身分證的偷渡客一樣。

大陸通訊業市場競爭，也因為採實名制需確認申辦人的基本資料，電信公司業務員到府服務成了特色，同事已經幫我預約好中國聯通的業務員上午十點來公司，我還可以直接在業務員的行動筆電上挑選手機號碼，很快就相中一組號碼，選定門號辦好手續，有了自己的手機門號，好像才是身分證、通行證似的。

上午辦好了自己的手機門號，下午接著去銀行辦理開戶，銀行開戶包括實體帳戶及網路銀行帳戶，都需要有自己的手機門號收發驗證碼，逐一驗證開戶成功後，再回過頭來把銀行帳戶設定綁定去支付「支付寶」、「微信支付」及手機每月基本月費等，以免像前次我回台灣後，充值話費扣繳完未及時再充值，手機門號就被取消了，下回來大陸又要重演偷渡客。如今在大陸若沒有自己的手機門號，是一件極其不便與麻煩的事，無怪乎大陸人說，出門可以不帶錢包身分證但不能不帶手機，掉了錢包事小，掉了手機事大。

辦好銀行開戶再回到公司已經快五點，到廣州公司的第一天，就辦了手機門號及銀行開戶這兩件大事兒，下班後就去美食街用餐、購物、理髮，全用手機掃碼付費，操作體驗一下手機的生活化功能。接下來在廣州這幾天，一直到離開廣州從珠海出海關，天天都離不開手機，所到之處都必須用手機掃碼檢疫驗證及支付瑣碎費用開銷。

光孝寺取金剛經

到廣州第二天就週末了，這是我到廣州的第一個週末，也是返台前的唯一週末，一寸光陰一寸金，寸金難買此行出差唯一的週末自由行時光，當然要趁此機會好好去參訪廣州的名勝古蹟。不過我得利用上午時間及旅館設備，把在成都隔離期間捨不得洗的衣物全丟進洗衣機裡攪和攪和。於是和文義約好中午出門，一起用餐後前往我推薦的光孝寺、六榕寺。文義是攝影大師，平日也是喜歡四處旅遊拍照，名勝古蹟恰好是拍照取景的好地方，所以一拍即合偕伴同遊。

十多年前第一次到廣州，一位在廣州執業的熊律師Leon帶我去了光孝寺及六榕寺，廣州逾千年歷史的四大古寺之二，都在越秀區相距不遠。Leon是以前光寶廣州廠的法務主管，恰巧也是人大校友，更是性情中人，所以私交甚篤。Leon是足球運動健將，上回來廣州時他帶我去造訪了光孝寺、六榕寺，六榕寺裡有一座逾一千四百年歷史的八角形九級千佛塔（原名舍利塔，廣州人稱「花塔」），高57.6米，樓梯在塔內，但上樓與下樓的樓梯對向交錯，上下樓都必須繞行塔外半圈，才能接續上樓或下樓的樓梯，而繞行塔外手扶的圍欄甚低不及腰部，越往上爬就越覺得好像半個人懸在塔外似的驚悚。

我很快就爬到花塔頂層，登高望遠極目四探欣賞風景半宿，怎還沒看見運動健將Leon的人影，該不會……?!我趕緊下樓找人。在六層或七層塔外找到Leon，只見他呈半蹲姿，一手緊抓圍欄一手扶著塔牆，神色緊張寸步難行，我才知道原來Leon有恐高症，還捨命陪兄弟爬高樓，令我印象深刻，這回難得有機會再到廣州，當然是要故地重遊，也是要來禮佛還願。

我們從住宿旅館搭地鐵到光孝寺，一走出地鐵站就開始拍照了，不同面貌的廣式建築物、教堂、巷道、人物、街景，處處都是拍照的題材。只見攝影大師拿出單眼相機拍個不停，攝影大師的怪癖都是喜歡拍照不喜歡被拍，我拍照留念之餘，也偷偷拍下大師拍照時的身影風範，希望將來文義出攝影專輯時，攝影大師簡介可以用上我幫他拍的身影照片。

街道的盡頭就是光孝寺，興建於五代時期，至今已經有二千年歷史了，禪宗六祖慧能在此剃髮受戒，剃落的頭髮就埋在菩提樹下並建塔（名「瘞髮塔」）誌念，光孝寺也因此聞名嶺南。遠看光孝寺樸實無華，卻自有一股難以言喻的氣勢。我們從廟門外一路拍到廟裡，千年古寺處處是建築與宗教藝術作品的精華，百看不厭。

當然，有些景物我看了便有感，覺得有寶，立馬拍照上傳法門群組，香音師姐很快回應指示：「這個要拿」、「這個也要拿」，是寺裡的雲板與魚梆，還有寺廟門口的石墩、石球，都是無形的寶物，秉持「取之於天地，用之於眾生」的精神，老生我義不容辭就不客氣地照單全收下了。

走到光孝寺裡一個角落有座涼亭，涼亭裡是一座頗有歷史的鐵鑄浮屠寶塔，經查閱資料，係建於五代南漢國大寶六年（西元九六三年），原為七層浮屠塔，於清末時塔殿倒塌壓

廣州光孝寺的魚梆與雲板

壞四層，現僅剩底下三層，但也是目前中國境內僅見最大、最古老而完整的鐵鑄浮屠寶塔了。剛走到這塔前，覺得有歷盡滄桑的感覺，我閉目靜觀感應一下，不久便覺塔中浮現出一部放射金光的卷軸，我以為是經書、法卷，就先收下，同時把寶塔拍照上傳群組，詢問香音師姐此處是否要開庫？香音師姐回覆：「這個要打開、渡眾生跟拿陳情書。」。

廣州光孝寺逾千年歷史的鐵鑄浮屠寶塔

日後經香豐師兄及香一師姐驗證，收下的卷軸是經書法卷無誤，同時也被眾生用來聯名上書求超拔，皆已歡喜得渡去。香豐師兄告知那卷軸經書法卷內容是大名鼎鼎的《金剛經》，這是佛教的重要經典，竟然伏藏在廣州光孝寺裡讓我取出來了。千年一念，一念千年，會崩壞消逝的是鑄鐵，古今恆在的是法與信念。

光孝寺藏千年寶
雲板木魚七龍珠
七級浮屠今猶在
虛實相應大心人

六榕寺灑甘露水

離開光孝寺，我們走回街上覓食，去一家看起來窗明几淨的現包雲吞店，走進店裡才發現，so small and so lucky，只有門邊靠牆兩個淺窄座位，我和文義兩個人入坐就客滿了！原來這家店是以外帶為主，內用就要靠運氣啦！方才在光孝寺禮佛參拜四處轉悠，還是有被關照一下，我點了招牌雲吞，內餡就是鮮蝦肉漿，湯頭鮮美濃郁令人驚艷，吃完口齒留香意猶未盡。有道是「窗小能邀月，簷低不礙雲」，這小小店面的雲吞有星級飯館的水平，真是高手在人間。

吃飽喝足休息片刻，繼續朝聖之旅，前往相距僅七百公尺之遙的六榕寺。六榕寺始建於南北朝梁武帝時期，迄今已有一千四百多年歷史，廟門的對聯寫著「一塔有碑留博士，六榕無樹記東坡」，博士指的是初唐四傑之一的王勃，東坡正是蘇東坡。蘇東坡被貶嶺南，從海南北歸路經廣州時，受邀為寺題字，蘇東坡見寺內有六棵茂盛古榕，遂提筆以楷書寫下「六榕」二字，至明

廣州六榕寺——門上匾額「六榕」二字是蘇東坡手書墨寶

成祖將寺名改為六榕寺，現寺門上匾額「六榕」二字便是蘇東坡手書墨寶。

參訪完六榕寺準備離開，又經過觀音殿，我轉身再次手結香積法門指印向觀音佛祖頂禮辭行，順手再拍幾張觀音殿前的荷花與燈燭，此時突然有銅錢大的水滴從天而降，大晴天的，水滴也不像下雨般密集，還以為是有人拿水管澆花噴濺出來的水滴。但抬頭四處察看，確認沒有人，奇了?!

水滴落在我身上、頭上以及手背上，證據確鑿不是錯覺，恰巧文義就站在不遠處等我，他也被滴到了這莫名所以的水滴，我對文義聳聳肩手一攤表示不解，實則心領神會了，感謝觀音佛祖灑淨水賜福！

大佛古寺頒法旨

告辭六榕寺，文義提議再去相距一點五公里二十分鐘路程的《大佛寺》，全稱為《大佛古寺》，始建於五代南漢，鼎盛於清雍正乾隆年間，毀壞於文化大革命時期，八零年代由政府出資修復原狀對外開放。我們從熱鬧的北京路這頭步行前往，遠遠看到一棟五六層樓高的嶄新楠木建築物，應該就是大佛寺了，與大佛寺馬路相隔的對面，是繁華熱鬧的百貨公司大賣場，在這廣州市中心越秀區鬧區裡的佛寺，光是土地建物的資產價值就不得了。

走進方知，我們俗了，原來我們從鬧區嶄新大樓走進來，一進門就有師姐迎人便道「阿彌陀佛」，那棟是後來新建的多功能弘法大樓，內有毗盧殿、圖書館、講堂、展覽廳、禮品部等，頗類似台灣佛光山、法鼓山、慈濟等大型寺廟的風格。而我們走進來這頭是大佛寺的後門，前門廣場正在施工興建新的建物，主殿大雄寶殿依然維持著古樸莊嚴的千年古剎風貌，從後門走進來看到古寺原貌，似有一種穿越

廣州大佛寺的漢白玉觀音群像

時光隧道的錯覺。隨著大陸這幾年經濟起飛脫貧致富，今日大佛寺香火鼎盛遊人如織，入寺的善信比對面逛百貨公司的人還多，佛法盛行的盛況恐不輸清庸正乾隆年間。

大佛寺主殿供奉三世佛，雖然都是近代仿造原型重新鑄造的佛像，但法像莊嚴肅穆，氣宇神韻非凡，每尊佛高約六米，重十噸，嶺南少見，故有大佛寺之名。主殿裡除了三尊大佛之外，還有許多珍貴的佛像雕刻，特別是其中白玉雕刻的觀音三十二像，都是佛教藝術瑰寶，讓我駐足觀賞許久。

就在大雄寶殿三世佛前，突然感應到要「頒旨」，大佛寺的三世佛要高升果位了！突如其來的感應念頭，茲事體大，趕緊發訊息向香一師姐反映求證，香一師姐很快就回覆驗證無誤，果真如是，怠忽不得！以大佛寺今日香火鼎盛，香客絡繹不絕的盛況來看，大佛寺在廣州地區弘揚佛法教化人心確實有其貢獻，我很榮幸此行能來到大佛寺為三世佛頒旨！

珠江夜遊渡眾生

今天白天連跑了光孝寺、六榕寺及大佛寺，收穫滿滿的知性之旅，晚上和其他幾位同事一起晚餐享用廣州美食後，一位當地同事帶我們散步到珠江邊，要去看廣州塔七點亮燈後的夜景。珠江全長約為兩千四百公里，是中國第三長、流量第二大的河流，昔稱「粵江」，原本僅指廣州至出海口這一段河道，之後匯集西江、北江、東江和珠江三角洲等水系，統稱為珠江，南北貫穿廣州市區直入珠江口，「廣州塔」成為聳立在珠江旁的閃亮新地標。

廣州市區珠江兩岸水岸第一排，已經是高樓林立的高級辦公住宅區，入夜後兩岸大樓燈光齊放，萬家燈火璀燦綺麗，廣州塔自七點開始點燈後，整夜燈光閃爍變換色彩，珠江兩岸炫麗燈光與江面上倒影流光，虛實交映融為一體，廣州市入夜變身別有風貌。我一來到珠江邊，除了看景之外，也開始渡眾生，一尾半米長的大鯰魚剛被釣客釣上岸來，我心裡想著，這大鯰魚是向死而生求渡來的？相逢渡有緣，心裡動念渡這鯰魚王安心得渡去吧！

坐觀光船遊珠江賞夜景是這裡的觀光賣點，天字碼頭號稱「廣州第一碼頭」，其夜景是廣州「羊城八景」之一，難得天時地利人和到此一遊，自然不能錯過坐船遊江賞夜景的人生愜意事。疫情期間買票上船，售票亭與驗票口，一樣都要用手機掃碼，出示綠色的健康碼（粵康碼、穗康碼），還要核對台胞證，才能登上船。

船票是有坐位號的，我們的位子在船艙裡的船頭處，有桌椅冷氣，但船一開動離開碼頭後，我們全都跑到船艙外船尾的甲板上，一來享受戶外涼風自然空氣，二來欣賞一百八十度無視野障礙的珠江夜景，方便取景拍照。船離岸漸遠，珠江兩岸建築物也漸漸縮小，但整個珠江兩岸夜景全圖漸漸明朗壯闊，確實美不勝收別有風韻。

站在船尾甲板上，一邊欣賞整個珠江燈火夜景，一邊也注意到船尾江面上激起的水花，似乎像是求渡的眾生，在夜色中一波一波蜂湧而來。遂動念一切智慧法出！珠光還原大法出！渡一切有情有緣眾生！感應求渡者眾，我拍下珠江夜景照片上傳法門群組，請求師兄姐支援淨化渡亡，很快的，珠江夜遊渡眾生，功德圓滿！

廣州珠江旁廣州塔及向死而生求渡來的大鯰魚

黃花崗上渡烈士

原以為此行出差大陸，在成都隔離期間已經完成任務功德圓滿，豈料到廣州還有任務，繼昨日週末三寺一江功德行之後，今天週日快馬加鞭，時間分秒浪費不得。一早就和文義出發繼續廣州自由行之旅，去了廣州聖心大教堂，大陸現存唯一全花崗岩石砌築的哥德式教堂，於一八八八年清光緒年間建成，外觀歷久彌新氣勢宏偉，可惜疫情期間不對外開放參觀。

接著去沙面島，滿清時期的英法租界地，二戰結束英法退出交還租界地給中國後，留下了五十餘棟各有特色的建築物，現在成為觀光勝地。較特別的是其中一棟建築物是日據時代日本人前去開設的台灣銀行廣州支行，大門上頭用花崗石雕刻「台灣銀行」、「BANK OF TAIWAN LTD」字樣仍保留著。既然是銀行，會不會還有遺留什麼無形寶藏遺珠，站在銀行門口感應一下，感覺只有一片烏黑，但為求慎重再確認，還特別拍照上傳法門群組詢問是否有寶？很快香豐師兄回覆說：「沒有」。想太多，哈哈！另一棟讓我映象深刻的是被星巴客租用的建築物，也是唯一一棟可以入內消費參觀的建築物，空間寬敞清淨別具特色，在百年建築物裡喝咖啡，消費超值，頗值一遊。

逛完沙面島建築群，下一個重點就是黃花崗，從小學教科書裡就讀過廣州黃花崗七十二烈士的故事，昨天週六坐六號地鐵有經過黃花崗站，但沒有下車去參觀，今天時間尚早，就決定去黃花崗參拜先賢先烈。

黃花崗烈士墓是一座占地規模不小的公園，「黃花皓月」是羊城八景之一，樸實無華白皙素潔的花崗石砌大門牌坊，上頭有孫中山先生題字鐫刻「浩氣長存」四字，從牌坊連著長長筆直的墓道，墓道的盡頭就是課本上看到的七十二烈士墓。天氣

廣州沙面逾百年歷史建築群中的台灣銀行及星巴克

晴朗的週日下午，也許畢竟是墓區，除了我和文義兩人外，整個黃花崗公園裡竟然沒有第三個遊客，更顯烈士墓的寧靜肅穆。

我從公園門口走進，穿過「浩氣長存」牌坊，走在墓道上開始唱頌香積佛曲，心頭幾度悲從中來唱不下去，似乎感受到為國奉獻犧牲生命的先賢先烈們心中的悲憤，我強自鎮定下來撫平情緒，繼續和緩地唱著香積佛曲，動念一切智慧法出、珠光還原大法出，為黃花崗烈士靈療，渡烈士先賢到該去想去的地方，同時也拍下照片上傳法門群組，請師姐師兄們支援，一起動念淨化超拔黃花崗烈士們。

參閱史料記載重新認識黃花崗，最初該處只是廣州東郊黃土一抔甚為荒涼的墓地，七十二烈士屍骨是由同盟會成員潘達微收葬，他購得東郊紅花崗土地用來合葬起義烈士，將原地名改為黃花崗，意喻秋日黃花烈士不屈的品格，於文革時期多處被破壞，至八零年代廣州人民政府重修黃花崗陵墓，迄至今日佔地十六萬平方米規模。陵園內除七十二烈士之外，尚有十四名烈士死於黃花崗起義，共八十六人，姓名全部刻於《廣州辛亥三月二十九日革命記》石碑的背面。

獨自走在長長墓道上，好像走入歷史，靜心感受革命烈士當年起義時的大無畏胸懷，如今長眠於黃花崗公園又是什麼樣的心情，因為有烈士前人的犧牲奉獻，才能延續中華民族追求自由民主繁榮安定生活的命脈與契機。再看當今兩岸局勢，依然是「革命尚未成功，同志仍須努力！」，無怪乎讓先賢先烈們感到悲憤啊！誠希望黃花崗烈士及所有為國家民族犧牲奉獻的先賢先烈們，英靈都能安息安心得渡！離開黃花崗，墓道上一路三回首，廣州功德行功德圓滿！

翌日週一、週二兩天在廣州公司辦公，週三一早就啟程回台灣了，從廣州搭車到珠海過海關，轉

浩氣長存的廣州黃花崗

車到澳門搭機返台，結束了這次一個月的出差行程。回想在成都、廣州所經歷的一切，「功德行，路遙遠，相逢渡有緣；來去如風亦如煙，心一念，千萬年，香積在人間。」

【後記一】黑牛護法

時隔整整一年後，又來到廣州出差，去年來還在疫情期間，出差一個月，在成都就被隔離了二十三天，中秋節獨自在防疫旅館過，加上一天離開成都飛廣州，一天辦手機門號及銀行開戶（綁定門號與帳號供在大陸電子支付扣款用），兩天週末假日，半天回台前到醫院做核酸檢測，待在廣州公司辦正事時間只有一天半，含半天時間給同仁上培訓課，剛出版三個月的《拉拉山林奇遇記》簽名書當作課堂上的問答獎品。

一年後再來廣州公司出差，有位看過我去年帶來《拉拉山林奇遇記》的同事來向我詢問，她說她的父親似乎有精神方面的問題，看過許多中西醫都無解，問我能否幫忙處理或了解是什麼原因造成？為此，我把這個案情形發給香一師姐及香豐師兄，詢問其父親的現況是什麼因果造成？是否有我們法門可以幫忙處理的地方？同時我自己也試著「觀」其因果，就坐在辦公室椅子上閉上眼，心裡默誦《玄雲心咒》先為其父親淨化，不久眼前就出現一頭巨大的黑色的牛，還帶著發亮的紅眼睛，就是這一頭牛作祟嗎？是來向同事的父親討報嗎？

我一來再發訊息向香一師姐及香豐師兄稟報所觀狀況，二來也試著自己再觀是何因果究竟原由。嗣後接到香豐師兄回覆驗證：「請示師父，○○○精神問題和牛有關，師父有回應，請師兄收黑牛。」，不久香一師姐也回覆驗證：「雖欠黑牛前世債，本身修善能避災，有求皆應師安排，可保平安無事來。」。

驗證確認之後，既然師父指示要收這頭黑牛，我立即靜心再觀，動念先請Daniel大牛幫忙去找那黑牛交涉溝通一下，想對祂曉以大義，請祂放下仇恨立地成佛……，未料黑牛竟然毫無猶豫很爽快就同意接受招服，而且願意加入香積法門當法門的護法。行筆至此，突然感應到那黑牛跑來說：「呵呵，其實是我在等待此機緣入香積法門，所以當然很快就願意囉！」。

再究竟原由，得知那黑牛是一頭水牛，水牛前世小時候被同事的父親虐殺而亡，故積怨在心追至今世前來討報，卻從同事那裡發現香積法門的訊息，看到得渡香積淨土的機會，香積師父也應黑牛祈求，才有此際遇安排。前世留下的因果，今日因緣俱足，遂欣然放下怨念圓滿因果，接受香積法門招服為護法！

只是來廣州出差，相隔一年竟意外促成這樣一件前世今生的圓滿因果，開心又窩心，也再次見證香積法門殊勝法！惟感恩　香積如來師父安排賜與的殊勝機緣！感恩香一師姐、香豐師兄幫忙驗證促其圓滿因果！

【後記二】

本書完稿送交出版社編輯排版，在校稿過程重新審稿讀到這一篇文時，突然一個福至心靈的念頭，這個黑牛和我家大牛有沒有什麼關聯？這個黑水牛前世小時候被同事的父親虐殺而亡……?!該不會就是我家那頭小牛被賣到同事的父親家被他虐殺?!經向師父請示感應無誤，再向香一師姐稟報請求驗證，香一師姐很快就回覆確認無誤。

原來，這頭黑牛真的就是我家大牛，因為前世被虐殺執意討報的執念，不但累世一直干擾著同事的父親，其實也障礙了自己一直無法安心得渡。如今因緣俱足機緣成熟，所以才藉由這樣的方式來圓滿因果，黑牛就可以徹底放下心中的執念與罣礙，安心得渡矣！

白馬將軍印章的影子出現一個人形?!

第六章 快人快語

在宗教自由且多元化的台灣，有許多的通靈人士、靈學老師都有與靈異接觸的能力與經驗，其中不乏在電視或網路媒體上現身說法者。香積法門也有多位師姐師兄有與神佛或眾生溝通、渡化眾生的能力，這究竟是憑藉什麼樣的機緣、能力、工具、途徑或是方法？本章特別收錄了幾位師姐師兄的經歷，或由我側面記述，或由師姐師兄自己撰文述說，以饗讀者。

6.1 香嚴師兄與三魚畫室

三魚畫室　二〇二二年十月二十三日

香嚴師兄，本名林俊慧，是台灣知名油畫藝術家，也曾碰到藝術家的撞牆期，他在醉心的音樂與音響中得到創作的靈感，找到了音樂與畫作之間的共通點，遂創作出「音樂系列」、「四季系列」、「道之二十四節氣系列」等個人藝術生涯的一系列代表作，畫風雅俗共賞，深受各界人士喜愛，台北大倉久和飯店、玉山銀行、萬海航運等企業，都曾購藏香嚴師兄的畫作於企業總部展示。

而我自從在世貿畫廊博覽會第一次看到香嚴師兄的畫作，就成了香嚴師兄的粉絲，香嚴師兄的畫作除了色彩繽紛鮮活跳動，乍看令人眼睛一亮之外，畫作似帶有生命力，能穿透眼睛融入內心，令人神情愉悅油然而生幸福感，真的是療癒系的神創作，因此對偶像香嚴師兄自然是多一分關注。

於是上週就和香慎師姐聯繫詢問香嚴師兄近況，「香嚴師兄、香慎師姐！這兩天突然一直想到香嚴師兄最近進展如何？是不是進展神速在偷偷練功？且突然萌生一個念頭，我也想重拾畫筆跟香嚴師兄學畫。我小時候也很愛畫，小學到國中的百餘張獎狀有三分之二都是美術比賽得獎的，考高中時為了升學就停住了繪畫，考上成功高中，考大學時還特別去報名師大美術系加考術科咧！不過最後還是讀了法律系，但一直沒有忘情繪畫藝術。所以第一次在世貿看到香嚴師兄畫作時，對香嚴師兄就有一種驚為天人的崇拜感！香嚴師兄畫室招生時我第一個掛號報名！」。

香慎師姐回覆：「感恩香輝師兄關心，明天轉達給香嚴師兄有人要報名學畫！今晚才跟香嚴師兄鼓勵，香輝師兄著手法門的第二本書了，要加油，或許有機會幫忙畫圖喔～」，看到香慎師姐回覆告知情況，於是我請香慎師姐幫我轉達香嚴師兄，我是真的想重拾畫筆向香嚴師兄拜師學畫。本想說自己厚著臉皮，拿兩串蕉就要登門拜油畫大神為師，結果讓我意外的是，香慎師姐回應告知，透漏說香嚴師兄夢見師父對他說：「你要出來了，不可以再躲了。」，「那麼香輝師兄突然說要學畫，就是師父安排的家教學生啊，讓你從香輝師兄開始，……」。

真是周瑜打黃蓋，既然如此，念頭一轉，日日是好日，時時是好時，現在就是向香嚴師兄拜師學畫的良辰吉時。於是便和香嚴師兄、香慎師姐約好這週日就去香嚴師兄的畫室當面討論一下。結果香嚴師兄及香慎師姐週六上午就先去了畫室，原本香嚴師兄想先去畫一下圖，請　師父啟動神來之筆，結果去到畫室思緒又亂掉，待不到一小時就離開畫室回家了。

經香慎師姐告知後，我直覺想到那畫室久未使用，磁場多少會有些問題，心想那畫室可能需要先淨化一下。我心裡還在想著，明天下午也可以當作畫室功德行，到畫室後現場拍照上傳法門群組，請師姐師兄一起幫忙來淨化一下，但是我在家裡就不由自主先開始動念淨化了。

不久，腦海中慢慢浮現出一條黑黑長長肥肥的不明物，仔細再觀再感應，並出動「還原珠」把牠還原縮小，才看出來原來是一條大鯰魚精，且感覺畫室裡還有很多其他不明物，我都開始覺得腦袋漲痛了。於是向香一師姐求教驗證，香一師姐回覆告知：「畫室是該淨化，磁場雜亂，來自有緣眾生聚集求超渡，除了大鯰魚精，還有大山椒魚（娃娃魚）。」。哇！原來還真的有大鯰魚精，還有大娃娃魚?!可是我怎麼似乎一直看到還有一個好大的魚頭?!

隔天週日清晨打坐時，腦袋裡一直有一顆大魚頭的畫面，於是再向香一師姐求教驗證：「敬稟香一師姐：昨日淨化香嚴師兄的畫室，一直感應到大鯰魚及大娃娃魚還留在現場沒離開，再感應是那兩條大魚願意留在畫室當香嚴師兄的護法，伴香嚴師兄一起修行。敬問香一師姐：這感應是否正確？」，「腦子裡一直有個大魚頭的畫面，那魚頭又不是鯰魚、娃娃魚，像是鯉魚，感應似是被困在當地動彈不得，所以才只露出個魚頭。敬問香一師姐，這感應是否正確？」。

「剛腦袋裡蹦出一個名詞～《三魚畫室》。香嚴師兄的畫室離北二高木柵深坑交流道不遠，那條大鯉魚就是交流道施工時，因改變了河道而受困至今。敬問香一師姐：這感應是否正確？還是我自己一直在幻想編故事?!若感應不正確純幻想，請香一師姐一定要指正我喔！」。嗣後經香一師姐回覆驗證無誤，大鯰魚、大娃娃魚和大鯉魚都是和香嚴師兄的前世因緣，要來當香嚴師兄的護法。於是乎，才有了《三魚畫室》的萌芽！

香魚畫室

《三魚畫室》名稱確定後，也和香嚴師兄、香慎師姐討論到如何活化處理香嚴師兄現有畫作的問題，初步構思，以三魚畫室名稱成立一個網路畫廊～「三魚畫廊」，把香嚴師兄的一些既有畫作上傳到網路Facebook，一來維持林俊慧老師作品在市場上的曝光度，二來也許也可以出售變現出清庫存，香嚴師兄日後的畫作，想必又更上層樓不可同日而語了。這樣的構想經向香一師姐求證可行，就即起即行，Just do it！

今日週一，大清早上班途中，突然腦袋裡神來一念～香積師父賜法號「香」字給《三魚畫室》，就成了《香三魚畫室》！又想，難不成是《三香魚畫室》？明明是鯉魚、鯰魚、娃娃魚，三條魚都比香魚巨大，難道是　師父藉三大魚變身為小香魚，隱喻要求弟子做人要低調藏拙藏巧？念頭又一轉，覺得「香魚」與「三魚」諧音近似，是不是可以直接簡化為《香魚畫室》？……？……！Bingo！突然頓悟　師父的用意，寓意於形，真正要賜名給香嚴師兄畫室的名稱是～《香魚畫室》⁈於是再向香一師姐求教驗證，嗣經香一師姐回覆驗證無誤。妙哉！妙哉！此香魚非彼香魚，師父出這一題也太妙了！

我急匆匆就想把這喜訊傳達告知香嚴師兄、香慎師姐，打好訊息臨發之際收手，應該賣個關子考考香嚴師兄、香慎師姐。於是改發了訊息給香慎師姐：「恭喜香嚴師兄、香慎師姐！賀喜香嚴師兄、香慎師姐！師父賜法號給畫室！猜猜看是什麼法號⁈您一定會覺得讚歎又爆笑！」，「嚴師兄的畫室也有了法號，太有料了！我剛到公司，先賣個關子，順便吃早餐！讓嚴師兄、慎師姐也來玩一下腦筋急轉彎！可以提示透露的是，師父賜予畫室的法號與《三魚畫室》當然有關！」。

香慎師姐回覆：「師父賜予畫室的法號，我試著感應看看。」，「是的，師姐感應看看！大道至簡，寓意於形！不用想得太複雜，就和《三魚畫室》有關！」，我才發出提示訊息，就看到香慎師姐秒回～「香魚」！

原來那三條大魚護法早已在畫室待命，師父先讓我們感知那三條大魚的存在，有了《三魚畫室》的雛形出現，而寓意於形真正賜予香嚴師兄畫室的法號是《香魚畫室》！妙呀！順手上網查了一下命名吉凶，guess what?「**數理：41，吉凶：吉，解釋：天賦吉運，德望兼備，繼續努力，前途無限。**」，謹心悅誠服地再一次讚嘆師父！

天將降大任於斯人也，必先苦其心志，勞其筋骨，要動心忍性，才能增益其所不能，這是　香積師父給香嚴師兄及香慎師姐賢伉儷的考驗，且賜予了深具意義的法號《香魚畫室》給香嚴師兄的三魚畫室，畫室的護法如魚得水適得其所。我想香嚴師兄經歷這次質能轉換的考驗後，繪畫藝術創作將再上層樓、更上層樓，且拭目以待！

【後記一】二〇二二年十月二十四日

前文剛落，收到香慎師姐發來與香一師姐的對話：

「敬問香一師姐：香嚴師兄剛才靜坐，他說有看見畫室那三條魚在瀑布開心地悠游，維納斯站在瀑布上。這個景象是要師兄畫下來的嗎？或是有什麼啟示嗎？感恩。」

「敬回師姐：那就要看師兄願不願意畫，不要給提示，想畫自然就會畫。」

「師兄說完之後，我問他是否要大概畫草稿起來？師兄說：我已經畫完了。」

「胸有成竹，了然於心。」

看了香慎師姐與香一師姐的對話訊息，好開心，充滿法喜，那虛實相應的三魚護法將軍，除了我之外，至少有三位師姐師兄看見了，香嚴師兄也已經以無形的神來之筆開始神創作。我回覆香慎師姐：「哇賽~那三魚可如魚得水了！也是適得其所，理所應當！」。

無幻無花無世界
無覺無證無如來
幻花有無成世界
覺證虛實知如來

香嚴師兄所說看見三條魚在瀑布開心地悠游，那個瀑布就是這幅畫中的瀑布，而這幅畫正是第一次剛到畫室時，拍照上傳法門群組的室內照片中，香音師姐特別點名指出擺在畫室正中間畫架上請香慎師姐淨化的那幅畫。香音師姐火眼金睛是否早已看出畫中殊勝境？人間若有此境，我都想下水游囉！

【後記二】二〇二二年十月二十五日

師父用心良苦賜名《香魚畫室》，當然要好好珍惜善用，不論是透過網路畫廊或是實體公司，可以多元化的運用《香魚畫室》，既能幫助香嚴師兄處理畫作活化應用，也能將好作品廣泛傳播深入普羅大眾，同時藉藝術美學淨化人心弘法利生，誠「一魚三吃」雨露均霑！腦袋瓜已經閒不住開始構思各種可能的運用方法。

說來也奇，我這夜貓子當晚竟然十點多就犯睏，早早就不支倒床大睡，在殊勝時辰三點多就醒來，想必又有事，就乖乖去佛堂打坐。才坐下不久，那三條魚就浮現在腦海裡悠游打轉，「有事嗎？」心理ＯＳ，……，「有！畫起來申請著作權保護！」，靈感一來，坐不住了，立馬起身拿紙筆開始畫稿。

邊畫邊上網參閱有關鯉魚、鯰魚、娃娃魚的很多圖片，包括刺青圖騰，畫了一個多小時，還是畫不像，畫不好，畫不滿意，畫累了、疲了、睏了，癱坐在椅子上想放棄不畫了。有道是山不轉路轉，路不轉人轉，人不轉心念轉，突然又神來一念，既然畫不好畫不像，乾脆就化具體為抽象，抽象不像就對啦，就有太大的想像空間了。

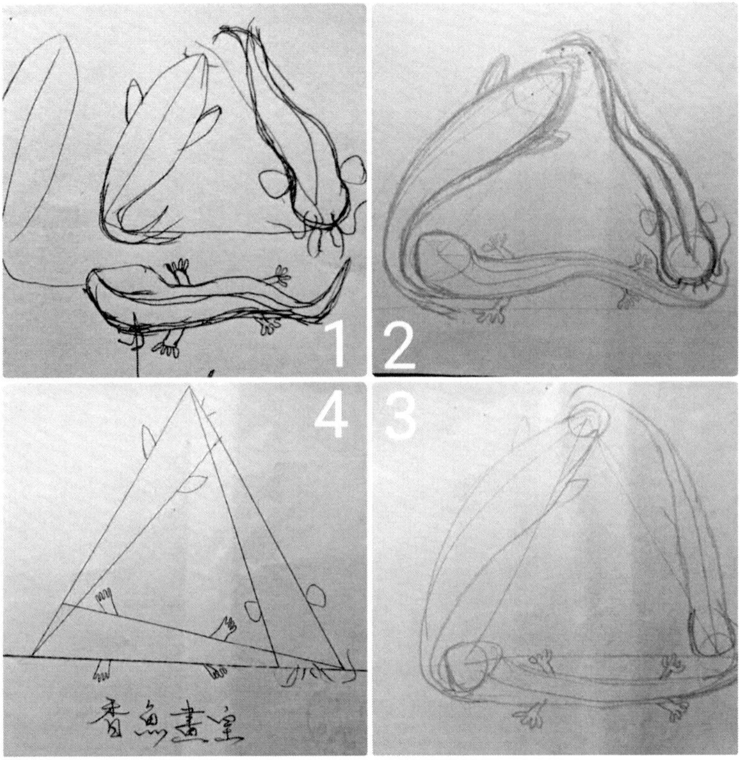

三魚商標及著作權起草圖（素描）

於是乎又從椅子上甦活彈跳起來，以抽象的特徵開始構圖，完成初稿概念後，再用筆電小畫家及PowerPoint，就一併完成了《三魚畫室及三魚圖》及《香魚畫室及三魚圖》兩件圖文設計。

【後記三】二〇二二年十月三十日

畫室名稱、三魚圖及印信既定，就香嚴師兄現有畫作的活化應用計畫也同步進行中，已經在FB先設立了香魚畫室網路畫廊，準備將嚴師兄的畫作逐一上傳公開展示。另外，也挑選出十二幅畫作，用來製作2023年的電子月曆，準備放上網路畫廊供人下載轉發分享，也藉此達到廣告宣傳三魚（香魚）畫室與油畫大師林俊慧畫作的效用。於此同時，我也開始著手進行申請著作權及商標權保護，這就衍生許多層面需要思考的問題。

著作權採創作主義，創作完成即取得權利，但因實務上發生爭議時，大多必須就證明何時完成創作負舉證責任，所以登記制度便成為基本的保護措施。著作權的權利保護廣，不限必須實際使用於特定商品類別，且保護期限長，伴隨著作人終身及身後五十年都受保護（可被繼承），若著作權人是公司則為公開發表後五十年。所以，先同時向美國及大陸申請了《三魚圖》、《三魚圖及三魚畫室》、《三魚圖及香魚畫室》三個圖形與文字的美術著作權，而在美國登記著作權之效力幾乎涵蓋全球。

商標權權利期限為十年，但只要有實質使用就可於期滿後申請延展，沒有次數的限制，相當於永久受保護；但若獲准後三年內不行使，也會有被申請撤銷商標權的風險。而且商標權採登記主義、屬國主義、審查主義，必須在個別國家個別申請登記，且必須於四十五類的商品分類中針對特定商品類別去個別申請，經當地國商標局審查程序，確認沒有近似商標登記在前，才准予登記商標權。所以申請商標註冊的國別、商品類別、申請費用、商標設計本身識別度與近似前案的迴避設計等等，都是必須要通盤考量評估的事項。

「香一師姐週日愉快！我正一邊在寫稿改稿，也一邊和香慎師姐及師姐女兒含芸小師姐討論香嚴師兄月曆製作問題，要用〈香魚畫室〉或是用〈三魚畫室〉為主角？ 小師姐似是偏愛〈三魚畫室〉，因為與三魚圖形較搭配。我寫稿時突然領悟，林俊慧法號香嚴，三魚畫室法號香魚，本不衝突，相輔相成，對娑婆大眾示以三魚畫室名與圖，容易聯想記憶，與香積法門有緣者自會知

XIANGYU ART LLC　XIANGYU ART LLC

三魚商標與美術著作權

道畫室也有法號《香魚》！嗣經詢問香一師姐確認後，便將畫室命名為〈三魚畫室〉外，並同時著手準備設立「香魚藝術有限公司」，公司英文名稱「XIANGYU ART LLC」，簡寫為「XYART」。公司於2023年3月已正式設立登記完成開始營運。

【後記四】二〇二三年十一月十七日

一個週日下午在三魚畫室，香慎師姐整理角落裡的畫作，找出一張畫風很美意境很玄的畫作掛在牆上，香嚴師兄說這一幅畫是他看了趙無極的一幅畫之後的靈感創作，怪不得我看了就覺得帶有趙無極的意境，但是用香嚴師兄獨有的筆觸畫風來展現另一層次的美感，越看越有味兒。而我在畫室裡遠看這幅畫作時，似

林俊慧油畫《無極之境》，228x146公分。

是因為油彩的反光，看起來有點點星光閃爍著。我將其拍照後上傳三魚畫室的網站，將其命名「**無極之境**」，畫作附上旁白說明：「**河瀚尋星光，回望見無極。**」。

這幅畫作乍看只是一幅畫風獨特的油畫，配色鮮豔清新，畫風飄逸靈動，駐足凝視這幅畫才更覺震撼，似看見宇宙中數個銀河星系，紅、白、藍、金不同色系的星雲，深藍近黑的黑洞通道正在吞吐宇宙能量，畫中乾坤無極無限妙不可言，恰好香音師姐回應補充說：「太虛亦在其中」。

除了這一幅畫之外，香慎師姐整理一堆豎立起來的50號畫作中，把一幅明顯尺寸不合的30號畫作抽離出來，就跨立放在這一堆畫作的上頭，我看到這幅畫是玉山，與畫室裡其他藍白色調冬雪覆蓋的玉山系列畫作明顯不同，有一見如故、一見鍾情的感覺，隨手拍照存檔，當晚也一併上傳三魚畫室網站，將其命名「**玉山－II**」，畫作附上旁白說明：「**玉山老爺少女心，四季多變皆風情。**」。

看過這兩幅畫之後，畫面一直在我腦海裡念念不忘，而且覺得有一股莫名的魅力與吸引力，難以言喻說不上來。於是我將這兩幅畫上傳群組，一來分享香嚴師兄美麗的畫作給其他師姐師兄欣賞，二來也請教師姐師兄這畫作中是否有玄機？很快就接到香一師姐回應，連打了十個「！」驚嘆號，驚嘆連連的意思！香豐師兄也回應一個兔子比讚的貼圖。

看到香一師姐及香豐師兄的回應後，我更加篤定自己的直覺，覺得那幅玉山應該命名叫《日照金山》，玉山活脫就像是一座金光四射的大金礦一樣，而那幅無極之境更像是浩瀚宇宙蘊藏了無極無盡的法財資糧。於是我再發問：「玉山可是大金山？河瀚法財照無極？」，嗣經香一師姐回應一個「給你一個讚」貼圖確認！原來透過香嚴師兄的神創作，這兩幅畫中玄機，蘊藏著香積法門的法財資糧。

事隔三日，二〇二三年一月十三

林俊慧油畫《玉山-II》，90x72公分。

日（五），清晨起來打坐時，突然福至心靈的聯想，去年九月在四川成都時，樂山大佛相贈香積法門的黃金（請參閱本書5.2樂山大佛取伏藏），就儲放在台灣玉山群峰裡，香嚴師兄的這幅玉山畫就是進出金庫的「通道」。接著「領旨」，白馬將軍負責鎮守保護玉山黃金法財，派出「光之軍」鎮守戍衛玉山群峰。

腦袋裡突如其來這樣的聯想，究竟是真是假？是真有其事還是純粹想像力、聯想力太豐富？若是純粹想像力、聯想力太豐富，為何不是想像將黃金都變現直接存入銀行帳戶，還要派兵將去鎮守戍衛玉山群峰?!茲事體大不敢怠慢，立即向香一師姐稟報請求驗證，嗣經香一師姐回覆驗證確認無誤。要負責看管法門法財資糧，職責重矣，難怪早已領軍三萬兵將待命多時，現在派上用場了！

再隔三日，一月十七日週二，一月二十一日周六就是農曆除夕了，又是在凌晨三點的殊勝時辰醒來，在佛堂打坐中，腦袋裡又出現那幅日照金山的玉山主峰畫面，突然感應到「領旨」，以及「開庫」，感覺好像是　香積師父在農曆年前發法財紅包給弟子過年一樣。凌晨四點多，我立即發訊息給香一師姐稟報上情，「晨起靜坐，感應接旨，玉山開庫，同行取寶。」，經香一師姐回覆驗證無誤，於是立即將開庫訊息上傳法門群組。我心想，也許有師姐師兄在清晨睡夢中會做了一個奇怪的夢，夢見登玉山去搬寶物，爬得好喘，搬得好累，結果都好睡得起不了床，哈！

當然，入寶山怎能空手回，我在山中尋寶挖寶也帶回不少黃金法財，悉數將於日常法會中布施分享給眾生之用。香慎師姐也分享了香嚴師兄取得的寶物，香嚴師兄說他動念取寶時，一顆火球一直旋轉滾過來，香嚴師兄取到一顆金黃色有溫度的火球，後來經香常師兄及香一師姐告知驗證，那是「火雲珠」，香嚴師兄用這個火雲珠法寶請　師父幫他調理筋絡。

再一次驗證香積法門的殊勝資糧，取之於天地，用之於眾生，資糧豐富充盈而不費，眾生平等受益而無索，色不異空，空不異色，虛虛實實，虛實相應，你相信，你便得見，而且得之！

6.2 香若師姐渡有緣眾生

香若師姐，兒童文學作家，也是知名版畫藝術家，藝術家與生俱來敏銳細膩的觀察力與觸覺感知能力，只是香若師姐所觀察感知的事物，比一般人更廣泛細膩而深入，有形與無形兼俱，這一篇文是香若師姐記述分享的故事。

有幾次經歷很特別！很多年不見，僅有一面之緣的攝影師一見到我，興奮得很像見到多年好友，第一句話就是：「妳知道我最近過得有多慘嗎？」，「我不知道耶！」我說，然後對方就開始迅速簡要的說了最近的不如意事，工作上的困境或是身體上的問題。那是一個會議的場合，旁邊有很多人，他就這樣說了起來，當下當然趕緊渡亡為他淨化！

另一次是搭上擁擠的公車，我提著沈重的行李箱，擠在司機旁邊的走道，滿滿一車的乘客有如沙丁魚。我一上車，司機開始跟我聊天，內容是他十幾年來所經歷的不公平對待，公車公司如何虐待員工的細節，他一一道來，他趁著停紅燈，拿出手機划出舊照片，硬是要我看照片。我想，滿車的乘客大概以為我們是非常熟識的朋友吧！但真真切切的只是萍水相逢，我只能安撫他，直到我下車，滿車的人都很安靜的聽著！

最近一次是路過一個台北市的知名菜市場，下午兩點鐘，許多攤販都收攤了，只剩下一攤服裝店，我過去瀏覽了一下衣服，然後服裝攤子老闆就靠過來，說要跟我慢慢聊天。又是拿出手機划出一堆照片，慢慢地聊他的夢想，說他在哪裡開了精品店，又說他另一個身份是畫家，還是電影的藝術總監之類的身份。聊了很久，真的很久，後來提到一個剛剛往生的紀錄片電影的導演，我立馬知道這場對話的意義，是這位不久前才剛剛辦完告別式的導演來求渡了。我完成渡亡任務後，匆忙告別。我也謝謝那些對我傾吐心事的人，希望他們能因此得到情緒的釋放！

看完香若師姐分享的經歷故事，我以一般讀者的角度提問請教香若師姐幾個問題，以下就直接以問答方式來完整呈現香若師姐的分享內容：

1. 為什麼您這樣就知道是導演來求渡了？導演為何不直接找您求渡？答：「因為我是看不見靈的，所以靈來求渡的時候，需要一些暗示，也許靈一直暗示我，我卻一直不領悟，有時候會有些領悟，我只是盡可能去推敲原因。靈來求渡時會用的暗示方式，有時候拉腳，有時候拉手，一開始經驗不足，只是納悶怎會有這些突如其來的異樣感應，身體的不舒服感應會在渡亡後消失。累積一些經驗後，可以推敲出原因，例如：很多年沒有想起的人事物，在一念之間想起，也會讓我深究下去，然後在社群媒體裡，看到恩師往生的消息，那時，我也會知道那位恩師來求渡。」[32]

2.請問您怎麼知道導演有圓滿得渡了？答：「我每一次都會詢問香一師姐，有時問香豐師兄，有時是問香音師姐，會再一次確認。」

3.請問您是用什麼方式渡導演的？不需要折蓮花、立牌位、誦經唸咒之類的嗎？答：「念頭一動，蓮花自然升起，要去哪個淨土，受渡者有自由選擇的權利，我是動念用自助式的～『去你想去的地方！』，想要光，或是想要十字架，都在對方念頭一起的時候，一併呈現，對方會知道自己要去哪裡，大部分的靈都是知道的。」

4.請問導演被渡去哪裡？被渡之前，他原來是在哪裡？答：「我感應是去阿彌陀佛淨土，也許我和導演也有因緣，但目前還沒有去追問探究這層關係！」

32 我也是屬於肉眼看不見靈的遲鈍體質，所以眾生來求渡時，若直接拉手拉腳的觸碰仍無法引起領悟或注意，就需要借助第三方，例如藉陰陽判官顯像（參本書2.2酆都渡亡第二輪），或藉其他方式，例如：汽車突然發不動、開車迷航繞路或開到墳墓區，這是多位師姐師兄的共同經驗。

5. 請問您為何可以渡導演？為何有這樣的能力、權利或是身份？答：「因為是　香積如來的弟子啊！因為師父的願力，師父賜與的法，可以渡亡。一心為眾生，『法』會繼續發揚光大，一旦心念有偏差，『法』也會瞬間消失！我是初學者，還在摸索～」

6.3 宮廟乩身求助香音師姐

香音師姐是法門裡體感敏銳的師姐，是「善財童子」的代言人，也是法門裡師姐師兄經常請求驗證、諮詢請益的對象，香音師姐與先生香殊師兄及三位明珠香蘋師姐、香文師姐、香菁師姐一家人，都是法門裡各有擅長的師姐師兄，這一篇文是香音師姐記述分享的故事。

家中本來就開宮廟，哥哥們也都在扶鸞解字，我從小也知道自己很特殊，每當有信眾身體不舒服，我媽媽都會叫我去幫人按摩一下，說我按摩一下人家就比較舒服。因為哥哥們在廟裡常常喝酒抽煙，每逢祭典，炮竹的煙火震得讓人受不了，還有那漫天嗆鼻的煙硝味，讓我對去廟裡非常排斥。

年輕時身上都有股檀香味，所以常常會有人說妳就是吃這行飯，妳就帶著天命啊！妳要出來幫眾生服務！也許年少叛逆吧，就是不想接觸甚至排斥，到最後是自己的身體出了狀況，身體會莫名的紅腫發癢，連出門曬太陽也不行，桃園的醫院我幾乎都看遍了，有醫生說可能是紅斑性狼瘡，有的說是過敏，藥一直開也一直吃，到後來還去做免疫療法，中壢新生路鑾有名的免疫療法教授，看診一個禮拜花費大概六萬塊，喝德國的蘇打水和德國的Omega-3魚油，每天三小杯，一杯10 cc，真的喝到令我懷疑人生。

直到有一天在Line群組遇到香興師兄在跟群友聊天，說香積法門只要打坐就可以修行，人生中的第一次，鼓起勇氣跟當時還是陌生人的香興師兄說：「每個人都說我帶天命，所以我想跟你一起修行。」，就這樣跟著香興師兄在香積法門裡報名打坐。香積如來師父的慈悲與香一師姐的指導，讓我進法門後停掉了西藥，算算也很多年了！人稱過敏大三元的敏感問題，與皮膚的免疫系統失調，目前在我身上都沒有再發生。

去年有血尿，去壢新醫院檢查，醫生說要住院檢查看看，我直接跟醫生說不用住院，香殊師兄也贊成，我就回家自己化法藥，晚上喝過法藥就沒有血尿的問題，只能說師父的法真的很強大。

再補充一個故事，剛進法門沒多久，有一位群友突然私賴我，跟我說「師姐，我有一個忙想要請妳幫忙。」，其實我不太愛與人互動，連說話都很少，很訝異他怎麼會找我幫忙，想了想回他說：「你說看看，我看我能不能幫。」，當下他說了他是南部雲林某宮廟的乩身，他準備要搬家，可是他的房子有鬼，想請我幫忙。

當下我覺得很訝異，他自己是乩身為什麼不能自己處理，他只回我說我們家的菩薩比較厲害[33]。因為不熟，而且是第一次談話，我也沒有多問，只回答說好，請他等我一下。然後他問我等什麼，我說我要跟菩薩稟報一下，他說「不用啊！妳說好的當下，菩薩就來了！」。自己也很訝異，就請示師父，經師父確認後就放心了！心中暗暗竊喜！　香積師父好厲害，帥爆了！我的故事講完了！

當時那位先生報出自家宮廟時，我真的不知道他所述宮廟是在哪裡？因為不愛接觸宮廟，也就很少跑自己不熟的區域，之後才從師兄口中得知在南部是蠻有名的寺廟。

看完香音師姐分享的經歷，我也以一般讀者的角度提問請教香音師姐幾個問題，以下就直接以問答方式來完整呈現香音師姐的分享內容：

1. 您家中本來就開宮廟，您常見扶鸞解字、祭典儀式、炮竹煙火等，那為何香積法門這些都不需要？效果有差別嗎？答：「香積法門之神奇，就在於不需要這些繁雜的手續，也不用喝香灰跟燒金紙。效果有沒有差？當然有差啊！我現在只要動個念頭，法藥就會自動到水

[33] 香積法門與台灣各地宮廟常有交流，這位宮廟乩身師兄能知道找香音師姐，當下又能看到香積法門的菩薩現身，謙沖為懷誠高人也，想必是該宮廟藉此機緣與香積法門交流，不異殊勝之至！

裡面，要喝什麼就化什麼。」

2.您年輕時身上會有檀香味，請問現在還有嗎？答：「嫁人以後就沒有了！不過進了法門也有些味道，不過不是單純的檀香，我記得有次參加功德行，很多師姐在找為什麼會有那麼重的人蔘味，找半天才發現是從我身上飄出人蔘味。還有前段時間在質能轉換的時候，身上狂流汗，擦汗的毛巾上面都是淡淡的香味，有點類似百花香。那個味道比茉莉花的香味還要甜，因為是天上特有的味道，很難用世間的物體形容，如果說比較接近的，會是各種花香再加一點蜜香會比較類似。」

3.以前有人說您帶著天命，請問香積法門弟子都是帶天命嗎？沒有帶天命的人可以加入香積法門嗎？沒有帶天命的人會因為加入香積法門而帶天命、負任務嗎？答：「以前人家會說帶天命，我進了法門之後反而覺得是帶著自己的宿願而來，這樣形容比較貼切。我想其他入法門的師兄師姐們，應該也是有自己的宿願未完成吧！」

4.您提到您過敏、血尿時用法藥，台北保安宮也有藥籤可以抽，然後憑藥籤去抓藥，請問香積法門化法藥都不需要這些嗎？動念用想的就有？請問原理、依據是什麼？答：「法門化法藥不用抽籤，不需要去抓中藥，只需要動個念頭就可以了。什麼原理、工具或依據？只因為我相信。」[34]

5.為何您和善財童子神尊特別有緣，請問善財童子來和您「合一」時是什麼感覺？答：「跟善財童子比較有緣?!其實我不這麼認為，我反而覺得可能是我夠笨，善財童子怕我說錯話才時時刻刻陪著我。合一的感覺？其實很多師父都會來與我合一，當下的感覺應該就是放輕鬆，不過只有善財童子來的時候我是最自在的，其祂師父跟菩薩來時，我其實都會有一點罣礙不夠自在，這也是我需要改進的地方，套句香蘋跟香菁的話，偶包太重。」

6.其他師兄師姐若有體悟感應來向您求證，為何您可以看到或是感應到別人體悟感應的事物？請問這是什麼原理、工具或依據？答：「與其說我可以，我反而覺得是師父讓我學習。什麼原理、工具或依據？沒有原理耶！有時候騎摩托車就會突然出現原本沒在想的事件畫面，或者煮個菜、去買個東西就突然出現。有時候是直接在耳邊說，有時候是浮現在腦袋，也有的時候是突然在眼前就有畫面，像布袋戲一樣。」

[34] 香積法門諸多殊勝法，信根足是法門弟子的基本心態，以化法藥來說，有許多師姐師兄的見證，我也曾多次親身經歷驗證過，其中一次請參閱本書3.2化法藥。

6.4 香豐師兄神遊寶殿淨土

香豐師兄是法門裡的代表性靈魂人物之一，平日傳達法門多位師父的開示，引導師姐師兄探究前世因緣及修法學習的方法，驗證解答師姐師兄提問的感應及疑難雜症諸問題，全家人也都是香積法門的師姐師兄，是我效法學習的對象。這一篇文是香豐師兄記述分享的兩段經歷，簡短的內容，卻引出更多的探索疑問。

凌霄寶殿

有一回練功靜坐，因悲心興起，見靈往上天衝，觀到金色圖案無數，見二旁站著諸佛菩薩，不過見臉部都模糊的，應該是不給我看，見大殿前面，我意識到來凌霄寶殿，中間坐著是玉皇大帝，我就跪哭著求著玉皇大帝，玉皇大帝不忍，也示意要我起來說話！不過我還是跪著^_^，為眾生請命，也許是一把鼻涕一把眼淚，不好看，玉皇大帝示意要我先退下……，我自己也為自己感到驚訝！真的是自己修，自己了解，有修有證。

清心如來臥佛像

在一次靜坐裡，得知以後家中會有一幅清心如來畫作，我常常穿越時空去觀畫，有一次心血來潮，透過進去畫作內，一進去就見到一位包頭的阿三少年，帶著我參觀淨土，見一個大湖，湖的遠處有一個類似西方建築物，湖裡有各種顏色的龍鯉，湖水是八方功德水，旁邊長滿了盛開玫瑰花，大紅色一朵又一朵，又見青龍在天飛，又有其他動物，只有感覺到……沒看到……，包頭阿三帶著我到了建築物門口，見到　清心師父牽著我的手，我的肉體右手瞬間被法流電到，是真實的，接著我的頭頂裂開了，像金蟬脫殼一樣，從裡面露出了金光，見　清心師父拿了很多寶給我，請示這是第幾天？淨土在三十一天，後來我人就睡著了^_^。

看完香豐師兄分享的經歷，就讓人產生更多的疑問想來請教香豐師兄，以下就直接以問答方式來完整呈現與香豐師兄的問答內容：

1. 請問凌霄寶殿在哪裡？為何您可以去到凌霄寶殿？請問您是用什麼方法去到凌霄寶殿？去凌霄寶殿要先預約登記嗎？答：「凌霄寶殿位於中天，因為為眾生請命，心急，動念靈就用『移化他地法』。我覺得是權限，有通行證。」

2.凌霄寶殿應該有很多神兵天將守衛，請問您是以什麼樣的身分、職稱或關係可以進入凌霄寶殿見玉皇大帝？或是需要有什麼通行證？答：「什麼身份？應該是以這世的身份[35]。應該是需要通行證。」

3.請問您是穿什麼服裝去凌霄寶殿面見玉皇大帝？要穿像電視劇中古代官服？還是穿現代的平日穿著就可以？答：「沒注意到自己的服裝，玉帝是穿朝代服，古代官服。」

4.請問除了您之外，其他香積法門的弟子是否也都可以像您一樣去凌霄寶殿面見玉皇大帝？答：「香積弟子可以去面見玉皇大帝。」

5.玉皇大帝示意要您先退下，請問您是退下到哪裡？有會客室、交誼聽、廂房包間？還是直接返回地球人間？答：「退下，退回站旁邊，和上朝一樣。」

6.您常常穿越時空去觀畫，請問穿越時空是什麼感覺？需要很久時間嗎？是用什麼方法

35 香豐師兄補充說：以這一世是香積弟子身份，這一世降生下來的身份，例如：你今生下世是媽祖，就是以媽祖身份，除非上去時以累世其中一世身份上去，所以也要能悟到身份，因為有權限的問題。香一師姐補充：很多師兄姐都曾經收到代表其前世身份的法器，或收到符節以利法界通行或執行任務，或是如幽冥教主令等各種令旗，都是因應所需。

穿越時空？如何控制前往要去的時空？答：「是天眼觀到，或靈出去所見，就和一般肉眼看沒什麼差。」

7.您「進去畫作內」見到一位包頭的阿三少年帶您參觀淨土，「進去畫作內」是什麼概念意境？為何不是直接到　清心師父淨土？畫作裡也有門有通道可以進去淨土？答：「是穿越時空到未來的畫作，再穿越畫作到　清心師父淨土。」

8.請問　清心師父的淨土是甚麼樣子？淨土裡有其他人在嗎？那位阿三少年是誰？和您有特別的因緣嗎？答：「　清心師父淨土有很多，畫裡淨土東西方合併，小橋流水和大湖景，百花齊放芬芳香，淨土裡我只見師父和阿三少年。阿三少年是誰？是師父的童子，也是師父化身，和阿三一樣。」

9.您可以穿越時空去凌霄寶殿及　清心如來師父的淨土，是不是您想去哪裡就可以去到哪裡？您與生俱來就有這樣的能力，還是加入香積法門後才有這樣的能力？答：「正是，只要有去過可舊地重遊。我本來沒有這種能力，進了法門修持才有。」

10.其他的師姐師兄要如何修持學習才能有像您一樣穿越時空的能力？您會給其他有心效法學習的師姐師兄或是一般讀者什麼建議？答：「要有修持利益眾生的心，要因緣俱足。」

11. 您本來沒有這種能力，進了法門修持才有，請問您是如何修持？能否分享您修持的具體方法、步驟或是心法？答：「信受奉行[36]，依師父指導下進行調整。」。那要如何修持才能夠感應到師父？才能夠在師父指導下修法及進行調整？答：「最重要還是心態，心到那裡，法到那裡，心有眾生，諸佛菩薩自然感應，也要自己調整到能和師父接通訊息，所以要愈修愈清明，調整自己的諸習性。」

[36] 香一師姐分享了香豊師兄信受奉行的事證，當初師姐傳法給香豊師兄後，就收到師父指派的任務，香豊師兄與太太香福師姐兩人騎著摩托車，到北宜公路九彎十八拐、桃園中壢等地到處去淨化渡亡，最遠去到苗栗，如此的心行合一信受奉行。

6.5 香一師姐揭露秘要心法

香一師姐是香積法門裡的智者活百科，舉凡法門裡的師姐師兄有任何體悟需要驗證，或是日常工作生活中有任何的疑難雜症問題需要解惑指點，都會來詢問請教香一師姐，或是師姐師兄對某一事件有不同看法意見分歧時，就由香一師姐請示師父意見指示後做最後的仲裁。我個人許多次的感應體悟，也都是經過香一師姐的驗證與引導，才慢慢積累經驗建立起相信直覺非幻覺的自信心。

香一師姐除了幫師姐師兄解惑之外，也扮演授業的角色，特別是在各師姐師兄求教詢問的虛虛實實的感應驗證過程中，分享、指導許多的觀念或心法，這是香一師姐最令我敬佩的，也是我最想效法學習的。例如以下這一則貼文：「無幻無花無世界，無覺無證無如來，菩薩以一切　種種莊嚴剎，置於一毛孔　真實悉令見，復以一毛孔　普納一切海，一切諸世間　悉在一毛孔，一切方便事　示現如是等，廣大諸神變　如是諸境界，舉世莫能知　雖現無所現，究竟轉增上　隨順眾生心，令行真實道。」，「一切諸世間　悉在一毛孔」?!想像一下這是什麼概念，讓人的想像力從極大化瞬間極小化，打破對世界既有認知的限制，也唯有如此，才能從新認識、理解在香積法門裡的感知與體悟。

又例如香一師姐在群組裡轉貼了一則網路新聞，新聞標題是「鏡像神經元　虛擬久了會成真」[37]，該文提到四十年代師專學生的故事，那時的台灣很窮，學校沒有鋼琴，連風琴也沒幾台，學生每人每週只能分配到一個小時的練琴時間，學校就發給學生每人一張和鋼琴鍵盤一樣的硬紙板，叫學生眼睛看著樂譜，心裡唱著旋律，手指在紙鍵盤上練習，但這個窮則變變則通的辦法，也確實達到教學的效果。當年不知道這個方法背後的機制理論，科學家一直到九十年代有腦造影儀器後，才知道原來是大腦裡的「鏡像神經元」在作用。

香一師姐在貼文後附上評語：「**惟心所現惟識變，虛擬貨幣能變現，方法等你來發現，找到方法就實現**」，「**一念不生全體現**」，這則貼文及評語似乎提供了一絲線索。我立即回應：「運用『鏡像神經元』，虛擬可以成實境，至少效果是相同的，如同飛機模擬駕駛艙一樣，想像之境可以成真！」，同理，所以一幅玉山油畫，與真實的玉山大山，所蘊藏的物質是一樣的?!

[37] 二〇二三年一月十三日，兩點二十六分聯合報，洪蘭/鏡像神經元　虛擬久了會成真|聯合報名人堂|評論|聯合新聞網（udn.com）。作者洪蘭教授是中原大學、台北醫學大學、中央大學講座教授。

從另一個角度解讀，留在腦神經內的意象，若稱之為虛像，當主客觀條件因緣俱足時，是可以對外投射出來化為實像?!再進一層言之，如果在腦神經內的意象（虛像）已經形成且存在，不論外在條件是否俱足可以投射出來化為實像，都不影響虛像的事實存在。而實像與虛像，可以同時並存，只是存在方式的不同，這與法門裡許多虛實相應事證的背後原理，似乎提供了解答的部分線索！即如心經所示，「色不異空，空不異色，色即是空，空即是色，受想行識，亦復如是。」。

電機博士前台大校長李嗣涔博士做了許多靈界的科學實驗，李嗣涔博士認為，宇宙仍有超過百分之九十的能量，是我們現今科學範疇無法解釋的，李嗣涔博士提出複數時空理論，假設宇宙是一個八度的複數時空，其中四度是實數時空，是我們眼睛所見熟悉的物質世界，也就是我們所謂的陽間；另外四度是虛數時空，是陰間、信息場、靈界，那是一個意識的世界[38]。實數與虛數，陽間與陰間，同時並存，陰陽乾坤相伴相生，即如「太極」。

「真如本心有如一顆水晶球，宇宙森羅萬象顯現在上頭，畫素影像清晰賽哈伯韋伯，秒上星座天體快過太空梭。」，香一師姐揭露了香積法門的宇宙觀，以及能瞬間悠遊於宇宙萬

[38] 參閱李嗣涔博士著《靈界的科學》。

物的殊勝法。我曾經有一次經驗，一日清晨打坐中，人突然覺得升空了，一下子就到了外太空，而且還可以再離地球更遠，只需要動念，就像拍照時用相機調焦距一樣，從外太空看地球，水藍色的地球好美，隨著我飛往外太空的距離越遠，地球就越來越小。正納悶怎麼會這樣？我在做夢嗎？我剛剛是在打坐啊！接著心裡想「我要怎麼回去啊？」，瞬間就回到家裡佛堂！好神奇的一次太空之旅！

香一師姐在群組裡日常教學有一次提問，「小乘修的是戒定慧，大乘是修六度十善，最上乘的法修什麼？」，附解答是「人在家中坐　法從天上來，弘法身未動　念到即有功，念力有能量　善念為之最，此端傳法藥　遠端能收到，這端施法流　那端能接收，一念真誠因感應道交果。」，這正是香積法門弟子平常自修的功課，發自內心弘法利生的一個善念，念力即以量子糾纏（參閱本書7.6量子糾纏）的動能傳遞能量，且無遠弗屆效果立見，「人在家中坐　法從天上來，弘法身未動　念到即有功」，確實如斯。

太空之旅，酆都地府之旅，都是在動念之間來回，過程像是夢境，卻又清晰真實無比，若按前引「鏡像神經元」理論，外在實像有無已經不重要，內在的虛像世界反而是更強大的存在事實。至於如何控制與虛像世界的往返接觸，香一師姐道出心法：「一念不生全體現」，「**靜、淨、鏡、境**」，就留給有緣讀者參悟體會。

遇緣即師入世學
無形師教出世學
無幻無花無世界
無覺無證無如來
以幻修幻覺圓覺
平等性智無分別

第七章
揭天幕

7.1 香積佛曲

我剛加入香積法門不久，香興師兄說要經常播放香積佛曲聽佛曲，在網路Youtube就可以搜尋下載香積佛曲。後來香豐師兄送了我一台佛曲機，說可以放在家裡、辦公室或隨身攜帶，可以全天候二十四小時播放，說這佛曲音樂可以淨化有形及無形的磁場，可以化戾氣為祥和，有緣眾生聽到佛曲即可得渡，所以每次功德行時，都會有師姐師兄攜帶佛曲機，全程播放著香積佛曲。當時還不明所以，也不知其威力，以為只是如同一般常聽到的佛樂一樣，就是所謂「法音弘法」的概念吧。

剛開始播放聆聽時，只是單純覺得這樂曲旋律很好聽，比坊間一般的佛樂或冥想音樂好聽多了，聽了就讓人覺得很放鬆很平靜很安心，覺得有紓壓解脫的歡喜自在感，覺得在積累能量蓄勢待發，後來我就將佛曲機放在辦公室裡全天候播放。有一次功德行的地點就在離我辦公室不遠處的一座日式莊園，目的是專程要去處理一條千年蛇魔，豈料就在我們到來的前兩天，我打坐中感應到那條蛇魔因為聽聞香積佛曲得以淨化消除魔性，已經得渡並升格為「金甲神」，且成為玄天上帝的座前部將，這才讓我驚覺香積佛曲竟有這麼神奇又強大的能量。

此後，日常法會中全程播放佛曲是法會基本的「標配」，有助於參加法會的眾生以及在會場外旁觀的眾生，都能因聽聞法音而受益。而有關香積佛曲的內容，目前在Youtube搜尋「香積如來」或「香積法門」，可以搜尋到唱誦香積如來佛號的《香積法門—香積如來聖號曲》、香竹師姐彈奏的《香積法門—香積如來聖號曲》鋼琴曲，以及唱誦　香積如來師父開示文的《香積法門—香積佛唱》，惟較常在日常生活、法會及功德行播放的是《香積法門—香積如來聖號曲》鋼琴曲。

此外，我的意外創作曲《香積千山路》，因這首詞曲作成的起心動念是為法門、為眾生，所以　香積師父特別賦予這首詞曲與香積佛曲有相同的功能[39]，就如同香竹師姐為法門彈奏的《香積法門—香積如來聖號曲》鋼琴曲一樣。除了平日的法會播放《香積法門—香積如來聖號曲》或鋼琴曲之外，我自己也蠻喜歡哼唱一下《香積千山路》，既可以渡眾生，也回味一下這首歌創作當下的時空背景與心境，功德行路遙遠，相逢渡有緣，來去如風亦如煙，心一念，千萬年，香積在人間。

某日有師兄姐到合歡山石門山步道健行，因風勢太大不敢冒險上去，就留在步道下方等

[39] 參閱本書「4.5 一曲香積千山路」。

候，利用等候的時間順道辦個法會渡眾生，當播放佛曲並恭請師父加持渡眾生時，眼前出現紅光，紅光中有一個像法輪的圖形，有金色線條金光閃閃從圖形中心點一直向四周延伸散射，不明所以，於是手繪觀見的景物圖形，發訊息請教香一師姐圖形代表什麼意思。

香一師姐驗證告知：「這就是佛曲曲音的頻譜，從中心點佛曲機一直往外延伸。」，並藉此問答在群組裡分享，讓大家學習有形及無形的香積佛曲顯像方式。香一師姐提問：「光有光譜，音有音頻，我們經常播放佛曲，不知有沒有人見過佛曲的頻譜？」，「佛曲的頻譜可以像個法輪，也可以像似一朵蓮花。」，香音師姐回覆道：「剛開始是豆芽菜在跑，後面是五線譜，最後是很多金線條像網狀這樣。」，「佛曲的音頻，豆芽菜的衍生。」。

音樂療法是古老的治病方法之一，例如西藏頌缽音療，透過以木棒敲擊或摩擦頌缽所產生的獨特聲音振動頻率，轉換

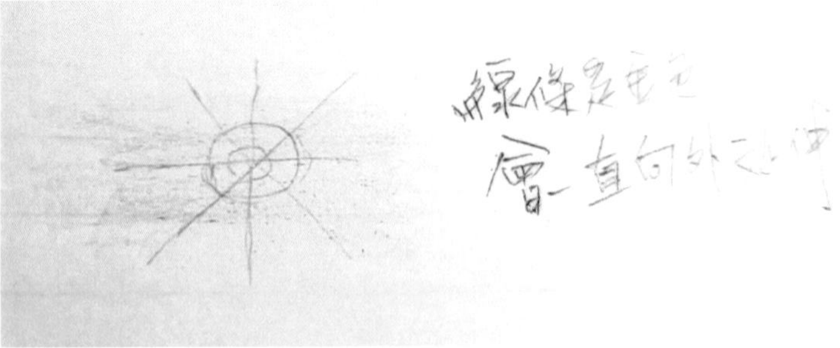

師姐手繪觀見的香積佛曲音頻圖形

成能量流動傳導至人體內，可以舒緩神經放鬆身心，進而進入冥想狀態中修練更大的心靈能量。現今醫學發現聲音在治病和調整身心平衡方面的功效，音頻振動以量子力學傳導能量讓人體接收，不同能量場的振動會產生不同的效果。而香積法門佛曲的能量場以及能量傳遞方式，顯然更有別於一般宗教音樂，這也是香積法門殊勝處之一。

香音師姐補充道，不只佛曲會有音頻，就連有時候我們在辦法會的時候，我們心裡面想要唸一遍經文，經文也會像豆芽菜一樣把所有的文字都跑出來，有一次香殊師兄在功德行的分享會中，他只是心裡面在想著用梁皇寶懺渡眾生，結果就從虛空中跑出來金色的經書，經書會自動翻頁，裡面的佛經文字都變成金色的，隨著風動四處流傳，這讀經的音頻也是所謂的聲音的震動頻率。

香音師姐的補充讓我想到兩件事情，一件是西遊記裡的孫悟空不乖時，唐三藏師父就念緊箍咒[40]將孫悟空額頭上的緊箍縮緊，藉此教訓懲戒孫悟空。另一件是我親身經歷事，多年

40 「**緊箍咒**」是《西遊記》中的一個咒語，又名定心真言，由如來佛祖發明，經觀音菩薩傳授給唐僧，用於對其弟子孫悟空的管教。當唐僧唸緊箍咒時，戴於孫悟空頭上的緊箍兒便會收緊，使得孫悟空頭痛欲裂，越掙扎越痛苦。類似的還有金箍咒和禁箍咒，其中金箍咒用於控制紅孩兒，幫助他成為了善財童子，禁箍咒用於控制黑熊精，幫助他成為了守山大神。緊箍咒在日常用語中，已經成為了一個俗語，比喻那些束縛人的東西。參閱網搜維基百科「緊箍咒」。

前曾經在新竹縣一處原民部落民宿附近的工寮裡，看到棚架上掛著數十串的松鼠尾巴，應該是被獵殺的松鼠只留下尾巴準備風乾後出售，我在心裡為他們默唸《六字大明咒》想為祂們超渡，「嗡嘛呢唄咩吽……」才剛剛開始默唸，那原本靜止不動的松鼠尾巴竟然一起抖動跳躍了起來，感覺就好像活生生的松鼠高興雀躍地在跳躍舞動尾巴一樣。其中有一條尾巴只有半截，而且已經被燒得焦黑了，似是被捕獸夾夾斷尾巴又被燒烤過，躍動能力明顯不如其他蓬鬆的尾巴，所以在棚架上數十串松鼠尾巴中特別明顯，我注意到了，我就盯著那焦黑的半截尾巴看，心裡ＯＳ：「你似乎受傷很重，我特別再為你唸咒幫你超渡，趕緊隨你同伴一起得渡投胎轉世去吧！」，「嗡嘛呢唄咪吽……」才開始默唸六字大明咒，那半截焦黑的尾巴就左右緩緩擺盪起來！似乎以行動訴說，雖然我無力跳躍抖動，謹以擺盪方式來回應感謝您為我發心唸咒！

佛曲與經咒的音頻傳導力量，不論有聲或無聲，只要起心動念為利益眾生，都一樣的強大！

【後記】

二〇二四年元旦跨年花東功德行，第二天的行程仍在花蓮台東各地奔走，到了下午行程都結束後要返回台東市區住宿的會館，坐我車的另外三位師姐都累壞了，坐在車上像搖籃一樣搖著搖著都睡著了，我原本開車在花東濱海公路欣賞風景精神還不錯，但後來越接近台東市區就越想睡覺，除了強打起精神外，想說車上的CD都已經聽一輪了，越聽越像搖籃曲催我入眠，換聽聽收音機的不同音樂來提神一下。

就當我把CD切換到Radio時，突然傳來香積佛曲的樂音，「咦？哪裡來的香積佛曲？」我甚為吃驚與疑惑！「我有按到手機嗎？」手機沒開呀！「是哪位師姐開了佛曲機？」師姐都還在睡覺而且一路也沒開過啊?!「是電台在播放香積佛曲？」從來也沒聽過哪個電台播放過香積佛曲！「這到底是從哪裡來的香積佛曲？」，原本有些嗜睡恍神，一時分不清這香積佛曲究竟是從哪裡傳出來的？

佛曲樂音中偶爾參雜著收音機頻道收訊不佳時會有沙沙沙的雜音，而且我確實是有去按Radio按鍵要收聽電台音樂，所以我可以確定這應該是從電台傳出來的聲音！但問題是哪個廣播電台會播放香積佛曲？雖然聽說過南部的地下電台很厲害，難道這裡的地下電台博學多聞知道有香積佛曲？還會公開播放以法音弘法做功德消業障？這是哪一個地下電台？……？頓時滿腦子問號，整個人完全清醒過來了！我也沒有再去觸碰音響按鍵，怕一轉台會找不回這個頻道。

原本還在睡覺的師姐這時也都紛紛甦醒過來了，確認沒有人有帶佛曲機來播放香積佛曲，確認沒有人開手機收聽Youtube上的香積佛曲，確認大家都有聽到香積佛曲的樂音不是我一人的幻覺幻聽，大家一致確認就是從電台傳出來的香積佛曲！香菱師姐還特地蒐證錄音下來，並且打電話給另一車的香音師姐，現場轉播這憑空出現的靈異又神奇的香積佛曲！就在多位目擊證人的見證下，一路聽著香積佛曲直到抵達住宿的會館。

其他師兄姐的座車也差不多時間抵達會館，停車前我特地搖下車窗，請香音師姐來聽聽看這播放中的香積佛曲。豈料，這時候香積佛曲卻嘎然而止停了，只有「沙——」收聽不到訊號的雜音。這時香殊師兄也停好車熄火了，「你們是不是轉到108台？」香音師姐如是問，這才真相大白，原來是香殊師兄把香積佛曲燒錄設定在車上「FM108」台可以方便播放收聽，我竟然陰錯陽差地也可以從我車上收聽到，且剛好前一次收聽廣播就停在FM108台，才會這次從ＣＤ切換到Radio就立刻傳出香積佛曲，驚醒一車子人！所以當香殊師兄停車熄火關掉音響，當然就收聽不到了。

沒有無故的巧合，那就是冥冥之中的安排！意外發現這樣的播放分享功能，下回功德行來做個實驗，由香殊師兄的車上播放香積佛曲，車隊其他師兄姐的車都打開收音機轉到FM108台，看看是不是都可以同步收聽到香積佛曲，若真可行，那可是雨露均霑同霑法喜的大發現！

7.2 香積淨土

香積國淨土

自從因緣俱足幸入香積法門，認識了法門裡的師姐師兄，親身經歷領悟了「人外有人，天外有天」的哲理意境，街上遇到樸實無華再平凡不過的路人，可能正是一位能洞見陰陽乾坤的高人，對於未知的人事物，唯有更謙卑的學習與實踐，也記錄彙集師姐師兄們分享體悟的點點滴滴，有許多可以效法學習之處，見賢思齊。

有關於香積佛國淨土，因為不以言語文字說法傳法，故除了《維摩詰所說經・香積佛品第十》有些許記載介紹外，其他典籍記載傳世極其有限，所以大多數人對香積如來、香積國所知不多，也因此，法門裡資深的師姐師兄們對香積佛國的解說更顯彌足珍貴，藉此記錄香一師姐所分享的有關香積國訊息：

眾香國簡介

來自眾香國有佛名香積
淨土最殊勝奇香所環繞
菩薩皆莊嚴香樹下開悟
聞香令法喜無有言語說
與意來溝通心念通有無
甘露為資糧所熏漏[41]皆盡
下生娑婆界普渡諸有情

（一）香積佛唱

來自眾香國，有佛名香積。
淨土最殊勝，奇香所環繞。
菩薩皆莊嚴[42]，香樹下開悟。

41 漏：結使、繫縛，皆是煩惱別名。
42 菩薩皆號：香莊、香嚴。

與意來溝通，心念通有無。
甘露為資糧，所薰漏皆盡。
下生娑婆界，普渡諸有情。

（二）佛教最高天

眾香國度二十八，佛教高天殊勝土。
教主香積如來佛，菩薩莊嚴九佰萬。
奇香樓閣煙霧繞，高廣法座奇香成。
龍涎香樹吐芬芳，菩薩聞香令開悟。
教主無有言語說，甘露味飯來普薰。
法喜法益不思議，菩薩普薰漏皆盡。

（三）九佰萬菩薩眾

上升最高天菩薩九佰萬眾，

下界修成五地[43]上極難勝地，
娑婆修成難忍能忍行能行，
艱難不畏逆承擔病痛無懼，
倫理無違天地君親師眾生，
從凡夫心起修成六度十善，
廣渡諸有情成極難勝地。

（四）香樹下皆法座

龍涎香樹下法座，奇香普薰眾法喜，
法喜法益不思議，佛威普被來開悟，
聞法菩薩皆漏盡，得法下生娑婆界，
再轉法輪渡眾生，不成淨土誓不休。

43 眾香積國的菩薩眾，都要五地以上。

（五）下生娑婆界

來自眾香國菩薩，誓願改造娑婆界，
無有貧病苦眾生，社會祥和極安樂，
大同世界一家親，五族融合血水濃，
普天同慶淨土成，圓滿成就歸鄉路。

（六）香積佛讚

香積如來不思議，娑婆世界渡群迷。
剛強愚頑盡能化，甘露味飯所熏處。
使惡不生眾皆善，法喜法益不思議。
應病予藥解眾苦，佛威普被潤群生。
人間淨土成就時，眾生與佛一不二。

（七）香積如來法門法印

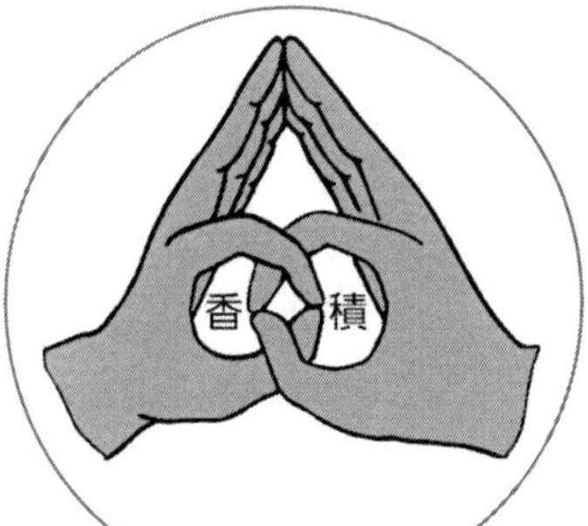

法印

【註】圓形代表四海一家、天下大同，也代表圓滿。

師父賜淨土

有一日香宇師兄在群組裡提問：「敬問香一師姐：昨晚夢中至一淨土，淨土裡心想事即成，資源絲毫不會匱乏，淨土入口甚是隱密，裡面甚是廣擴到看起來像空無一人。因為淨土外有很多在笙歌作樂的天人、仙女，亦不知淨土入口所在，而每個天人、仙女或背或胸皆有個類似今日手機電池電量的標誌，象徵著福報的容量，享盡則再下凡人間。」

「在淨土裡有個聲音，問說要不要留在這心想事成的淨土裡修行，要就不用回人間直接留下來。或許是塵緣未盡，或許是想既然都心想事成了，那要修行什麼？怕懈怠退轉，最後選擇回到人間繼續修行，當然也不知道在人間是在修行什麼就是了。……回覆那個聲音說等我在人間修行完成再來。」，「敬問師姐：該淨土在哪裡？我能把有緣的眾生渡到該淨土嗎？那淨土裡的修行和人世間的修行會有何不同呢？感恩師姐回覆。」

香一師姐回覆道：「敬回師兄：這是屬於師兄未來的淨土，與師兄有緣自然得至此淨土。」。不久就接到香豐師兄傳達　香積如來師父的開示：

「師父賜淨土，每人各一塊，欲成何淨土，皆由心田栽。」

「心願心想生，心淨淨土生，為眾接引生[44]，一心為眾生。」
「證量不提升，怎麼為眾生，心為眾生行，怎會怕眾生。」
「對號來入座，修師法門行，心行要合一，不是嘴說說，淨土怎樣生。」
「誓願淨土生，誓願娑婆生，香積法門行，行願為眾生。」
「人間淨土生，誓願來成真，同行娑婆行，行願為眾生。」
「教化眾生先求己，自心無愧做榜樣，代表香積法門人，標準拉高香積人。」
「香積十則來遵行，香積法門香積人，賜法弟子來做起，娑婆成行心行一。」
「心有我執為何因，心為前師該放下，心有香積為眾生，也要自化為眾生。」

看了師父的開示，突然福至心靈接著回應：「師父賜淨土，每人各一塊；欲成何淨土，

44 為眾接引生，香一師姐補充：「群生（眾生）無量，所好不同，故修無量淨土，以應彼之殊好也。」。諸佛慈悲願力，為因應不同根器機緣的眾生所需，故化生不同的善巧方便法門來引渡眾生，故曰「為眾接引生」，較單純「為接引眾生」更加發心矣！

皆由心田栽。愚徒謝師父，一土化塵埃；飄飄娑婆界，一塵一如來。」

【香積人十則】

1、眾善奉行諸惡莫作就是修行。

2、以忍辱攝瞋恚，以精進攝懈怠。

3、以禪定攝亂意，以智慧攝思痴。

4、思量惡事即地獄，思量善事即天堂。

5、心誠至善則，所求皆無有不遂。

6、心不善不誠，所求皆無有感應。

7、常須下心普行恭敬即是通達。

8、社會祥和四海一家即是淨土。

9、能與眾生心意相通就是菩提。

10、不言之教為天下式即是佛境。

香積人十則
1 眾善奉行諸惡莫作就是修行
2 以忍辱攝瞋恚以精進攝懈怠
3 以禪定攝乱意以智慧攝思痴
4 思量惡事即地獄思量善事即天堂
5 心誠至善則所求無有不遂
6 心不善不誠所求皆無有感應
7 常須下心普行恭敬即是通達
8 社會祥和四海一家即是淨土
9 能與眾生心意相通就是菩提
10 不言之教為天下式即是佛境

7.3 接開示

香積如來師父及其他多位師父、神佛對弟子的教導、指示甚至是訓斥，都會透過幾位修持得法體感敏銳，能直接與師父神佛印心的師姐師兄來傳達開示，香一師姐、香能師姐、香音師姐、香豐師兄等，即經常會在接獲眾師父及神佛的開示後在群組理傳達，讓同行師姐師兄都能知悉師父及神佛的開示內容，藉此學習、警惕及反省改過。

偶而也會有其他師姐師兄感應接到師父或神佛的開示，經向資深的師姐師兄諮詢請求驗證，確認開示出自哪位師父及開示內容無誤後發佈傳達[45]。也有師兄姐曾經在功德行時接到三千年樹齡的神木的開示，可證大自然界中的神靈也會傳達意念與香積法門的弟子交流溝通。在此彙整多位師父及神佛的重要開示紀錄資料如下：

---

[45] 香宇師兄分享接開示的經驗，隨應機緣接到師父開示時，開示文句子會一句一句一直跑出來，若沒接到還會重覆前一、二句，所花時間不多。有些較長的開示文後面幾句有時會有修改，也不清楚是我自已改的，還是因為愈後面靈力不足第一時間沒有接好然後師父改的。都修改好之後會請香一師姐再確認無誤後，才上傳群組發布傳達。

香積如來師父開示：

「上上之人得上法，大心之人得大法，質能轉換有方法，喜心所感即是法。」

「If you want the world to be more beautiful, you have to have a beautiful mind first. In stead of asking others to be perfect, you yourself have to work on making yourself a better person first. A peaceful mind makes a peaceful world. Simple as that.」

中譯：

「你如果要這個世界變美麗，你自己先要有顆美麗的心。在要求別人完美之前，你要先讓自己成為一個更好的人。一顆平靜的心造就一個平靜的世界，就是這樣簡單。」（香一師姐分享二〇一七年十二月二十三日　香積如來師父開示）

「五十三參參什麼，師父教學教什麼，戶外教學學什麼，開啟智慧是什麼，開啟自身之智慧，學得利眾大智慧，學得諸佛之智慧。」（二〇二〇年四月二十五日　香積如來師父開示）

「道理人人懂，會做有幾人，心行一致性，符合真修行。」，「真修行具長遠心，真修行具精進心，真修行自我觀照，真修行反求諸己。」（二〇二〇年五月二十八日　香積如來

師父開示）

「從心出發是解藥，無有怨懟是解藥，歡喜來受是解藥，職能轉換有必要。」，「質能轉換非師賜，原有大患而所致，非因修法才會有，有修才能轉換過。」。「同行誤解師用心，進來法門質能換，只因大心才能換，非是人人必需換，有到層次才能換。」（二〇二〇年六月四日　香能師姐傳達　香積如來師父開示）

「同舟共濟香積人，同為香積利眾生，同行大道共扶持，同為娑婆盡己心。」（二〇二〇年六月十日　香豐師兄傳達　香積如來師父開示）

「處處是道場，處處是彌陀，心淨自有感，心意來溝通；諸法遍虛空，心淨自知有，真空來妙有，遍佈微塵中。」（二〇二〇年七月十八日香豐師兄傳達　香積如來師父開示）

「靈丹妙藥天賜與，有福有緣自然得，全球疫情得舒緩，同行動念施法去。」（二〇二一年五月十六日　香豐師兄傳達　香積如來師父開示，並分享金色再生花，修復細胞再生能力。）

「香積法門末下化，佛尚且有三不能，不能滅眾生定業，不能化導諸無緣，不能盡眾生

之界，今因人間淨土成，娑婆工程實浩大，弟子將轉三不能。」（二〇二一年八月二十日香一師姐傳達　香積如來師父開示）

「監守自盜修行之大過，分別心起擋修行之路，不知悔改犯修行大忌，回頭是岸重新修起。」，「修行不難難在其心，人生不難難在執念，成佛不難難在放下。」（二〇二一年九月二十九日　香一師姐傳達　香積如來師父開示）

「To be, or not to be.
Who would you want to be?
Play, or not play.
Life is just a play.
Question is,
Why are you here?
Why are you living this life?
Why you are who you are?
You have been as signed a role since existence.
Missions are called.

We are guiding you to the Path;
The Path to fulfilly our missions.」

中譯：

「要成為怎樣的人或不想成為怎樣的人，
誰是你想要成為的人？
遊戲或不遊戲，
生命只是一場遊戲。
問題是，
為什麼你在這裏？
為何你生活在這生命中？
為什麼你是你？
但你是誰？
從你存在開始你就已經被指派這個角色，
任務已經被呼喚，
我們現在正在引導你往這條路走，

而這條路會實現你的任務。」

※註：在迷途有我們（諸佛菩薩）的引導，亦可解釋為自性靈的催逼，用盡各種方法，所謂靈逼體即是。（香一師姐分享二〇二一年十一月二十二日　香積如來師父開示）

「真心真意去習性，虛情假意沒法去，下定決心從心出，沒有不能沒法去。」，「機會在給你，自己要把握，淚水洗滌心，真心救自心，懺悔來改過。」，「從心來出發，也要來精進，過去已死去，脫胎重生去。」，「真心來改變，真心重出發，心態轉念先，心行來合一；心開心法開，心無黑暗面，萬法惟心出，自性顯現出。」（二〇二二年七月二十四日香豐師兄傳達　香積如來師父開示）

「香積法門諸同行，功德之行教學習，師父教學有用意，同行應該來學習。」，「因應眾生諸問題，同行學習解問題，功德之行精進心，功德之行學習心，功德之行同一心，法門殊勝娑婆行。」，「有疑來問究竟學，有心學習師歡喜，成就自身為眾行，心有眾生究竟學。」（二〇二二年九月十四日香豐師兄傳達　香積如來師父開示）

「菩薩智難量　為說無上法，一切諸世間　種種差別音，菩薩以一音　一切皆能演，決定分別說　一切諸佛法，普使諸群生　聞之大歡喜，過去一切劫　安置未來今，未來現在劫迴置過去世，示現無量剎　燒然及成住，一切諸世間　悉在一毛孔，去來及現在　一切十方佛，靡不於身中　分明而顯現，深知變化法　善應眾生心，示現種種身　而皆無所著，或現於六趣　一切眾生身，隨順眾生心　令行真實道，身語及與心　平等如虛空，淨戒為塗香眾行為衣服，……　念念可數知，佛子諸功德　說之不可盡，欲具此功德　及諸上妙法，欲使諸眾生　離苦常安樂，欲令身語意　悉與諸佛等，應發金剛心　學此功德行。」（二〇二二年九月十一日香一師姐傳達　香積如來師父開示）

「因人因地合時宜，也要合宜香積行，香積弟子娑婆行，建立風範香積人。」（二〇二二年九月十一日香豐師兄傳達　香積如來師父開示）

「人活要有原動力，人為理念善動力，心開處處現生機，心閉自然無動力。難忍能忍為眾生，自身做起為眾行，眾生病疾故我病，為眾病苦尋解方。心行合一願力行，盡其在我當下行，心願力行娑婆界，把握機會勿蹉跎。」（二〇二二年八月三日香豐師兄傳達　香積如來師父開示）

「痛定思痛下決心，小家不起怎能行，有心自然下決心，從己做起心行一。」，「自身先做起，自然會改變，抱怨加埋怨，怎麼會改變。」，「問題在那裡，問題心裡去，影響身

心靈，小家諸問題，面對從心起。」（二〇二二年十一月一日香豐師兄傳達　香積如來師父開示）

「師來教學用意深，同行學習來提升，精進學習為眾生，一步一腳願力生；問題在那去探究，選擇性修怎麼行，反求諸己去實踐，心行合一才是對。」，「殊勝大法大心開，選擇性修來罣礙，法無開展因心礙，心開自然法自開。」（二〇二二年十一月九日香豐師兄傳達　香積如來師父開示）

「凡人成神不容易，也要真心合一行，成神成佛看自己，封神榜上有你名。」（二〇二二年十二月十六日香豐師兄傳達　香積如來師父開示）

「香積法門諸同行，點名因緣為眾行，點線連成護台灣，護魚連線護佑民。」（二〇二三年六月十日香豐師兄傳達　香積如來師父開示）

「香積法門諸同行，反求諸己積習去，事事無常因緣俱，人壽有限壽終去，人在世上要修行，懺悔改過不再犯，真心修正心行一，才是修行基本功。」（二〇二三年七月三十一日香豐師兄傳達　香積如來師父開示）

「心有善願師讚許，心有未來願力行，一步一腳實踐行，香積法門願成真。」（二〇二三年十月三十日香豐師兄傳達　香積如來師父開示之一）

「集願成真娑婆行，眾願合一香積人，諸善妙法變現行，心靜自然隨因緣。」（二〇二三年十月三十日香豐師兄傳達　香積如來師父開示之二）

「春生、夏長、秋收、冬藏。青龍、白虎、朱雀、玄武。失之毫釐，差之千里。五倫八德，人倫之道，人道不修與禽獸何異。君非君臣非臣，德不配位必有災殃。黑兔走，青龍出，始艱危，終克定。父子有親、君臣有義、夫婦有別、長幼有序、朋友有信，時序已亂撥亂反正。」（二〇二三年十一月十三日香音師姐傳達　香積如來師父開示）

太上師父開示：

「如如不動心不易，眼耳鼻來舌身意，六識六賊誰是誰，原本以為情緒平，即是修得不動心，誰知六賊受風吹，心率早已向上提，似草似猿更似馬，此心如何心不動，還我嬰兒致柔平。」（二〇二二年十一月十三日香宇師兄傳達　太上師父開示）

濟公活佛師父開示：

「埔里酒廠淨化行，賜酒同行三業淨，賜酒同行增智慧，老衲歡喜喝酒去。」（二〇二〇年十月八日至九日功德行）

「末法時人心浮，三罪業盡浮現，劫難多速淨化，香積行雖難行，同行心一定行。」（二〇二二年十月二十七日香音師姐傳達　濟佛師父開示）

「習氣來去自身輕，習氣來去顯自性，習氣不除怎合一，錯過不再給機會。賜酒同行三業淨。」（二〇二二年十一月十日香豐師兄傳達　濟佛師父開示）

「提葫喝酒逍遙遊，諸位同行靜心聽，人生在世一口氣，氣來嚥下帶不去，唯有功過相隨行，一日一日錯過修，到時後悔已錯過，香積殊勝娑婆行。人人都說自己好，人人都說沒問題，到時遇到哭啼啼，怎麼這樣來發生，前因後果是何因，解其束縛在那裡，學習如何解事疑。」（二〇二三年三月十六日香豐師兄傳達　濟佛師父開示）

「世人不知殊勝處，大法下傳渡有緣，因緣俱足入香積，廣渡有緣諸眾生，眾生等待香積起，香積法門為眾生，心行合一為眾行，勇往直前娑婆行，因應眾生諸疑問，解其束縛解

心結，勉勵同行用心學，賜酒同行三業淨。」（二〇二三年三月二十日香豐師兄傳達　濟佛師父開示）

「修行是在修什麼？嘴巴修行好簡單，知道知道行很難，去習改過不簡單，忍痛改過做很難，一天一天來改變，一天一天來做起。」（二〇二三年四月十四日香音師姐傳達　濟佛師父開示）

「人生如戲戲人生，入戲太深銘印生，戲中角色扮演中，酸甜苦辣別認真。」（二〇二三年十月三十日香豐師兄傳達　濟佛師父開示三則之一）

「今生是我兒，前世是我父，因果輪迴理，宇宙大道理。」（二〇二三年十月三十日香豐師兄傳達濟佛師父開示三則之二）

「酒來賜與三業淨，心能寧靜接天地，香積同行來精進，上天來助諸同行。」（二〇二三年十月三十日香豐師兄傳達　濟佛師父開示三則之三）

三太子開示：

「一草一露一點心，一人一心一法心，一步一腳菩薩行，一心一意香積行。」（二〇二三年三月二十日香豐師兄傳達　三太子開示）

善財童子開示：

「障礙自己害了誰，卡關沒過怎麼辦，對號入座來修正，同行一一通關行。千山萬水說不盡，洋蔥往內層剝起，有心自然來修正，心開法開給暗號。走走看看好開心，心飛意念眾生知，遊玩之心功德行，諸佛菩薩在眼裏。」（二〇二三年三月二十一日香豐師兄傳達　善財童子開示）

「愛他不要傷害他，溺愛只會害了他，眼前幫他害了他，觀前顧後幫助他。」（二〇二三年五月二十二日香豐師兄傳達　善財童子開示）

「愛他不要來害他，為他設想害了他，只有承擔五倫齊，不要害他說愛他。」，「不是一人是多人，面對親人口難言，修正自己改變他，有修有證香積人。」，「舊習不改怎麼修，自我良好盲目修，以盲導盲『下去修』，提醒諸位去習修。」，「心態不對魔角生，心魔不除怎麼行，修正錯誤導正先，引導父母榜樣先。」，（二〇二三年六月六日香豐師兄傳達　善財童子開示）

九龍太子開示：

「奉師旨令來行事，會見同行來開示，習氣不除苦難來，不要再說沒提醒。一錯再錯習不去，面對苦難唉唉叫，不是上天不慈悲，自己不改怪罪誰。」（二〇二三年四月十五日香豐師兄傳達　九龍太子開示）

十殿閻羅王開示：

請參閱本書「4.4開庫與開門」補記。

碧綠神木開示：

「歡迎香積如來佛，歡迎香積諸同行，獻上長生果獻佛，娑婆世界淨土成。」（二〇二〇十月八日至九日花蓮中橫功德行）

香一師姐開示：

「香積如來不思議，積微成著法門興；慈力斷諸流轉苦，悲心淨諸業惑輪；現地安穩不傾動，法水普饒益眾生。」（二〇二四年一月二十五日　香一師姐開示）

「天澤無私不潤枯木，天道無親常予善人。」（二〇二三年四月十三日　香一師姐開示）

「須彌芥子無異同，古往今來泯始終；
三明六通本具足，真如佛性在心中。」

心外求法勞無功，佛與眾生無不同；
無我獨尊大自在，只在用心方寸中。」（二〇二三年九月二十五日香一師姐開示）

我對接開示的感應較為駑鈍，在看過多位師父及神佛的開示後有個心得，「感恩師父開示偈，凡人封神豈容易，甘苦生活修虛實，但求證悟生菩提。」，有道是八萬四千法門修不盡，我不敢奢望能修成正果成仙成佛，但求能證悟虛實探求正道之後，能有機緣至　香積如來師父的淨土晉見　香積如來師父。

7.4 領旨與頒旨

在香積法門裡還有一項殊勝的任務，法門弟子因各自任務因緣，會接到香積師父、太上師父、玄雲師父、清心師父或其他師父、神佛的指令，領旨後依旨執行，通常是與自己弘法利生的任務願力有關。或是由法門的弟子領旨之後，去到因緣俱足的各地宮廟去頒旨，為該宮廟的主神頒旨晉升或貶職，或者只是去傳達重要的指令訊息。接領旨令代表的是任務和責任，最常領旨頒旨的「五旨」，分別是：玉旨、懿旨、聖旨、佛旨、道旨，各有不同任務目的，也由不同的師父或神佛降旨給與特定任務目的有機緣的法門弟子。

領旨、頒旨的過程不一，有些領旨、頒旨的過程是在家中打坐中感應完成，例如我多次在家中打坐感應到要領旨、頒旨，而領旨、頒旨的任務是傳達某位師姐獲師父頒賜法號。又例如在家中打坐時感應到領旨，領旨內容是受頒軍旗及白馬將軍印，並領軍三萬兵將。又例如領旨成立香積如來法門埔里道場，並受領一顆道場的大印。

大多數領旨、頒旨都是在功德行活動中執行，到了宮廟現場之後才知道此處要頒旨，至於頒旨的內容，有時候會直接說明讓同行師兄姐清楚知道，有時候會讓負責執行頒旨的師兄姐自己感應自己悟，都是在功德行活動中學習的過程。而功德行活動包括法門師姐師兄一起同行出遊的功德行，以及師姐師兄個人出行在外個人因緣造訪宮廟的功德行，都會可能有領旨頒旨的任務需求，如以下兩則紀錄。

桃園龜山《進福宮》

山不在高，有仙則名，水不在深，有龍則靈，廟不在大，有正神就前往功德行。上週五下班後在龜山一家汽車保養廠保養車子，等交車時間就在附近閒逛，經過一處嶄新大樓社區前的小土地公廟，和諾大的新大樓社區相較之下，小土地公廟更顯得袖珍單薄。夜幕中的小土地公廟掛著兩盞紅燈籠，廟裡透出鵝黃溫馨的光，遠遠感覺有股正能量正磁場，吸引我走近上前去參訪。

很典型的小土地公廟，麻雀雖小五臟俱全，廟門的鐵門上鎖了，透過鐵柵欄可以看到裡頭陳設，驚見一尊威儀不凡卻和藹可親的土地公，這小土地公廟裡有如此莊嚴福德正神，實屬難得，當下突然閃過一個念頭～「頒旨！」，我當時心裡想：「不會吧，初來乍到，到宮廟就想給人家頒旨開庫挖寶物，職業病?!……」，這反而是對該宮廟神尊不敬，於是拱手頂禮後就離開了。

但自離開後，就開始一直掛記著那當下第一眼的感覺，反思該不會是真的要頒旨，那我豈不是誤事了，但是那小土地公廟的名號是啥都沒記下來，心裡就一直罣礙著這件事。事隔五日，今天凌晨三點就醒來，我心想又是這「神聖時辰」醒來，依照歷史經驗法則，不知又是啥大事？就乖乖去佛堂坐下，睡眼迷濛，似睡非睡，半夢半醒。

不久身體就靈動起來，高舉雙手領旨，感應就是要去給那小土地公廟「頒道旨」，表彰土地公對地方上的貢獻辛勞，榮昇晉格，而且要去「開庫」。那至少也要先知道宮廟名號吧，為此，一早出門上班先繞道去龜山那間小土地公廟，向土地公稟明來意，也向土地公道賀。

接著趕緊拍幾張照片發給香一師姐，「敬問香一師姐：今晨打坐感應，領旨為此桃園龜山進福宮頒道旨及開庫，感應是否正確？謝謝香一師姐！」，香一師姐也早起，很快就回覆我一個比讚的貼圖，於焉火速上傳群組，任務完成，功德圓滿，那土地公公一定很開心！

香一師姐也回應分享貼文，「這在身心科醫師的眼裡，有可能會被認為是幻覺，想當初與師兄姐一行人至花東沿岸淨化渡亡。早上十點多在太魯閣休息區，討論下一站行程，忽然抬頭峰峰相連的每個山坳處都出現偌大的應該說是金色太陽，光是柔和的，就眼前所見算一算有八個，我問師姐有看到嗎？竟然無人看見，害我當下懷疑是幻覺嗎？還是眼睛『黃斑部病變』（黃斑部病變不應該是甜甜圈嗎？不知道）？就算是幻覺吧！又怎樣呢？不過是修行的過程，每個菩薩不都是這樣走過來的？」，並附上一偈：「**無幻無花無世界，無覺無證無如來。**」

好開心看到香一師姐的回應貼文，「敬謝香一師姐回應開示！『就算是幻覺吧！又怎樣呢？』，我也是這樣認為，就算是幻覺，為何是想到來頒旨，而不是想到燒金紙、放鞭炮？積累多次

桃園龜山進福宮

的幻覺經香一師姐驗證之後，就漸漸相信這樣突如其來的幻覺，其實就是直覺！」，並且把香一師姐的兩行偈語補充兩行：

無幻無花無世界，無覺無證無如來；
幻花有無成世界，覺證虛實知如來。

頒旨降三級

二〇二二年十一月一日

除了同門師兄姐大家一起參加的功德行活動外，師兄姐於平日生活中也經常會到各地功德行，將在各地所遇所見，包括需要支援淨化、渡眾生，或是要開寶庫、點地理，都可以隨時上傳到法門群組，剛好有空有看到訊息的師兄姐，也可以就地動念參加，就如同身臨其境一樣的功效，這也是在香積法門修持的方便法門。

有一日南宗的師兄姐去郊遊功德行，上傳了某寺廟的照片，接著看到香能師姐發的短訊～「頒降三級旨令」。哇！難得一見這樣連降三級的旨令，究竟寺廟裡的神尊是犯了什麼天條過錯，會遭受到連降三級的處分。於是向香能師姐請教後得知，因該寺廟的主神交遊廣闊，沒有達到教化眾生的責任，沒有執行職責天命，且不當使用資糧，沒有以身作則，所做未達所屬職等標準，所以收回部分資糧，也被降級收繳了神格，將會另外派任神尊到該寺廟主持寺務。

香一師姐補充說明，很多人可能對神尊的派任及賞罰或許會有疑惑糾結，且執著在神尊之位高崇隆，例如：有天或許會派往某天公廟執行頒旨或降級事宜，這時可能會有人疑惑天公玉皇大帝職位不是最大最高的？為什麼會被降級？其實各宮廟之神尊皆非其本靈駐守，大都是派任，且每任為期七年，任期視情況可長可短可升可降，與人間律法無二致。不妨想一想，我們為什麼可以給神尊頒旨升級或降級？為什麼我們需要有符節？想通了就不難理解宮廟神尊調職派任之事，也就不會再糾結質疑了。

「所謂有形必有靈，此形是誰來依附？」，神尊之所以為神而成為人們心中的信仰，大都來自其生前之事蹟，如文聖、武聖、觀音、媽祖、鄭成功、……等，及一些口耳相傳約定成俗，我們拜的神尊有些來自其分靈，或一些地方耆宿在生前守護地方有功者。至於我們為什麼可以給神尊頒旨降級升級？因為我們身上有符節，代表著上天的旨意，即「代天巡狩」之意，不知道最近師兄姐去宮廟頒旨，可否見廟內神尊列隊歡迎？之前去某觀音寺，見觀音出來迎接，進入寺內師兄說，這尊觀音正是剛剛迎接我們的那尊，只是沒有穿披風，原來是內外有別披風是外出服。

二〇二二年十二月十三日

還有一次去寺廟頒旨降級的經歷也很特殊，每天開車從桃園到內湖科技園區上班，必經之路都會看到路旁不遠處一間頗為醒目的寺廟，但從來都不曾駐足前往參拜。這一天出門上班，卻突然心血來潮很想專程去參拜一下，接著腦袋瓜裡就出現「頒旨」、「降級」的念頭，我就覺得奇怪，沒事怎麼會突然想去這間寺廟，而且是犯了職業病嗎，去到廟裡就要給人家頒旨，還是降級?!

到了廟前廣場停好車，我還特地在車上再靜坐一下，看看有無不同感應，nothing！就下車進去廟裡樓上樓下走一圈，一樓主祀福德正神，二樓供奉觀音佛祖，沒有什麼特別感應，只是覺得氣場磁場弱弱的，就動念淨化一下。接著發訊息告知香一師姐及香音師姐，並詢問此行是否有什麼特別任務待辦？師姐很快就回覆說：「敬回師兄：福德賜福德，淨化宮增輝，彼此皆受惠。」。

「敬謝香一師姐回覆告知！敬謝福德正神賜福德，可是我腦袋瓜裡怎麼一直感覺是去頒旨~降級?!是去給二樓的觀音佛祖頒旨降級嗎？茲事體大，不敢瞎胡猜。」，不久香音師姐也回覆驗證說「如師兄所感」，「有時候肉體比較頓，靈會直接處理好。」。隔日上班時，特別動念在這間廟辦個法會，希望能為這堂皇廟宇燃燈增輝增加證量，一起為弘法利生的志業努力！

7.5 預見化境

二〇二二年FIFA世界盃足球賽十一月開打，進入最後八強賽於十二月九日開戰，有一則預測二〇二二年FIFA冠軍隊的新聞標題，「【二〇二二世足】下注沒？靈媒大爆英格蘭擊敗阿根廷奪冠」，一位高齡七十九歲的加拿大著名靈媒卡爾（Anthony Carr），曾經準確預言美國911恐攻事件以及英國黛安娜王妃之死，稱二〇二二年FIFA世足賽期間，他曾看見一九八二年英國與阿根廷爆發的福克蘭戰爭的景

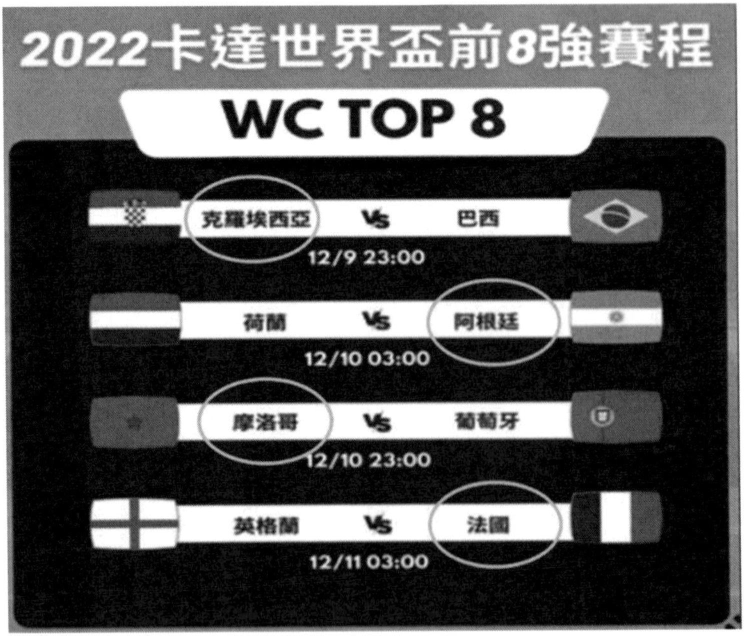

2022世界盃前8強賽後爭冠名單

象，因而確信二〇二二年世足賽最後決賽將由英格蘭對上阿根廷，並且最終英格蘭會以2:0獲勝，還稱自己從未有這麼強烈的感應。

結果，八強賽的最後一場廝殺對戰，英格蘭對上法國，英格蘭就輸給法國，連四強賽都無緣入圍晉級，最終先後晉級四強賽的國家是克羅埃西亞、阿根廷、摩洛哥、法國。著名靈媒卡爾預測二〇二二FIFA冠軍失準，這事倒是引起了我也來預測誰是冠軍的興趣，我看了一下四強名單，當下就排出了四強賽最後冠亞季軍的順位——「阿根廷、法國、克羅埃西亞、摩洛哥」，理由就是「啊～法剋魔」，「阿——法——克——摩」！而且似乎預見了冠軍賽踢到最後ＰＫ賽出現「４：３」的球數。

最後，果如預測，克羅埃西亞踢贏了摩洛哥，阿根廷與法國爭奪冠軍盃，延長賽踢到了ＰＫ賽，但進球數是「４：２」就結束比賽，阿根廷五人踢進四球就贏了，法國前四人只踢進兩球，第五人連踢球的機會都沒有，因為就算踢進也是4:3輸定了。

這次預測FIFA冠軍的有趣經驗，讓我對「預見化境」產生許多的疑惑，為何會預見化境？是全憑直覺還是有跡可循？為何靈媒卡爾預見英阿福島戰爭的化境，預測仍會失準？或是預見的化境其實是有不同的含意？預見化境要如何才能正確解讀？事先預見的化境事後是否仍會改變？預見化境能力和「第六感」一樣嗎？該如何去解說為何我們法門弟子會有預見化境的能力？化境與實境，虛虛實實的諸多疑問，令人費解。

香積法門許多師姐師兄都有預見化境的經驗，例如香一師姐最近分享的一則預見地震天災的貼文，「是有覺有證還是巧合？之前師姐打坐，腦內迸出碰一聲巨響，然後天旋地轉，與之前鹿兒島火山爆發感覺不同，後來傳出夏威夷火山爆發。前天（二十日早）師姐下座，說有地震，因為整個人被搖晃的很厲害，感覺像要被彈出，前幾天也有，說是在美國，晚上就傳來加州地震，當天更晚時躺在床上幾乎被搖下床，有聽到『雷根』，不知是雷根紀念館附近或其家鄉，還是……？但願都不是。如果說是巧合，所預見的印尼、菲律賓、日本及中國大陸等，各國的各種重大災難現場都一一發生，這也是為什麼師姐上座時要放一包面紙，因為有時雖沒看到畫面卻悲不可遏，眼淚撲涑涑直流。祝願眾生平安、心恆喜樂！」。

我個人也有多次預見化境的經驗，例如：師父夢授還原珠、黑麒麟珠、白馬將軍印、四川樂山大佛的伏藏，最近還有一個預見鯉魚求渡的化境。前天清晨打坐過程中，感應到出現一條白色的鯉魚，有氣無力地向我慢慢游過來，當下不明所以鯉魚前來之目的，只當是來求渡的水族眾生，就動念渡牠。當天晚上和一位學長在一家川菜館餐敘，菜單上琀瑯滿目許多的好菜，學長點菜啥不好點，偏偏就點了一道「豆瓣鯉魚」，害我心有罣礙不敢夾魚肉來吃，光吃香辣開胃的豆瓣醬扒飯。

學長以為是我客氣不好意思夾菜，一直幫我夾魚肉，啊……@!@……，嗯……，有些為難，有些罣礙，但學長一番好意盛情難卻，心裡想，「我不渡祂誰渡祂」，於是乎，就助這鯉魚兄求仁得仁吧！一大盤紅黃辣豆瓣醬，已經看不出來鯉魚是不是白色的了，但可以確認的是，魚肉是白色的，而且還……挺美味的……。

事後我把這一段經歷求教香一師姐，這是否也是一種預見之化境？香一師姐回覆當然如是，而且說「哇！那條魚已神遊至無何有之國[46]了。」。再求教香一師姐，雖然當下都有祈求化解，總以為能預見的皆有轉圜的餘地，但災難還是發生了，曾為此事請示師父，說共業之事千頭萬緒，盤根錯節。法門弟子好好修，德能具足自帶光，照亮一切幽暗處。

又如香一師姐貼文，師姐於二〇二三年一月十一日上午打坐時，見巨石滾落，當天深夜就發生蘇花公路隧道上方土石坍方壓垮隧道，雙向無法通車，這樣的預見化境是虛妄還是實相？這是師姐打坐時所見的地方嗎？可是場景時間不同，有沒有可能是為突顯此事不能化

46 參閱《莊子・逍遙遊》：「今子有大樹，患其無用，何不樹之於無何有之鄉，廣莫之野？」，意指空無所有的地方，或空洞虛幻的境界，也用於形容逍遙自得的狀態。

解，但又怕傷及人車，所以將發生時間往後推移將傷害降至最輕，這算不算化解？一月二十日就開始農曆新年連續假期，現在坍方總比春節期間車潮湧現時坍方好，那隧道上的山壁原本就已經有加強防護工程，顯見本身就是鬆動易坍方路段，最好的化解方式，就是在影響及傷害最小的時機將它引爆，化解春節期間坍方所造成更大的傷亡及損失。

二〇二三年二月六日凌晨，土耳其東南部與敘利亞接壤地區發生7.8級大地震，對土耳其及敘利亞造成慘重的傷亡及損害，在地震發生之前，法門裡有位林師姐在前一日就夢見大地震，看見許多樓房震垮坍塌，夢境中還急著找尋一個小嬰兒，後來有找到平安無事的小嬰兒[47]。此外，幾日前大郭師姐坐在床上感覺被搖下床，感知將有大地震發生，且顯示有明確日期二月六日，還有火山爆發、洪災、土石流、森林大火、……，預見陸海空災難不斷，幾乎每天都像是在看災難片一樣。法門師兄姐從農曆年期間至元宵節前後，在台灣各地不停的淨化渡亡，香若師姐於土耳其地震前幾天才剛抵達南歐就地淨化，仍難以完全避免全球各地重大天災的發生。

47 土耳其東南部與敘利亞接壤地區，於當地時間二〇二三年二月六日凌晨四點十七分發生規模7.8強震，在敘利亞北部城市阿勒坡（Aleppo）一處倒塌民房的瓦礫堆中，救難人員發現一名已離世的婦女，奇蹟的是她身旁躺著一個剛出世的男嬰，推測是地震發生後這名婦女在罹難離世前拚盡全力產子，一生一死天人相隔，令人動容。

預見化境，若是共業無法化解，或是他人的因果業力無法轉圜，或許法門弟子有能力預見、見證業力果報發生，當下能減少受災受難的眾生，或是能將災難造成眾生的損害與痛苦降至最輕，或是幫受報眾生終止苦難渡上淨土，減少怨念積壓陷入討報的循環，這也是能預見化境的香積法門弟子的功課吧！

大破大立造化境
無極至極入太虛
向死而生大無畏
浴火鳳凰得重生

7.6 量子糾纏

在我加入香積法門之前，曾經報名新竹救國團的氣功班，聽教授氣功的曾老師講過一個真實案例故事，曾老師的一個氣功班學員去美國出差，某日晚間回到住宿飯店後，突然覺得身體不適躺在床上，下半身無法動彈，是中風還是中邪了莫明所以，大半夜裡一時也求救無門，後來想到台灣是白天，於是打電話回台灣向曾老師求救。曾老師在電話中問明原委狀況後，指導該學員就地躺好放鬆，然後發功隔海隔空幫該學員灌氣，沒多久該學員就恢復正常行動自如了。當時聽了這故事嘖嘖稱奇，世上真有這種可以異地發功隔空灌氣、隔山打牛的功夫?!

加入香積法門後不久，某日下班回家後和引薦我入門的香興師兄講電話，言談間提到我經常腰痠背痛覺得疲累，一般上班族症候群毛病我都有，香興師兄說我的「炁」很亂很虛，「乙太體有破洞」，所以炁會一直耗散，說要先幫我修補乙太體再幫我灌炁，我聽得一頭霧水似懂非懂，也只能在家乖乖坐在原地任憑處置。過沒幾秒鐘，也沒聽到香興師兄持經唸咒或發聲，「好了！」香興師兄如是說，不知是潛意識被催眠還是真有奇效，頓時全身痠痛感及疲累感消失，當時也是嘖嘖稱奇，自己親身體驗了這種異地發功隔空灌氣、隔山打牛的功夫！

香一師姐也分享了三個隔空施法流、化法藥的案例，師姐也曾經幫一位人在國外的朋友化法藥，只知道朋友住在美國加州，不知其明確住址[48]，就請朋友準備一杯白開水，化法藥後，美國朋友從白開水中喝出中藥味來。另有一案例，某師姐做電腦斷層掃描發現有幾處長骨刺，全身既痛且動彈不得夜不安枕，光靠止痛劑無法止痛，去醫院就診已經預約安排開刀日期，就在臨開刀前兩天遇到法門師兄姐，在香清師兄與香喜師姐幾次施治以法流後，骨刺無需開刀即消失於無形，得以康復行動自如上山農作，可以為幾十位工人煮飯菜，因為她願意全然相信法門師兄姐以法流施治[49]。

還有一位原本打算赴大陸換腎的患者，他的肌酸酐（creatinine）11.5，正常值為0.7～1.5，經朋友介紹到香一師姐家中求助，經了解情況後第一次幫他以氣功施法流處理，考量患者往

48 香積法門殊勝法，無論是幫人化法藥或施法流，都不需過問個人的姓名、生辰八字或住址，也不需要去見到當事人本人，而且化法藥所用的水是當事人自己準備的水，依然精準到位立可驗證。

49 師姐骨刺痊癒後，還有請她吃「補陽還五湯」來做保養，補陽還五湯可治中風偏癱言語蹇澀及骨質增生（骨刺）但是對於椎弓解離症及骨質疏鬆引起的脊椎塌陷是不俱備療效的。另參閱網搜KingNet國家網路醫藥記載，補陽還五湯適應症可治半身不遂、口眼歪斜、語言蹇澀、中風後遺症（https://www.kingnet.com.tw/tcm/medicalcode_info?mid=401）。

返舟車勞頓請他以後不需本人再來，只要在家中隔空施治即可。幾次下來，檢驗報告肌酸酐值從原本11.5降至6.1，師姐覺得這改善效果出乎預期的慢，問明原委才知道他沒有聽從師姐當初的交代停藥，因為有查證過他吃的藥會影響腎功能，這就像消防員在打火卻有人在旁邊添柴潑油，這火要如何滅，信根不足，難畢其功。

嗣後在香積法門經歷了更多類似這樣異地連結、隔空發力、穿梭陰陽、往來於無形的事蹟，功德行、遊地府、化法藥、開庫取寶、收護法、安地理、會先人、渡眾生、收取布施無形法財資糧、……，如本書所詳細記錄的一切經歷及驗證事蹟過程。靈界的存在已經是無庸置疑的事實，也無須我再去論證靈界的存在與否，前台大校長李嗣涔博士已經完成多次的靈學實驗，並且已經有豐富的實驗紀錄著作彙集出版。我思索的是，這些虛實相映的許多事蹟背後的科學原理、依據是什麼？

從閱讀李嗣涔博士個人網頁及著作裡，李博士認為「撓場」是溝通陰陽兩界的物質媒介，意識、意念並非虛無飄渺的想像，而是一種「量子心靈」、「量子現象」，具有量子運動的能量，可以穿透實數與虛數同時並存的八度空間複數時空；而透過「量子糾纏」不僅打開宇宙蟲洞連結兩個異地空間，也提供了香積法門弟子「動念」即可穿越於無形的理論基礎，而且突破了時間與空間的限制，所以超過百年歲月的幾代祖先祖靈才能穿越時空回到現代與子孫會面[50]。

恰於本書著作撰稿期間，二〇二二年底諾貝爾物理學獎頒發給了研究「量子力學」、「量子糾纏」的三位科學家[51]，科學界稱其為第二次量子革命奠定基礎，恰巧也為本書記錄的諸多殊勝事蹟提供了探究理論基礎的線索。簡言之，在量子力學裏，當幾個基礎粒子在彼此交互作用後，由於各個粒子所擁有的特性已綜合成為整體性質，無法單獨描述各個粒子的性質，只能描述整體系統的性質，稱這現象為「量子纏結」或「量子糾纏」（quantum entanglement）[52]。量子糾纏超越了四維時空的約束限制，量子糾纏作用速度比光速還快，以當今可用科學實驗儀器測出超過光速至少一萬倍，這是礙於當今現有設備測速能力所測出的結果已如此驚人，實際運作的速度難以想像，愛因斯坦稱其為「幽靈般超距離作用」[53]。

---

50 參閱本書「8.3穿越時空的祖靈」及筆者著《拉拉山林奇遇記》「2.2明慈寺九天玄女娘娘—阿嬤罵阿公」。

51 瑞典皇家科學院於二〇二二年十月四日宣布，將二〇二二年諾貝爾物理學獎授予法國科學家艾倫・愛斯佩特（Alain Aspect）、美國科學家約翰・克勞澤（John Clauser）和奧地利科學家安東・瑞林格（Anton Zeilinger），以表彰他們在「糾纏光子實驗、驗証違反貝爾不等式和開創量子信息科學」方面所做出的貢獻。

52 參閱網搜維基百科「量子纏結」節錄說明。

53 愛因斯坦為了反對丹麥物理學家波耳的量子力學理論，於一九三五年針對波耳提出了一個著名的EPR悖論，證明宇宙沒有超過光速的東西，他要波耳證明宇宙有一種超光速的「幽靈般超距離作用」的存在。這個EPR悖論一直到一九八二年才由法國科學家艾倫・愛斯佩特（Alain Aspect）打破，用鈣原子所做的實驗證明確實有超過光速「幽靈般超距離作用」（spooky action at a distance）的存在，這種現象被稱為「量子糾纏」。參閱網搜今周重要的前提是，量子糾纏是一種純粹發生於「量子系統」的現象，它必須是存在於一個「系統」內發生，在此系統中的兩個微觀粒子之間存在著某種糾纏關係，不管它們相距多遠，都一直保持著糾纏的關係，所以對一個粒子擾動，另一個粒子立即覺知。以人體自成一個系統來比喻，腳底踩到石頭，大腦立即反應覺察踩到石頭；地球本身也是一個量子系統，如本文開頭記述，曾老師從台灣發功給他在美國的氣功班學員，氣功能量可以立即穿透地球傳導到千里之外的美國讓學員如實接收到。

再更進一層想像，整個宇宙無極無邊，宇宙就是一個超級巨大的量子系統，所以宇宙間相距億萬光年距離的兩個「黑洞」，透過量子糾纏作用即可瞬間穿越「蟲洞」往來於兩個宇宙空間，這超越了我們對時間與空間的認知概念。這就如同道家的太極圖，黑白陰陽共存的時空中，陰中有陽，陽中有陰，各有一個可供彼此穿越往來的通道。同理，已經過世逾百年的祖先祖靈，存在於這系統中的某個維度空間，可以藉由量子糾纏穿越時空回到現在與子孫會面交流。而啟動這量子糾纏作用的開關，就是我們發出的意念、意識，或者稱之為「念力」！

刊二〇一九年二月十二日，下午兩點三十七分「愛因斯坦錯了？現代人應該知道的量子糾纏！」一文。

茅塞頓開略有領悟之際，才發現是自己後知後覺井底觀天，原來早已有上師大德解說量子糾纏與宗教修持的關聯性。當代知名的藏傳佛教弘法上師索達吉堪布[54]曾經講授「**從物理學量子糾纏，看唸經回向的奧秘**」，「緣起的作用是真實不虛的。比如說，你身在美國，我在中國給你唸經，那你能不能獲益呢？其實，從佛教的角度講，這是完全可以的，現代科學中也有相關的理論依據。」，「量子力學中有一個重要概念，叫『量子糾纏』。我們在這裏念經，對方在遙遠的地方能得到感應，這用『量子糾纏』原理可以進行解釋。比如說兩個粒子，一個在火星，一個在地球，其中一個進行某種運動時，另一個會受到影響，也就是能感應到。因此有人稱它為『遠距離瞬間感應』」，「現在很多科學家，包括一些佛教徒和非佛教徒的科學家都認為，『量子糾纏』理論完全能解釋『萬法唯心造』，不同業力現前，不同業力感召，同一時間內可以彼此感應，彼此起作用。」[55]。師姐特別為此注解：

54 **索達吉堪布**（藏語：མཁན་པོ་བསོད་དར་རྒྱས།；英語：Khenpo Sodargye），藏族喇嘛、學者、教師，藏傳佛教弘法上師，當代最知名的佛教大德之一。一九六二年八月出生於四川省甘孜藏族自治州爐霍縣，一九八五年出家於當今世界上最大的佛教大學——中國四川省喇榮五明佛學院，並得到當時最傑出的佛教大德之一——堪欽晉美彭措仁波切的親自教授和培養。晉美彭措仁波切在世期間，他還是仁波切最主要的漢語翻譯，並受仁波切委託教授漢族弟子。參閱網搜維基百科——索達吉堪布。

55 引述節錄自Facebook孫安迪暨賴靜瑛能量平衡學院Andy Sun and Jenny Lai's School 二〇二二年六月四日發文，瑛**之心**〔讀書心得〕系列分享：從物理學量子糾纏，看念經回向的奧秘！——索達吉堪布。

不同維度A與B
信息相通有聯繫
如靈與體同聲氣
若知靈飛在某處
若知靈在做什麼
即是靈與體合一
即是所謂神通力
即能自在能遊戲

針對量子糾纏的現象，美國物理學家大衛・玻姆（David Bohm）[56]所著的《整體性，全像宇宙和隱卷序理論》一書中，提出了一個獨特的想法：「這意味著我們這個物質世界並不

56 戴維・玻姆（DavidBohm，一九一七年十二月二十日——一九九二年十月二十七日），英籍美國物理學家，對量子力學有突出的貢獻，他的第一本書《量子理論》出版於一九五一年，量子科學的先驅。參閱網搜維基百科——戴維・玻姆。

存在，雖然宇宙看起來很真實，其實它只是一個投影假象，並且是一張巨大的『全像宇宙投影』相片。」[57]，這一句話非常耐人尋味，大衛・玻姆不僅是一位專精於量子力學的科學家，似乎也是一位參透宇宙虛實相應之道的哲學家，他似已觀出我們所在生活的地球只是一個投影假象的虛擬的物質世界，所有感官知覺都是透過量子糾纏經由蟲洞傳達到我們所在的物質世界裡，那麼表示，在穿越蟲洞的另一端黑洞後有一個真實的世界?!

科學的歸科學，大衛・玻姆的推論或許還需要更多的科學實驗來驗證，但量子糾纏理論已經為本書記錄的許多虛實相應的事蹟提供了探究科學理論基礎的線索，吾等凡夫俗子看不見聽不到的，不代表不存在，因為我們肉眼本來就看不到量子糾纏作用的存在，我們的耳朵也接收不到一些超高及超低音頻的聲音[58]。而感應敏銳的法門師姐師兄所感應到的，可能正是透過量子糾纏來自於另一個維度時空的訊息，來自於法門眾師父的指示，來自於娑婆眾生的求渡，來自於自己起心動念發出念力的回應。你相信，便得感應！

57 節錄自網搜今周刊二〇一九年八月二日，下午十二點五十三分「我們都是活在一幅巨大的『宇宙全像圖』中」一文。

58 當聲波的頻率和強度達到一特定值範圍內，才能引起動物的聽覺。人耳能感受到的振動頻率範圍約為二十至兩萬赫茲。參閱網搜維基百科——聽覺。

第八章
虛實相應弘法利生

8.1 入山觀光與挖寶

香積法門如勝境寶山，有人初次接觸便知其與眾不同深入探寶，有人入了寶山卻是走馬看花純觀光旅遊，有更多人從山門路過錯過無緣入山造訪，我以個人先後經歷過程，概述與香積法門因緣際會的心境轉折與收穫，供法門裡其他師姐師兄及有緣讀者參閱借鏡。

初次接觸

二〇一七年Golden香興師兄介紹我初次接觸香積法門時，見香興師兄因修行而青春不老駐顏有術令我驚豔（參閱1.1因緣俱足初體驗），因香興師兄邀請參加了在宜蘭綠窩民宿的聚會，見識了香積法門渡化陰陽的殊勝（參閱1.2師父你是怎麼混的），讓我一開始就對初次見聞的香積法門深感興趣，也就跟著法門的打坐時間一起打坐。剛開始也是透過香興師兄代為報名打坐練功，幾日之後就被告知已被核可正式入門，可以自己在香積法門的大群組裡報名練功了。

辦法會渡眾生

入門之後，除了在固定時間報名打坐練功外，香興師兄邀請我一起參加法會，只是透過電話，香興師兄進行渡眾生法會的程序，我從電話中聆聽、學習法會的過程。香興師兄說他每天都要辦法會，而且一天要辦好幾次，隨時隨地都可以辦法會渡眾生，不只渡台灣的眾生，還可以渡全球五大洲的眾生。當我發出不可思議的驚嘆聲，香興師兄說：「不要懷疑，念到法就到。」，以我當時對一般民俗宗教法會的認知理解，不懷疑才怪！而且，我要上班耶，哪有那麼多美國時間天天辦法會?!

香興師兄要求我也要開始辦法會渡眾生，一來是學習如何應用香積法門的殊勝法，法要用才有用，而且「法法孵法法」，香積法門的法是很有智慧的，你想要、需要什麼樣的法，向師父求法，起心動念法就來。二來是要藉經常辦法會渡眾生來持續提升自己的證量，積累的證量越大，可以施展大法渡化眾生的能力就越大。如此云云，對當時的我來說，都是一知半解的天方夜譚科幻故事，但我還是見賢思齊有樣學樣的，盡可能找時間空檔試著辦法會渡眾生。但如此這般行禮如儀後，成效到底如何，我也不知道。

直到有一天，睡夢中夢見我在高山上遇到一場車禍，我就在車禍現場辦起了法會，睡醒回想起這個夢境，便詢問香輿師兄此夢何意？師兄說是我預見一場車禍，已經辦法會化解了可能發生的車禍。並且說，香積法門弟子的靈在睡夢中也能修法學習，師父會視弟子發心或任務需求，夢授大法或法器、法寶、法財給弟子，弟子當然也可以在睡夢中辦法會渡眾生。這就讓我對辦法會渡眾生更有動力與興致了，把辦法會渡眾生當作日行一善的例行工作。

當我把辦法會列入每日課表按表操課之後，發現其實辦一場法會也花不了多少時間，時間可長可短，內容可繁可簡，最最偷懶便宜行事的方式，就是學香輿師兄說的，只要一個念頭～「渡！」，就功德圓滿了。說實在的，當時這樣便宜行事的法會方式，我也不知究竟有無功效，更多成分是覺得意思到了，自我安慰一下！日後方知，大法至簡，當法門弟子修持證量積累到相當程度後，確實可以如此施展殊勝大法，外形至簡，內蘊至極，惟大心弟子矣！

師父賜法號

某日，香積師父賜予法號「香輝」（參閱1.3法號香輝），這是師父對入門弟子晉級授階的肯定，但晉級只是開始，除了打坐練功、辦法會渡眾生的基本功課外，「法法孵法法」，這法怎麼去孵出其他法？需要學習的功課還多著咧。「師父領進門，修行在個人」，就看弟子自己有心無心去修課，如同進了大學，有基本學分的必修課，有更多的是選修課，學生自我要求自由選課。待大學畢業後，還有碩士班、博士班、博士後咧，八萬四千法門，學無止盡！

選佛場分享會

再隔一段時日後，接到香音師姐發來通知，參加週日下午的「選佛場分享會」，第一次接到通知時著實有嚇一跳，「在選佛場的分享會」?!哇塞！這「選佛場」是什麼樣的地方啊?!我對香積法門還懵懵懂懂一知半解的，還沒三成功力現在就要進「選佛場」不免有些心虛?!需要特別盛裝打扮嗎？參加前要茹素三日沐浴更衣嗎？要特別準備什麼東西帶去嗎？有無Q&A問答考古題？……，詢問之下才知，想太多，就是去香豐師兄家參加家庭聚會分享心得。

選佛場分享會，「選佛場」是　香積師父命名，意喻弟子都能自我期許發心修持立地成佛，所以聚會之處稱為「選佛場」，發出聚會通知就稱之為「選佛場分享會」。在此之前，除了自己原本就認識的師姐師兄外，只有在報名練功的香積法門群組裡看到其他師姐師兄的貼文訊息，大多數的師兄姐都尚未謀面無緣認識，接到參加分享會的通知，以為是要開社員大會了，終於有機會認識其他師姐師兄，遂欣然前往。

到了香豐師兄家才知道，原來「選佛場分享會」不是社員大會，是師父欽點因緣俱足的弟子才有機會參加，在分享會中，與其他先進師姐師兄面對面交流請益，將平日打坐練功、辦法會渡眾生所遇到的技術問題或觀念疑惑，在分享會中提出來，經其他師姐師兄分享心得交流解惑，也循循善誘引導修持學習的步驟、心法，現學現賣，獲益良多。我後來經歷的酆都地府遊記，就是在分享會中香豐師兄引導開啟的機緣（參閱2.1地獄遊記初體驗），而「法法孵法法」，因此機緣又連結開啟了其他許多不可思議的機緣。

分享會是一個心得分享、經驗交流、導正觀念、學習心法的難得機會，在修行的漫漫長路上截彎取直，減少閉門造車自我摸索的錯誤，對法門的師姐師兄助益甚大。曾詢問何不廣為邀請其他師姐師兄參加分享會，不是不邀，機緣未到，因緣俱足者，師父自有指示！但也有師姐師兄接獲參加分享會的通知後卻因故未到，也就錯失機會了，只好靜待下一次的機緣。

功德行

自參加選佛場分享會之後，也有了參加「功德行」的機會，若說平日在家打坐練功、辦法會渡眾生是練靜功，那麼功德行便是走出戶外弘法利生的動功，也是從各地宮廟聖地各取所需領取法寶、法財的機會，護法大牛、地府坐騎老黑、幽冥教主令旗、各式法器法寶、元寶金磚法財、……，都是在各次功德行所得所獲。而取之於天地，用之於眾生，這些領取的法寶、法財，用於平日的法會中分享給眾生，豐富了法會的資糧內容。

功德行不僅只是尋寶淘寶之旅而已，更是弘法利生現場直播的戶外教學，到各地直接面對求渡求助眾生，學習如何應對處理眾生的各類疑難雜症，除了直覺感應外，也要能細心耐心地詢問釐清所求原由，再來對症下藥對治處理，圓滿眾生所求，圓滿因果，也不斷積累自己的證量。多次功德行遇到不同的狀況，請參閱本書第四章功德行。

去積習

春節在家寫這一篇文，其實是有感而發意有所指，藉著回顧自己在香積法門裡的前後階段經歷，一來自我省思還有許多待學習精進之處，二來藉此分享個人學習過程心得，給還停留在各個不同階段的師姐師兄參考借鏡。香積法門如同一座寶山，無緣遊人路過經過卻錯過山門不得其門而入，而有緣入寶山的師姐師兄，有人更深入寶山尋寶挖寶，有人僅尋幽訪勝純觀光旅遊，也有人偶爾報名打坐體驗心靈SPA，青菜蘿蔔各有所好各取所需，惟若入了寶山卻虛耗時日，豈不枉費機緣?!

還有一重要觀念心法，接觸香積法門之初，雖然我對法門充滿探索的熱情與期待，但過去的宗教觀也讓我一直抱持「不攀緣」的態度，不會主動開口去「求法」，總覺得若法與我有緣，師父與我有緣，或是師父覺得我是可造之材，應該自有機緣會主動近悅遠來才對。直到一次分享會中聽到師姐師兄的分享，「求法」和「求學」一樣，義務教育只到高中，要不要上大學、讀研究所，是自己決定自己報考，考上了要選修什麼課業也是自己決定，靠自己發心苦讀自我要求。又如千手觀音普渡眾生，縱有千百隻手要渡你助你，若你自己連一根手指頭都不伸出來，奈何！當頭棒喝一席話讓我頓悟，此後我就不客氣的請求、懇求、跪求、拜求、渴求、地上滾著求也要求師父賜法了！

在法門群組裡，經常可以看到師姐師兄傳達師父的開示，其中也經常提到「去積習」，表面上看這開示是針對特定的師姐師兄，其實也適用在所有習於現狀的師姐師兄，包括我自己在內。而去積習的關鍵就在「發心」，決心改變，決心精進，但光是有心還不夠，還須「力行」，身體力行付諸行動。惟力行還不夠，力行一分與十分的差距，繡花綿掌與擎天之力的差別，所獲成效自有不同。

在生活中修行，難免會有許多俗事牽絆諸多罣礙，讓人不得不瞻前顧後躊躇不前。但依我個人深刻體悟，只要起心動念大愛無私，單純的相信奉行無違，當弟子義無反顧地付諸行動時，師父已經為弟子備好所需的資糧，無形與有形資糧兼備。

一年之計在於春，新春之際發心立願，去積習，再精進，謹以本文與各位師姐師兄共勉！

8.2 善財童子治腰椎

我是個長年坐在辦公室的上班族，腰椎痠痛已經是多年的職業病了，偶而會去看看中醫針灸扎幾針，治標一下短暫不痠痛也好，也不覺得有什麼大礙，總是想說等假日有空再去多多運動，伸展筋骨就可以改善了。但最近覺得腰椎痠痛的毛病似乎是日趨嚴重，連起床都無法像平日一樣睡醒翻身即起，活像是一隻陷在泥漿裡的大象，起床變成很費勁兒的一件事，驚覺事態嚴重了。

於是我又開始去看中醫針灸，同時去做推拿整復，幾週下來，感覺仍是治標不治本，冰凍三尺非一日之寒，我也理解這腰椎痠痛的毛病不可能一下子就根治的了。恰好公司同事有人和我同病相憐，因為腰椎壓迫神經致行走困難，才剛動完脊椎外科手術出院不久，和我分享他病痛就醫、照ＭＲＩ（磁振造影檢查）確認病狀位置、進行手術、術後復健的前後過程，還說一般手術都還要動第二次、第三次刀才會根治，手術費用是看手術複雜程度決定醫師手術時間長短論鐘點費的，且安裝在脊椎骨上的鋼釘支架價格不斐，也因品質高低而有異，而這些都是健保不給付的，聽得我渾身痠麻心裡直打鼓，已經開始上網查詢各大醫院脊椎外科、ＭＲＩ的相關訊息。

恰巧，因為疫情關係好久沒開辦的分享會，於農曆年前又有機會參加了，欣然前往。分享會是法門師姐師兄們不定期的聚會，師姐師兄們提出平日打坐練功修持渡眾生過程中遇到的問題，彼此分享經驗、交流心得，也有資深的師姐師兄可以指導傳授學習心法，甚至會有神佛降臨直接指導，在分享會中截長補短獲益良多。

分享會中香豐師兄問我最近有沒有什麼進展心得，有沒有遇到什麼問題，我就直接回答說最近深受腰椎痠痛所苦，話才說完，善財童子就現身發聲了：「你卡住了，你那裡有一團黑黑的東西卡住，有沒有看見？」，「啊?!被卡住?!那怎麼辦？」我急切詢問，善財童子回覆說：「你自己可以用金丹把它打散啊！」。

善財童子是佛陀弟子，因其出生時種種珍寶自然湧出，故有此名，是觀世音菩薩兩旁脅侍之一，與龍女合稱金童玉女。在功德行活動或是分享會中，善財童子經常會藉香音師姐之身現身說法，來與我們師姐師兄們直接對話，解答我們提問的問題，也指導我們修行的觀念與心法，若是見我們修行怠惰不如法，也會直言告誡。善財童子快言快語平易近人，和我們如同其他師姐師兄一樣的閒聊，毫無高高在上的隔閡感，所以師姐師兄們都很喜歡看見善財童子現身出來，都喜歡圍著善財童子問問題。

這一次善財童子現身出來，針對我的腰椎痠痛問題，教我用金丹把卡在腰椎處的一團黑黑的東西打散，於是我就閉眼靜坐動念運轉金丹，將金丹運轉到腰椎部位，與那一團黑黑的東西直球對決，試著把它打散掉。「有沒有看到那東西慢慢變小了？」善財童子問，我閉眼內觀，覺得腰椎處有一團黑霧狀的東西，漸漸由黑轉灰轉淡，我繼續動念導氣運轉金丹。

「放火燒，爐火拿出來燒！」，豐師兄在我旁邊助陣提點，我才想到動用三昧真火，以三昧真火會合金丹運轉，加速打散卡在腰椎痠痛處的黑霧病氣。前後不到一刻鐘時間，腰椎痠痛處的痠痛感頓時消失殆盡，起身、坐下、行走已經不痠不痛，只剩左右扭腰時還會感覺到深層已沾黏筋肉被拉伸的一絲痠痛感，有待持續運動矯正，但至少陷在泥漿裡的大象已經瞬間脫身了！神奇吧！

分享會結束回家後這兩天，自己在家打坐時都繼續如法炮製，發現腰椎痠痛感已經解除泰半，起床瞬間不再像大象翻身，坐辦公室一整天也不覺得腰椎痠痛，內觀啟動三昧真火燒遍全身，發現睡眠時間、睡眠品質也改善許多了，而且不花半毛錢健保費、醫藥費，而我只不過是香積法門裡的神奇個案之一爾。我們有個師姐脊椎骨質增生有五處，走路需人攙扶，生活難自理，痛到需靠止痛劑安眠藥才能入眠，但睡眠時間短暫，醫院都已經安排好開刀日期，就在開刀前兩天遇到法門師兄姐，斷然決定不開刀了，在香清師兄與香喜師姐施予法流下，沒多久就全好了，不只能幫女兒煮飯給二三十個工人吃，也能下地幹重活，這都是拜香積法門殊勝大法之恩賜。

養生之道重在陰陽調和，人體需要五穀雜糧魚肉飲食來提供肉身所需營養，更需要呼吸吐納練氣養神來滋養精氣神的暢旺，追求達到身心靈的健康平衡狀態。反之，身體若有了病痛宿疾，除了上醫院借重現代醫療技術設備快速診治外，又何嘗不需要以意導氣練氣還神來對治病灶排除病氣，這不正是人體生病後的陰陽調和反向工程。本文目的在見證人體小太極陰陽合和之道，非僅讚頌神蹟而偏廢醫學，該去看醫生的還是趕緊去醫院掛號吧，至少借現代醫學之能先確認病痛所在之處，才能進一步對症下藥方。

感謝善財童子、香音師姐及香豐師兄在分享會的指導，教我用金丹及三昧真火把卡在腰椎的病氣打散，立即見效，當下我說這又是一個值得記錄分享的體驗案例，善財童子有特別吩咐說：「要寫我很帥喔！」、「我真的很帥！」。殊不知，善財童子何止是帥，依據《大方廣華佛華嚴經》入法界品記載「善財童子五十三參」，善財童子經文殊師利菩薩的指引，為學習「菩薩云何學菩薩行，云何修菩薩道」，明白了人生的道路，要發菩提心，造福人間，利樂有情，便以此為宗旨，不辭千辛萬苦，爬高山，飄大海，闖王宮，進民窟，上刀山，下火海，參拜了五十三位善知識者，有菩薩、比丘、比丘尼、優婆塞、優婆夷、童子、童女、天女、婆羅門、國王、王妃、仙人、醫師等等各行各業，各傳授一法門。因此善財童子從思想、道德、技藝上捨己為人的堅定思想，隨同觀世音菩薩，造福人間利樂有情，何等胸懷，這豈是一個「帥」字可以形容。

【後記一】

自從善財童子指導我治療腰椎痠痛的心法一試成主顧後，我就經常在平日打坐時順便自我保健一下，但說實在的，腰椎痠痛的毛病隔段時日後又會再發，我很確信我是銅皮合金骨，腰椎骨骼ＯＫ的，沒有椎間盤突出的問題，但為何時好時壞無法根治，我也甚覺奇怪莫名所以，以為就是久坐不運動造成的老毛病。一日清晨打坐時，動念行氣治腰椎，突然想到，有時候靈界主動求渡者會讓我們感受到求渡者的需求，感受到靈體的病痛甚至是情緒，於是特別動念觀想針對腰椎腰部有病痛受傷的眾生靈療，回復健康平衡後能安心得渡到該去或想去的地方。

就醬，盤腿打坐當下腰椎痠痛感秒殺，再吸氣行氣到腰部，感覺腰部像是被包覆在一團帶薄荷味的氣場中，無比清涼舒服的感覺，原來我竟然只知道運行金丹加三昧真火去病氣，疏忽了先去感受、分辨是求渡者需求這最基本的細節，忘了老吾老以及人之老，幼無幼以及人之幼，痛吾痛以及人之痛。這才猛然悟到，當時善財童子教我觀腰部，「有一團黑黑的東西」，原來是求渡者，我當成是自己腰椎痠痛的病氣，也或許是兼而有之才會物以類聚。管中窺天，未竟全貌，真是罪過，懺悔！

嗣後我把這體悟在群組裡分享給師姐師兄，不久有位師姐回應說，她仿效此法幫乳癌的眾生靈療，就感受到胸腔不那麼緊繃了，且正好聽到廣播中的一句話「回復到上帝創造身體原有的美好狀態」，立刻借花獻佛用這句話來靈療求渡者，閉著的眼睛看到出現點點的亮點，代表求渡者已得渡了。也因此體悟到，藉由幫眾生靈療的過程，師父也在治療弟子，利祂又利己。

香一師姐也回應分享寫下註腳：「痛吾痛以及人之痛，相信香能師姐的感觸會更深，不只體驗同行的（但是在知其所由，症狀即消）、眾生的（在知其結，解其結，去其執，大都歡喜信受得已渡）林林總總等，相信也有很多師兄姐亦有此體驗。何以故？因為悲心致（眾生病是故我病）」，這不正是實踐體現「無緣大慈」、「同體大悲」的慈悲心最高境界！

【後記二】二〇二三年十二月三十日

二〇二四元旦跨年花東功德行，連假第一天怕堵車，大家都很早就起床出門，到了晚上的分享會時間，已經過十點了還沒結束，大家都已經昏昏欲睡，但還不能下課，頓時無語面面相覷。香豐師兄說：「這難得的聚會，大家有問題就要提出來，分享經驗交流心得，也讓其他的師兄姐可以藉此學習，這是分享會的目的。有人還沒提問題，師父就不讓我們下課，……」，我有些心虛的趕緊發問，免得害大家不能下課回房睡覺。

我就提問這腰椎痠痛的老毛病，香一師姐說「自疾自醫醫諸疾」，每次痼疾復發就如法炮製自疾自醫，雖然當下痠痛感得以舒緩，但總是隔段時日又會再犯，當然眾生求渡總是渡不完，但腰椎痠痛問題若不能根治，讓我覺得很困擾，是否有可以兼顧根治腰痠又能渡眾生的兩全其美的方法？問題一提出，問到了大家共通毛病的話題，只是症狀各有不同，師姐師兄紛紛發言分享心得，他山之石可以攻錯，頗有收穫。

其中，香能師姐分享了一個重要觀念，我們日常生活中的老毛病，或者身體某個部位突然有感痠痛，可能原因除了有眾生求渡外，還包括「銘印」、「冤親」及「因果」。所謂「銘印」是指銘印現象、銘印效應，個人潛意識裡還保留有病症的記憶（包括今生及前世），不是身體真的出現健康問題，只要透過靜坐追本溯源，清除病症銘印的記憶，自然就不藥而癒。所謂「冤親」就是一般所說的冤親債主討報問題，透過作功德將功德迴向、誠心懺悔，若能透過神佛作主居間協調更有事半功倍之效，取得諒解盡釋前嫌，也能不藥而癒。「因果」就較容易理解，種什麼因得什麼果，包括有形與無形的因果，前者如運動傷害，後者就需要進一步探究原由，找到原因，再以適當方法加以化解。

探究前述各種病痛原因，或僅有其一，或兼而有之，但這些可不是迷信怪力亂神，古代醫術的流派就有「祝由科」、「祝由術」，自元代即列入太醫院第十三科，稱「祝由十三科」[59]。「祝由」二字，最早見於醫書《素問》，祝由之意，即是通過巫師（早期的方士、巫醫）向神靈敘說病人疾患產生的原因，並乞求神明的諒解、保佑，以期卻病療疾。如《黃帝內經．移精變氣論》記載：「余聞古之治病，惟其移精變氣，可祝由而已。」，近似現代

59 祝由十三科，又稱祝由科、祝由術，是古代醫術的流派，即「祝說病由」，不需用針灸或藥來治病。祝由一詞語出《黃帝內經．移精變氣論》，「黃帝問曰：余聞古之治療，惟移精變氣，可祝由而已……」。祝，是指「恭恭敬敬講解說道」，不但給人治病，也給自然萬物（包括中醫所講的神）治病；由，是指疾病產生的緣由或者來由；合起來就是恭敬地運用祝由之法查明病人的病因，即通過藥、咒、法術、心理疏導等方法的相互結合來化解、緩解疾病。祝由療法在中國起源甚早，先秦時期就已很普遍，並在民間一直流行、延續數千年。參閱網搜維基百科「祝由科」、「祝由十三科」，「中醫秘術：祝由十三科─每日頭條」由張機書友會二〇一八年九月七日發表于健康，原文網址：https://kknews.cc/health/yg4eyyg.html。

醫學的心理學之心理暗示、催眠療法，也與香積法門教導自疾自醫的功法有異曲同工之妙。

香積法門教導自疾自醫的觀念，除了透過法會救渡眾生、化解冤債因果之外，在靜坐中動念運用功法運轉金丹、三昧真火、引法流、化法藥，以量子糾纏運作方式傳遞能量，也藉此與古祝由術交互驗證。恰巧有心理醫師、心理系畢業的友人合夥創業，要開發心理諮商ＡＩ人工智慧聊天機器人及相關應用軟體，可以協助心理醫師處理部分諮詢、分析作業，應用同樣的ＡＩ技術，以後上教堂想找神父告解懺悔，告解室裡和教友對答的也有可能是由ＡＩ機器人代勞了，甚至到寺廟裡求籤問卦訴苦祈福，會有ＡＩ軟硬體模擬佛祖菩薩的形體聲音，為信徒解籤釋疑講經說法[60]。科技的發達演進讓我聯想到，同樣化有形為無形，或許有一天會開發出一種軟硬體，可以讓實數時空的陽間凡人與虛數時空的神靈眾生直接聯誼問答交流。

行文校稿至此，看到香一師姐於法門群組裡貼文，恰恰適時為本文提供最佳註腳，連結的是一個可以透過電腦從遠端移動有形物體的新科技，附言「文殊菩薩遙伸右手至一百一

---

60 金剛經記載：「須菩提白佛言：世尊！如我解佛所說義，不應以三十二相觀如來。爾時，世尊而說偈言：若以色見我，以音聲求我，是人行邪道，不能見如來。」，世尊如來佛祖是否早已預見未來科技發展而有此偈言？耐人尋味！

十由旬（約2200公里）處摩善財童子頂作是言，⋯，科技終將印證華嚴世界以及我們的法不虛。」[61]，兩千多年前佛經中的記載，儼然是藉由現代量子力學、量子糾纏理論展現隔空發力、隔空打牛的能力，以及當代香積法門在本書中所記錄、體現及驗證的事蹟，都將在未來科技的演進發展成果中更進一步得到應證。

惟再次強調，本文目的在見證人體小太極陰陽合和之道，非僅讚頌神蹟而偏廢醫學，該去看醫生的還是趕緊去醫院掛號吧，至少借現代醫學之能，先確認病痛所在之處，才能進一步對症下藥方。

61 佛教學者認為《華嚴經》最早的寫作年代，可能在佛滅後約五百年，約在西元三或四世紀時開始集結。參閱《華嚴經》記載，善財童子在參訪文殊菩薩時，「是時文殊師利遙伸右手，過一百一十由旬，按善財頂。」，善財童子五十三參裡第五十二參，善財童子經由一百一十餘城到普門國蘇摩那城，思惟求覓文殊菩薩，文殊菩薩施大神通力，遙伸右手過一百一十由旬按善財頂，勉勵善財，不要得少為足，應繼續向善知識求法，然後令善財入普賢行道場，還攝神力，忽然不現。

8.3 穿越時空的祖靈

素未謀面的直系三代祖先，能穿越時空交錯於今相聚一堂，各自陳述現況所需，也讓阿嬤對阿公抒發宣洩生前積壓一生的思念與怨懟，也表達了對子嗣叔公一房現況的關切，我無法理解與解釋這是什麼樣的時空交錯情境，但就是實實在在的親身經歷了[62]，這是我第一次碰到這樣超過百年時間的幾代先人能穿越時空相聚一堂的情景。如今在一次功德行活動中又再經歷見證一次，也才發現功德行還有傳遞隔世訊息的殊勝功能目的。

二〇二三年三月十一、十二日苗栗功德行，第二天只有半天行程，也是唯一的行程，就是到南庄鄉向天湖，當抵達向天湖，風和日麗山清水秀，向天湖就如同隱藏山間的明珠一般令人驚豔。向天湖是賽夏族人舉行矮靈祭的聖地，這次功德行專程到南庄向天湖，求渡眾生蜂擁而至是意料中事，較特殊的是來求渡者以賽夏族亡靈居多，有多位求渡者都是在日據時代被日軍凌虐受害身亡，至今仍憤怨難消，記錄分享幾個特殊的求渡案例：

62 參閱林家亨著《拉拉山林奇遇記》「2.2明慈寺九天玄女娘娘—阿嬤罵阿公」一文。

有一位求渡者雙腳被石頭砸斷，經師姐為其靈療後，重新長出雙腳；有一位求渡者雙腳被釘在釘板上，痛苦不堪，經師姐為其拔除釘子後再為其靈療治傷。更特殊的一件案例，求渡者中有一位是賽夏族的巫師，由他代表族人求渡請願並遞交陳情書，經師姐師兄安排賽夏族祖靈前來將族人亡靈接走。該巫師尚有未了之宿願，要將草藥藥方交給後代族人造福族人，經香音師姐問明之後，請法門中一位前世曾是賽夏族酋長的香振師兄前來，香振師兄一走近，只見巫師透過香能師姐之手將草藥藥方交給香振師兄之後，巫師亡靈立即離開。

師姐師兄一起面對向天湖淨化渡眾生靈時，我也以「珠光還原大法」為眾生靈療引渡眾生。之後感應到向天湖中浮現出一顆珠子，當下的一個意念——「賽夏族之珠」，是賽夏族祖靈回饋相贈的禮物。當時印像很深刻，因為此珠不像一般珠子光滑的表面，珠面有著帶狀方形圖案，淨化渡眾生之後忙著拍照錄影就忘了這事。

在向天湖畔受理完求渡眾生事後，一行人沿著環湖步道要走回停車場，路經一段賽夏族人住家的路段，迎面而來一位約莫三四歲的小女童，兩手插在外套口袋裡，那女童與我們一行陌生人擦身而過，只見女童睜大眼睛靦腆微笑如見故人般，不偏不倚直往香振師兄走去，張開外套擁抱香振師兄，也許那女童和師兄一樣有著轉世的靈魂，所以一眼認出香振師兄是前世的酋長，這樣的隔世相逢陰陽相會，再次見證——沒有無故的相遇。

事隔三日，又想起來在向天湖獲賽夏族之珠這事，谷哥一下賽夏族之珠，沒有找到珠，倒是印證了珠子上的帶狀方形、菱型圖案，正是賽夏族特有的菱形雷神紋／雷女紋圖騰。嗣經向香一師姐求教驗證感應無誤，香一師姐並告知該珠能起風調雨順圓融和諧之淨化作用。

欣然再得一殊勝寶珠，可以加入「珠光還原大法」用於平日法會分享眾生，法寶法財加量不加價。我想隨手記錄獲得「賽夏之珠」的過程在本書中，豈料，在「插入註腳」註解說明時，才剛打字寫好還沒存檔就無故被自動退出，而且連續兩次都是如此，害我做白工，氣！

正猶豫要不要再打第三次，突然感悟到，是不是向天湖賽夏族聖珠被取走這一段不宜記錄公開，以免影響族人心理？還是我想太多，純粹就是我這台古董筆電有問題？於是再詢問香一師姐。於此同時，我想說是不是就此停筆不寫這一段，但又感應到有某種動力要我繼續寫，敘述方式內容要調整修飾一下，還沒等到香一師姐回覆，我就頓悟理解是何原因了！

原來是我語意寫錯了，原本為求簡短記述註腳內容，所以只寫取得聖珠的結論，沒有寫到這是賽夏祖靈回饋相贈的大禮，此賽夏族聖地向天湖集天地靈氣孕育而成之聖珠豈是外人輕易可取，這是賽夏祖靈相贈與香積法門弘法利生之用的恩典心意！頓悟之後，開始第三次撰寫本段註腳，這樣一下子就寫好打好了，筆電也沒再作怪！也因此驚覺，我記錄寫稿打字過程，賽夏祖靈有在旁觀看審稿咧?!

立馬再向香一師姐回報此一體悟感應，香一師姐驗證回覆說：「師兄聖明，筆電只是應機，就像佛曲機聲量會自動放大或縮小。」，「香若師姐也多有此種經歷，有師兄姐曾遇頑皮鬼捉弄過。」。哇！香一師姐這回覆訊息太令我振奮與鼓舞了，這樣神奇殊勝的經歷，不就和前台大校長李嗣涔博士做靈學實驗時，有靈界神佛在場觀看及搗蛋一樣的經歷?!

在寫這一段補記過程，我覺得賽夏祖靈應該還在全程監視同時審稿中，因為我可以清晰感應到賽夏祖靈關切其後代族人及芸芸眾生的用心與期許，感應到賽夏祖靈因為有人可以傳達其心聲而心情悸動。藉此再次向賽夏祖靈致歉，疏忽記錄轉達賽夏祖靈相贈聖珠的心意，真是抱歉之至！也在此致謝賽夏祖靈相贈「賽夏之珠」的盛情！取之於天地，當會用之於法會分享眾生。

「該珠能起風調雨順圓融和諧之淨化作用」，這不正是當今世道所需要的？

向天湖功德行，遇到日據時代的賽夏族先人求渡，今年都民國一一二年了，又再一次讓我親身體驗見證了相距百年以上的時空交會情景，這在我原先的認知範圍內是無法理解的。但後來在前台大校長李嗣涔博士個人網頁的一篇文章裡找到答案，李嗣涔博士提到，「四度靈界空間的時間軸似乎沒有意義，『過去、現在、未來』同時存在，似乎只有事件虛像發生的先後秩序有關聯，散佈在不同的空間位置。」[63]，若將過去、現在、未來想像成是在一條長方形紙條左、中、右段，而過去、現在、未來的陰陽兩界就是這一張紙的兩面一線之隔，當把長方形紙條頭尾正常相連，就會形成一條有寬度的圓圈，但若是頭尾相連時將其中一頭轉了一百八十度再相連接，就形成「**莫比烏斯帶**」[64]，則不但過去接上了未來而同在一個圓中，且陰陽兩界還很自然滑順的接軌互通。

同樣的概念，將過去、現在、未來想像成是在一條長方形立體的紙筒左、中、右段，當把長方形紙筒頭尾正常相連，就會形成一條有長寬高三度空間的圓圈。再進一步把這樣的圓筒圖形概念與道家的太極圖做比較，將太極圖立體化，黑白相伴相應相生，而黑白區域中各有白黑一點（稱魚眼），這兩個魚眼正是黑白區域陰陽互通的時空通道。則過去、現在、未來不就是同時存在且循環不已?!無怪乎逾百年的三代祖先能穿越時空，一下子就來到今世今日與子孫會面！

過去、現在、未來既然是同時存在且循環不已，也由此不難理解所謂的「輪迴轉世」與

63 參閱李嗣涔教授個人網頁專欄文章「**26. 頻死經驗中的一生回顧現象**」一文。
64 參閱李嗣涔教授個人網頁專欄文章「**2. 太極通道與一物兩象**」一文。

「因果業報」之說，因為因果循環定律，遲早都會面對的，所以也有「神通不敵業力」之說，在香積法門末下化前，佛尚有三不能：一不能滅定業，因為因果律故，種如是因得如是果，所以定業不可轉；二不能化導無緣，參閱城東老母一文[65]，其實非不能也，乃恆順眾生也；三不能盡眾生界，因果循環故輪迴不斷，是來至因果律。但因為香積法門　香積如來師父的願力故，可以滅定業（化解因果，業力自消），可化導無緣，但必須先從宗教融合做起，這些都已有先行者，如淨空法師、心道法師、星雲法師等，致力於宗教融合、世界和平、天下一家，使人間成淨土。

一旦能打破因果律，六道輪迴不再，即是盡眾生界，人間淨土成。人間淨土即是　香積如來師父與眾家師父共同的願力，因行願工程浩大，非任何人一己之力能成，需要身為香積法門弟子的我們集願行願恭身力行，更希望能廣結各家之力共同來完成。

65 參閱《大智度論》所記載城東老母的故事，佛非不渡無緣人，乃恆順眾生隨順因緣，因應眾生所知所能以方便法門順勢利導也。

8.4 故鄉道場的藍圖

我的故鄉在南投埔里，我出生三個月大就隨著爸媽北上工作搬到台北，在台北成長、就學、成家，與故鄉的聯繫只剩下清明掃墓才會專程返鄉，但骨子裡一直對故鄉有著濃濃的情感，故鄉永遠是美麗的印記[66]，希望將來也能告老還鄉。但告老還鄉也得要有個地方落腳，總不能還鄉去當以天地為家的流浪漢，所以在故鄉置產一直是我心中的秘密花園。

也許是因為使用中國信託信用卡超過二十年的良好信用紀錄，經常會接到中國信託的行銷人員來電推銷申辦信用貸款，每次都是藉詞婉拒甚至不敢接電話，因為實在是沒有借貸資金使用的需求，但行銷專員隔段時間又會再來電聯繫，窮追不捨堅持行銷的敬業精神令人歎服。二〇二三年三月初又接到中信行銷專員來電推銷信貸，我還是一樣藉詞婉拒了。

事隔幾日，在臉書上看到有數筆埔里土地要出售的資訊，不乏土地坪數很大但開價不高

66 參閱林家亨著《拉拉山林奇遇記》「1.5故鄉永遠是美麗的印記」，出版社：致出版，二〇二二年六月十七日出版。

的物件，有些心動，遂立即與仲介約好三月二十五日（六）週末補班日專程南下埔里去看兩筆土地。先到了大雁頂看四千五百二十坪的林地，在現場同步拍照發給香豐師兄看，不久香豐師兄回覆我說「這塊土地是孔雀開屏穴」，還幫我問了香能師姐後告知：「香能師姐說二塊土地都你的，你感應看看……」。二塊土地都我的？我有些意外，至少現階段就不可能有同時買下兩塊地的資金，或許將來因緣俱足就有能力買下吧。接著到大坪頂小埔社去看一筆八百五十八坪的林地，有一個視野不錯的平台，蓋了一間農舍，有獨立的聯外道路，整體而言還挺喜歡的。

回家後評估這兩筆土地各有優缺點，但若以使用效益論，是第二筆大坪頂的八百五十八坪林地為優選，仲介也很積極地來接洽委託斡旋，奇妙的是，隔日三月二十六日（日）清晨靜坐時，腦子裡都是昨天去看的埔里那兩塊地，接著感應到第一筆四千五百二十坪的地上來了一隻孔雀獻寶，從那塊地結穴處取出一根黑色長條圓筒狀的伏藏寶物，但我悟不出來是何物？之後又出現個念頭，這伏藏寶物是和今日上午要去陽明山姜太公道場有關?!

接著感應到第二筆八百五十八坪的土地時，右手突然靈動揮舞起來，好像振筆疾書在寫什麼文件，最後還有蓋個大印，而蓋的印章正是我幾日前才從臉書上剛買的海象牙印章，都還沒刻字咧！接著在這地上豎起了一根很高的桿子，似是象徵香積法門在此地插旗立桿，地上還出現很多隻小兔子跑來跑去，前一筆地是孔雀開屏穴，難不成這裡是兔子穴？嗣經向香一師姐詢問，師姐回覆說：「長條卷軸是寶藏清單，要暫交太公保管。屆時師兄自會清楚明白。不是兔子穴，是福兔臨門，好事一直會發生之預兆。」，還附上「福兔臨門」、「萬事如意」、「心想事成」、「Good Luck」一連串有兔子的貼圖。

仲介也很積極聯繫來問我看完物件後的想法如何？我便詢問香一師姐，是否真要去出價談買地的事？大概出價多少適當？香一師姐請示師父後回覆：「四百五十萬可談，若不行就擱置。」。此外，我也再向香一師姐詢問請示，感應在此地插旗立桿是有何用意？是否代表這塊地是法門屬意之地，那我自當盡可能來完成購地的要務，嗣香一師姐回覆：「**確實是法門屬意之地，尚待機緣圓熟。**」。

我便依此向仲介出價四百五十萬，仲介於隔日三月二十七日（一）就和我約下班後時間專程北上桃園，和我簽訂正式委託斡旋的買賣意願書，斡旋期限至四月七日清明連續假期後。事隔三日，三月二十九日（三）晚上，打坐練功時間過後我繼續打坐，用「移入他地法」去到埔里那塊地，又靈動起來振筆急書，好像又在簽署什麼文件，感應是那塊地若要成交，不是只有需要地主同意，也需要多位無形的地主同意，所以正在與多位無形的地主簽約立據。

但感應仍有一位無形的大地主尚未同意，是誰？需要什麼條件？是價錢問題？搖頭不是！後來感應到是要到該土地的巷子入口處有一間小宮廟——「福壽宮」，供奉的正是管轄當地土地的福德正神，福德正神希望若土地出售給我之後，祂能加入香積法門修法，我當即表示歡迎後，就沒有再感應到其他人有什麼意見了！

隔日三月三十日（四）一早打坐，感應到有龍附身，右手（應該說是爪，整隻手掌成張爪狀！）抓著什麼東西舉在半空中，左手捧著一顆珠放在盤腿上，後來感應是桃園虎頭山三聖宮的龍王，但不明龍王為何事前來？難道也與埔里買地有關？打坐後就接著出門上班，開車途中突然頓悟，龍王是為了送印而來！那組海象牙印章，小章是農曆年前在虎頭山花市以一千元買的，大章是上週才在FB網上八百八十八元買的，還納悶這買的時機真巧，原來是桃園虎頭山龍王所贈。一早到公司後，立即將昨夜及今早感應事詢問香一師姐，師姐回覆告知：「師兄所證無誤」。這體悟及驗證非同小可，埔里小埔社當地土地公都出面說情了，桃園虎頭山三聖宮龍王也贈與法門大印，我不得不認為，這埔里買地一事根本是冥冥中已經安排好的事。

回想這幾天，突然看到埔里土地的出售資訊，三月二十五日就專程南下跑去看地，原本也只是想「看看而已」，熟料看A地相中B地，雖然我是以平常心看待買地事，但再怎麼有虛實相應的殊勝感應，畢竟是需要花幾百萬買地，沒有資金也是枉然，但資金在哪裡？原本我不太愛搭理中信銀行的信貸專員來電，但自三月二十七日與仲介正式簽訂買賣意願書委託斡旋之後，我三月二十八日主動回應中信銀行行銷專員詢問比較房貸及信貸，三月二十九日早上才提供收入證明資料，當天傍晚就通知我信貸核准了，超高效率！虛實相應，買地資金竟然在一天內就準備好了！買地資金有譜，買地一事就更有底氣去進行，就等地主點頭同意，我都不得不相信這一切冥冥中的善巧安排！

緊接著四月一日至四月五日有五天的連續假期，期間四月三日至四月五日我們一家人在新竹旅遊宿營，四月三日上午一早特地去了竹北彌陀山「大佛王寺」，對寺裡供奉的唐風巨型石雕神佛造像歎為觀止，特別是對其中的韋陀護法讚賞不已。參觀時還巧遇住持性巖法師，性巖法師特地為我們一家人解說大佛王寺裡的石雕佛像的由來，歷經二十多年的積累建設始有今日規模，還說目前展示出來的只是百分之一，全部規模還有百分之九十九尚待大眾發心護持。參觀大佛王寺以及聆聽性巖法師解說之後，倒是有一種「見賢思齊」的感覺，祝願大佛王寺道業宏開，香積法門將來也能創立人間道場。

四月三日傍晚，仲介回報告知地主只有反映詢問一件事，若地主將土地農舍出售給我之後暫時還沒找到合適的住處搬遷，是否可以暫時承租這農舍直到他搬遷，若我同意，必須和地主簽訂正式租約，這樣地主才放心。我當即回應表示沒有問題，樂見其成，若這塊地真能四百五十萬買下，買下後租回給地主居住使用，是再好不過的神安排。而且，我預計和地主簽兩份合約，一份是租約，一份是委託維護管理這土地農舍的勞務契約，勞務報酬費用剛好折抵租金，讓地主無須額外負擔租金，這是我回報地主成全買地的一點心意。仲介羅主任還發來一則訊息，「晚上好，恭喜林先生，您即將擁有您一直想要的歸屬感了。」，我既開心又感動，不知如何形容此刻心裡的感受，感恩師父這一切的善巧安排！

我把這訊息轉發給香一師姐，師姐回覆道：「您知道嗎？當師父跟我說四百五十萬，我還開玩笑說會不會太狠了？師父說不會。當知道地主的現況，又再次請示說這樣好嗎？師父說有用意，（答案即將揭曉）」。看到香一師姐回覆告知這虛實相應的過程，原來師父自有用意，我大概可以猜想出個六七分，等我和地主見面時，我就會告訴他我買這地前後過程的殊勝事，我相信地主也會很訝異的！

隔日四月四日清晨四點就醒來打坐，打坐過程中身體靈動起來，高舉雙手於虛空之中領旨、頒旨：一、地主蔡師兄獲頒法號「香〇」，且農舍裡佛堂的阿彌陀佛佛祖及伽藍、韋馱護法都晉陞三級。二、埔里道場219巷巷子口《福壽宮》的福德正神晉陞一級。福壽宮目前在谷哥搜尋不到，日後將興盛知名。同時也感應到新竹大佛王寺的韋馱護法來到埔里道場與韋馱護法會靈，將會協助護持埔里道場。也感應到我自己前世曾是韋馱護法，也曾是伽藍護法，難怪我一直都特別喜愛韋馱、伽藍護法，每到任何的宮廟裡只要有韋馱、伽藍護法，都會特別駐足觀賞凝視許久。感應到新竹大佛王寺地藏王菩薩、孔雀明王相贈許多法財、法寶給埔里道場；感應埔里道場初步建基，將來機緣成熟會將前後山坡地都納入埔里道場。也感應埔里道場及福壽宮現在賀客盈門喜氣洋洋好熱鬧！

嗣後將早晨的這些感應一一記錄下來發給香一師姐，詢問師姐以上感應是否正確？香一師姐回覆「給你一個讚」貼圖，並特別囑咐「香○師兄法號暫且不表，待機緣更圓熟。」。這不難理解明白，若未入法門，當然無香字法號，就靜待機緣成熟！

四月四日晚我們一家人住宿在新埔近郊的一處民宿，隔日一早起床，在民宿附近散步看風景，來到一處叫「飛龍池」的灌溉用埤塘，隱藏在小山間，映著山頭山水相連，池中倒影陰陽相合，渾然天成的大眼睛，當下感應是一處等待開庫的寶庫，經詢問香一師姐驗證無誤，遂用手機拍下這池塘山水景物上傳法門群組通知開庫。之後看照片覺得這山後的天空中好像有好幾雙眼睛，我點出了其中四雙眼睛後詢問香豐師兄，香豐師兄回覆道：「你沒問問看？**加水池九眼，九眼至尊是何人？顯化九眼為眾生—太上師父！**」。山不在高有仙則名，水不在深有龍則靈，斯是山中小池，聚集天地之氣鍾靈毓秀，無怪乎能讓　太上師父為眾生顯化而來！

翌日四月六日清明連假後的上班日，凌晨兩點多就醒來打坐，又感應到好幾件殊勝之事：一、二〇二三年四月六日癸卯潤二月十六日寅時三點三十分頒旨、領旨——《香積如來法門埔里道場》正式成立，並賜大印。二、太上師父賜新竹新埔飛龍池予埔里道場，以補道場之不足；並賜飛龍池的「天地之眼」一大眼睛給香輝安置於胸口八卦處，用以洞見陰陽乾坤事。三、不動明王大日如來前來與香輝合一，恭賀香積法門埔里道場成立。感應到的不動明王就是我放在車上的一面玉珮。四、賜大印《香積如來法門埔里道場之印》，後感

新竹新埔飛龍池及天空中隱藏的數雙眼睛，共有九眼！

應小印就刻《香輝之印》。嗣後經香一師姐回覆驗證！

最近一連串很多的感應體悟，真的要成立無形的埔里道場，任重道遠矣！我特別再向香一師姐請益，如果是我想像力激素分泌過旺所致，請香一師姐一定要直言告知，我方知節制妄念妄語，香一師姐還是回覆那饒富禪機的開示詩：

無幻無花無世界
無覺無證無如來
修行皆從此中來
無須掛礙方自在

豈料，是日下午，仲介發來訊息，地主將土地及農舍售價從六百八十萬降到五百三十萬，我謹遵師父指示：「四百五十萬可談，若不行就擱置。」，沒有追價，至四月七日斡旋期間屆滿也沒有進一步消息，我想這一件買賣應該是破局了[67]。確認沒成交的話，那先前感應的埔里道場及相關聯感應都還在嗎？我是否得繼續找尋其他合適的土地？經詢問香一師姐回覆：「無須掛礙，因緣俱足就會自動找上您！」。說不掛礙是騙人的，除了因為在埔里買地一直是我心中的祕密花園之外，也怕耽誤了為法門建立道場的任務，但此時也只能靜待因緣俱足的時候到來。

當然，我沒停止繼續留意其他的土地訊息，包括埔里以外的土地，看到多筆在南投中寮的土地，有九分多的土地開價四百二十八萬，有1.4甲的土地開價兩百九十八萬，先後請示香一師姐，師姐告知師父個別指示出價金額是「兩百六十萬」及「一百八十八萬（不增不減）」。但說實在的，1.4甲的地出價一百八十八萬，一坪土地四百五十八元?!有這麼便宜的土地嗎？會是什麼樣的地？還真納悶與好奇，行動派的我自然是要前往一探究竟。於是立即聯絡好仲介，特別請了一天假專程去中寮看土地。

這天上午一共看了中寮及南投市共六筆土地，但都不滿意，除了坡度太陡、地塊零散、平台不大、過於荒野或臨路條件不佳等個別因素外，最主要的是我看了之後都覺得少了一分

67 因為地主蔡師兄身體微恙需靜養，也需養老資金，所以我也衷心希望地主能賣個好價錢，告知仲介順隨因緣無須強求，日後經仲介告知以五百三十萬成交了，也為地主高興。

人不親土親的「歸屬感」。於是又立即連繫仲介推薦的埔里桃米坑一塊六百六十二坪的地，有獨立出入道路，有寬敞平台，有優美的視野景觀，有水有電有鄰居，開價三百八十萬，仲介告知地主欲售底價是三百六十萬，議價空間有限。我看了之後就愛上這塊地了，符合我的期待條件，且成交價只要三百六十萬，信貸金額可以馬上支付還有剩。

埔里看地回來之後馬上回報香一師姐，告知桃米坑這塊地是最理想、最中意的地，請香一師姐向師父請示出價多少合適？不久香一師姐回覆：「師父說兩百八十，不增不減隨順因緣。」。看到師姐回覆轉達師父指示的出價金額，我心裡就十五個吊桶七上八下，心裡想著師父的這個出價金額，若不是要讓我在故鄉地上撿到寶，就是分明要讓我買不成；但若是師父要讓我買不成，也必有其用意。

謹遵師父指示金額，我只能以兩百八十萬出價，但我也知道兩百八十萬要成交的機率極低，於是我特別再請香一師姐幫我請示師父：「師父是不是怕弟子負擔太重，所以指示出價都低於市場行情，香輝感念在心，師父指示出價兩百八十萬不增不減，香輝謹遵執行會以兩百八十萬出價。惟土地買賣尚有代書費、增值稅、買賣雙方仲介佣金等附帶條件，這部分是否可以由香輝量力而為斟酌決定？」，香一師姐回覆「ＯＫ！」。

隔日中午我回覆仲介我的出價條件，出價兩百八十萬由地主實拿，其餘的過戶代書費、增值稅、印花稅、……等費用由我負擔，包括買賣雙方應付仲介佣金也由我負擔，我以兩百八十萬的一成二十八萬作為謝酬。仲介的哀叫反應在我預期中，但沒預料到的是，仲介當晚就表示棄權投降不幹了，請我提供銀行帳戶以便退還斡旋金，埔里桃米坑的這筆土地就此打住！

翌日晨起打坐，我思索著為何師父指示出價兩百八十萬，分明是不想讓我買成這筆地，但師父不想讓我買成這筆地的用意又是什麼？在靜坐中我頓悟明白了，想到一句電影裡的台詞「**老猿掛印回首望，關隘不在掛印，而是回頭。**」，謝謝師父用這樣的方式拉了我一把！

回想這次突如其來積極想在埔里買地的前後過程，我很清楚買地資金來自銀行貸款，現有房貸再加上信貸將會增加我的經濟負擔，但我自認為月收入還負擔得起，若現在不勇敢果斷買地，怕年歲漸長更沒有勇氣與動力了，姑且當作是藉買地來強迫自己儲蓄。而這短短兩週時間裡，我兩度專程南下看地，且已經申辦好信貸銀彈備用，也兩度正式出價要買地了，這些事一直都還沒告知我們家的另一位「活菩薩」師姐[68]，因為一來我可以預見內人可能的反應，二來出價也不代表成交，等成交了再說不遲。

68 參閱本書「3.5香珪師姐」一文【附記2】。

在第一次出價委託斡旋時，我試探性的把臉書上的埔里土地售地資訊轉發給內人看，內人回了一個搖頭娃娃的貼圖；也試探性的問內人現在房貸利率是多少？是不是比信貸利率還高了？內人馬上秒回一句：「你別給我辦信貸喔！」。當下我心裡就想，「果不出我所料」、「師父會不會知道內人的反應？」，現在應證看來也是不出師父所料，才會有此讓我買不成的出價指示。

再仔細思量反省，如果三百六十萬成交了，剛核貸下來的信貸金額可以立即支付無虞，還有百萬餘額可以投資應用，但未來七年我每月要支付房貸加信貸還款金額，雖說還支付得起，但前提是國泰民安風調雨順工作收入不能有任何閃失。即便是成交買下了這塊地，也勢必要閒置幾年無暇無力照料建設，更不可能去定居長住，如此前瞻計畫是否務實不無疑慮。

而且，若真要如此強勢操作，若沒有先與內人有一致的目標與共識，勢必要鬧家庭革命，小則打入冷宮陷入冷戰，大則貼身肉搏勝負難料，這更有違師父一直強調「小家齊」的基本訓示。反之，若暫時不買地，幾年內先將房貸輕鬆還清，且有餘裕去發展香魚公司業務，行有餘力去做更多利益眾生利己利人的事，或許休養生息積累幾年後，更有資力回埔里購置更大更合適的土地。

歲月靜好，我偏好動閒不住，雖是如此，師父寧可玉碎以求瓦全，寧可讓道場土地晚些購置，也不願讓我為買地鬧家庭革命，為買地而讓我當超人超載運作。所以，攔不住我就只好讓我回故鄉四處跑跑看地看風景，指示出價也只是讓我實習出價出好玩的，就是要讓我買不成。殊不知，經此一番折騰，回故鄉買地建道場的藍圖，已經在心底清楚地浮現……。

【後記一】

仲介帶看土地後的出價斡旋期間，希望我能再加價買下有歸屬感的故鄉土地，我回應仲介說：「我只要回到埔里，走在埔里街道上呼吸故鄉的空氣都有歸屬感，買房買地只是多了一分聯結，……」，結果地沒買成，只好有機會回埔里時多多深呼吸，但是說好的埔里道場呢？不免念念不忘，為此事罣礙在心。

幾日後在靜坐中感應頓悟，香積法門的人間道場就在弟子家裡，在弟子心中，弟子所在之處即是道場，香積法門重視「小家齊」的觀念，一家安祥之境便是人間最好道場。而那一根豎立在地上的大桿子，所在之處不是大坪頂蔡師兄的土地上，而是立在虎子山台灣地理中心大地測量原點的三角點上，有形的是三角點上的衛星追蹤站，無形的是香積法門道場的旋旗桿。原來，福澤廣被發原點，異鄉緣起是故鄉[69]，冥冥中一切似乎早已經安排底定。

【後記二】

故鄉埔里買地建道場的藍圖在心裡草繪完成之後，買地的念想與行動也就暫時放下了。時隔一年，二〇二四年二月十日是農曆新年正月初一，就在過年前兩週，一月二十三日接到一張交通違規罰單，都還沒去繳罰款，放年假前兩天二月六日又接到一張交通違規罰單，依據過去屢試不爽的經驗，每次接到交通罰單之後不久都會接著有好事發生，所以我每次接到罰單都戲稱「報喜的又來了！」，只是這一次農曆過年前接連著收到兩張罰單，會是有多大的好事會接著發生呢？我滿懷期待。

二月八日除夕前一天開始放年假了，一大早我特地去花市想買些應景的花卉，經過去年買海象牙印材的骨董藝品攤子，我駐足瀏覽了一下，又看到海象牙印材，老闆見客戶上門就招呼說「喜歡便宜賣，開個張。」，來逛花市還沒買花就先幫老闆開張，把兩大兩小的兩副大小套章印材都買了。

[69] 參閱本書「5.2 樂山大佛取伏藏」後記2.。

年假期間，除了外出遊玩走春，在家裡就是划手機，FB自動跳出不動產銷售物件，又觸動我去搜尋查看更多土地銷售物件資訊，其中有幾筆土地引起我的關注。二月十五日新春開工上班了，隔日我發訊息給香一師姐，附上幾筆土地物件資訊，告知師姐我又蠢蠢欲動想看土地了，買一塊種橘子的小地都好，香一師姐回覆我一個比讚的貼圖。我關注到一筆視野不錯在花蓮的山坡地，經留言聯繫仲介後，仲介林經理很快回覆我，經洽詢告知是原保地（原住民保留地）我不能購買，林經理推薦另外兩塊相連的平坦農牧用地給我參考，燃起了我一探究竟的興致。

二月十七日大清早我就發訊息給香一師姐：「敬稟香一師姐：花蓮的仲介推薦另兩塊地，離台9線花東縱谷公路、瑞穗牧場、北迴歸線地標不遠，平坦的地，三面環繞小山丘，我還蠻喜歡的，總價比去年埔里的地價還低，想請示師父，是否合適購下？土地資訊如下……。」，香一師姐又回覆我一個比讚的貼圖，但其實我不甚理解香一師姐比讚的意思，是表示肯定這塊地可以進一步洽購？或者只是讚許我有唐吉訶德般的精神？

翌日，我再賴香一師姐，「實在不確定是心生幻想還是真有旨意，還是向香一師姐稟報請示：今早起來打坐，滿腦子都是花蓮的地，但也沒有特別的感應，不像去年還感應到有兔子滿地跑。但打坐到最後高舉雙手，接旨，買地，我還在想是　香積師父頒旨要買地？接著念頭是『清心師父』，是　清心師父頒旨買地，而且賜與一座三角形的大石頭安置在地塊上作記號。敬問香一師姐：這感應正確嗎？還是香輝想買地想瘋了，牽拖是　清心師父頒旨要買地？」，不久香一師姐回覆說：「敬回師兄：無須掛礙！暫且擱置晾它幾天再看看。」。我也回應附議香一師姐就晾它幾天再看看，有去年埔里購地經驗前車之鑑，這次不能輕舉妄動太衝動。

二月二十四日元宵節，一早我賴香一師姐，「香一師姐早安！元宵佳節愉快！敬稟香一師姐：今晨打坐，又想著花蓮瑞穗地，後來感悟到：1.先感悟到當地有不如法及求渡眾生，先淨化，再加持渡化眾生到該去想去的地方，也請原民的祖靈來帶領。2.高舉雙手領旨：領了一面四方形令旗，令旗顏色是深寶藍色近乎黑色，且顏色像消光漆一樣會隨光線變化，就如同帶香輝遊地府的黑麒麟老黑一樣的顏色，令旗上繡著一隻麒麟。我問此『麒麟旗』的用意何在，感悟是作為類似『奉節』[70]，正是要去瑞穗那塊地獻旗與當地無形眾生結緣（不是去插旗佔地）。且感悟那塊地是一處「通道」？麒麟穴？也似乎看到原民眾生排成一列歡迎致意，回贈小米酒及其他許多農特產山產。敬問香一師姐：以上感悟是否正確？敬謝香一師

70 奉節，持節。謂出使。《後漢書・班超傳》：「今臣幸得奉節帶金銀護西域，如自以壽終屯部，誠無所恨，然恐後世或名臣為沒西域。」。參閱網搜字典網奉節的解釋。

姐！」，「敬回師兄：念想由來幻，妄情不須息，長波當自止，功到自然無。且修且行且證悟，這是最棒的體悟，有求必應問必答，開啟智慧更通達。」。香一師姐的回覆玄之又玄，但因為感應到清心師父頒旨買地，及無事不登三寶殿的宅男老黑出現，我對花蓮瑞穗這塊地就更加嚴肅以對了，我必須前往一探究竟，見地方休。

我已經很多年沒坐過台鐵火車，剛好藉這次看地機會，決定坐一趟花東線火車，欣賞沿途風光景色，那是和開車所見截然不同的視野。在月台等火車時，我特地發個訊息給香一師姐，告知師姐我要去花蓮看地，香一師姐回覆我一個「超級棒」的貼圖，是否暗喻這趟花蓮看地之旅會有個超級棒的結果，或者只是再次讚許我有超級棒的唐吉訶德精神，或許兼而有之吧。

訂好到瑞穗站的自強號火車票，行前已約好仲介林經理就在瑞穗車站接我，帶看的土地離瑞穗車站只有八分鐘車程距離，從台9縣轉進往瑞穗牧場的產業道路，在轉進產業道路的那一幕我心裡暗暗一驚，這裡不正是一個多月前元旦花東功德行，我們離開北回歸線標誌公園要南下去下一站時，我開錯方向往北開，剛好開到這路口想利用路口迴轉，不料車頭一轉才看見路口站了個交警，不確定能否迴轉之下只好先左轉直行，就是開進這條路的涵洞後再調頭，所以印象深刻，心裡想「這麼巧?!」，原來元旦功德行時已經結下一面之緣！

順著產業道路開到盡頭，道路兩旁就是要帶看的土地，一下車環顧四周，有似曾相識一見鍾情的感覺，三面被不高的樹林及淺山環抱，一面進出花東縱谷，且地塊上有一個長滿水生植物的水池，水池四周是土地並無溪流，應該是有地底湧泉出水口，感覺就是一處藏風聚氣又有活泉水源的風水寶地，難怪　清心師父會欽點此地，難怪老黑會先一步來獻旗交際做公關，老實說，我自己也是一見如故般投緣非常中意這塊地。

看完地離開已近中午，仲介林經理開車載我想找個地方吃午餐，順便談一下看完地之後的想法意願如何。我說就近找一家7、OK或全家，有座位可以坐一下的便利商店就可以，林經理谷哥查詢附近不遠處有一家「瑞穗有機生態農場」可以用餐。我們抵達農場後見一棟建築，入內後一位出家師父來招呼我們，且赫然驚見裡面供奉著一尊莊嚴的千手觀音佛祖，與師父攀談詢問之下才知，這裡原本是一處道場，為方便眾生飲食故，因緣際會地發展副業，始成就一處供應素齋的有機生態觀光農場，過年期間都要提早預約訂位用餐，結果我們就這樣誤打誤撞地闖進來，慧心、慧信兩位師父很熱心的招待我們吃美味的素齋，用完餐還先後現泡好喝的紅茶、烏龍茶、佛祖茶請我們喝，離開時還送我們好多伴手禮，真沒把我們當初次造訪的不速之客，彼此心裡都充滿法喜，我相信這一切都是千手觀音佛祖指引我們來此結緣的，下回有機會開車再來花蓮瑞穗，我一定會再來此農場看望二位師父。

離開農場後就直奔瑞穗車站，距回程北返火車時刻還有些時間，我就火速直接和仲介林經理簽約下斡旋金了，兩筆山坡保育區農牧用地共九百一十三坪，地主開價兩百二十八萬，簽約出價一百八十萬，預期希望能在兩百萬以內成交。簽完約，我就去等北返的火車，今天一早不到六點就出門，在北返的火車上閉目休憩補眠，但腦海裡一直浮現一個畫面，老黑很優雅地趴在今天帶看的土地中池塘旁樹底下的小土丘上面，氣定神閒怡然自得，似乎很歡喜在這個地理上。是老黑覓得其所，還是我又念想由來幻了？我把這如幻似真的腦中化境告知詢問香一師姐，香一師姐先是回覆我一個哈哈大笑的貼圖，「所以老黑真的在那樹下池邊小土丘據地為王了？」我問，香一師姐回覆我一個貼圖～「YES！」。

翌日清晨打坐，回想這一趟瑞穗看地前後過程，因宅男老黑現身讓我決定立即專程前往看地，到達現場一見投緣，老黑也歡喜，若有機緣有能力買下當然不應錯過。而前幾日詢問香積師父購地事，未得師父明確回覆意見，指示「暫且擱置晾它幾天再看看」，原來要觀察幾天再看看的，是看我的評估判斷與決心！以去年埔里道場購地過程前車之鑑，這回師父未直接回覆明確意見，我感悟是因為不想給我壓力，不希望是因為在師父指示下為購地而購地勉力為之。但經過實地看地比較之後確實歡喜，也有老黑以實際行動據地認同，售價及資金準備上也比去年更經濟實惠壓力更小，審慎評估過是絕對可行的，我在打坐中已經明確向師父稟報，請師父做主成全。

另外，此地若因緣俱足圓滿買下，除了是我退休後過田園生活的一方天地，也可以做為香積法門用地，道場大小章海象牙印材也準備好了，原來農曆過年前去花市又買了海象牙印材是有此用意。該地買下後，我會先在四方地界上種樹當綠籬，在退休前這幾年先以友善農法種樹養地，讓土地休養生息，同時慢慢規劃如何利用。我也會去找一塊三角形的花蓮大理石，刻上「香積」二字，就放在通往此地入口的位置，將　清心師父賜予的巨石虛實相應。

這回購地準備好了，但以平常心隨順因緣，一切恭請師父做主發落！和仲介林經理簽約委託斡旋期間就到三月十日，剛好九日、十日兩天功德行，希望功德行時能向師兄姐報告這購地圓滿的大喜訊！

【後記三】

二〇二四年二月二十九日，難得四年才有一次的二月二十九日，農曆正月二十，剛過完元宵節不久還帶有年味，今天真的是很特別的一天，後記要補述在今天完成的這兩件大事，我自己都難掩心中激動、歡喜、讚嘆又感恩的心情！

第一件事是我終於把出版社初步編輯後的本書書稿第一次校稿完成，今日一早將書稿發送給出版社編輯後，為香積法門叢書打頭陣的任務暫告一個段落，估計不出兩個月，再經過兩三次校稿後，本書就可以定稿正式出版問世了。

第二件事就是花蓮瑞穗買地事，從花蓮瑞穗看地回來後，難以言喻的莫名的充滿法喜的感覺，雖然已經和仲介簽約正式出價委託斡旋，但買地茲事體大，八字都還沒一點，而我已經開始做初步規劃，打算在那土地上種一片美麗又有香氣的樹林，並且立上一顆象徵香積法門法印的三角形碑石奠基，昨天228假日在家已經開始上網搜尋相關物件訊息，也已經相中一顆白色大理石，一旦瑞穗土地談定之後，我就開始著手種樹立碑。

雖然心中充滿期待，但仍然保持平常心，我也沒有去詢問仲介進行得如何，仲介也還沒有主動向我回報任何信息，一個早上就這麼平靜度過了。豈料，到了中午午休時間，我在辦公室座位上盤腿打坐小憩，突然覺得額頭及面頰持續有一股熱流，源源不斷襲面而來，感應是　香積師父的加持力，後來感應還有　清心師父及　太上師父，我正疑惑怎麼師父們都來了？這還是我第一次有此感應經歷！繼之感應到師父們是來向我祝賀花蓮瑞穗的土地成交了！香積法門的人間道場土地有著落了！所以特地前來慶賀！我似乎還看到老黑也來了，而且還歡天喜地蹦蹦跳跳的，活像是廟會的舞龍舞獅，完全不像祂平日酷酷的老宅男風格。

打坐後我將這個如幻似真的感應過程發給香一師姐，告知師姐我都還沒和仲介聯繫，仲介也還沒向我回報任何信息，怎麼我自己先有這樣的感應？念想由來幻，是我自己的妄想妄念太嚴重？還是真的有機會可以成交了？香一師姐很快就回覆我一個比「超級棒」的貼圖。「哎呦喂呀！敬謝香一師姐的回覆貼圖！『超級棒』的意思是這回真的要買成土地了嗎？謝謝師姐！」我繼續追問香一師姐。

結果香一師姐換了一個貼圖回覆我~「發動魔法卡」，這又是代表啥意思咧？「哎呦喂呀！香一師姐的回應貼圖，玄之又玄眾妙之門，實在是吊足人脾胃咧！是因為天機尚不可洩露？」我繼續問。香一師姐再換一個貼圖回我，這次貼圖層級更高了，圖裡有佛祖、觀音菩薩和捧著金元寶的財神爺，背景題字是「諸事皆順」、「發」！接著先後發來兩張兔子的貼圖，圖中文字是——「所有的努力都有回報」、「你所有的奔赴都有意義」。香一師姐這一連串充滿玄機禪趣與法喜的貼圖，似乎意味著——佛曰不可說！

一整個下午仲介只有回報一個信息——「同事已下瑞穗談價，等她們回來跟您回報。」，但一直到晚上過七點了都還沒有回報任何消息，我心想可能事有變卦，要不然若是有正面消息，仲介應該會迫不急待地回報才對，就保持平常心。結果仲介在七點五十分發來消息，回報說與地主最後談成的價格是二百〇八萬，問我是否能接受？我一方面與仲介來來回回的詢問細節磋商價格，希望能在原訂預算兩百萬內成交，一方面發訊息給香一師姐回報現況並請示師父的意見，香一師姐回覆告知「二〇八沒反應」，師父沒反應沒指示就是不同意的意思。

「那再請示師父要出價多少？仲介在等我回覆才能下班。如果出兩百萬呢？」，我請香一師姐再請示師父意見，因為兩百萬是我去花蓮看地之前就已經先請示過師父的出價金額。香一師姐很快回覆我一隻牛比大大的「ＯＫ」的貼圖，就是維持原議出價兩百萬的意思。再獲師父指示確認出價金額後，接下來我就心裡有譜知道如何進行了。結論，兩百萬成交！我額外補貼地主支付一半的賣方仲介服務費用，讓這樁土地買賣圓滿達成。

回想這回買地過程，從二月十六日開始和仲介聯繫洽詢，二月二十七日專程去看地就下斡旋金，到二月二十九日敲定成交，原本只是抱著問問看、看好玩的心情，豈知竟然一見如故、一見鍾情、一見定江山！短短十三天時間就購得寶地圓滿所願，是誰一開始還說「這次不能輕舉妄動太衝動」?!殊不知，這豈是我輕舉妄動太衝動，是各方因緣俱足，謀定而後動！

衷心感謝　清心師父的起頭提點，感謝　香積師父的成全賜與，感謝老黑的現身行動，驗證香一師姐所言——「且修且行且證悟，這是最棒的體悟，有求必應問必答，開啟智慧更通達。」，也再一次虛實相應驗證香積法門殊勝法。

買地成交，我翻閱法門「新頒日課」想找個土地過戶登記的好日子，看到農民曆上寫今天二月二十九日是「麒麟日」，民俗黃道吉日中的上吉之日，這老黑還真是會挑地點、挑日子。接下來，我除了要種樹、安基石之外，也要來準備買車開車行了，香菱師姐已經發來訊息——「我要入車行」！

【後記四】

二〇二四年三月六日，農曆正月二十六日，農民曆上恰逢「驚蟄」，中國傳統二十四節氣中的第三個節氣，大自然界以春雷乍響驚醒蟄居過冬的生物，古人遵循節氣春耕、夏耘、秋收、冬藏的作息，現在才是過完農曆年後一年耕耘勞動的開始。而這一天，我像農夫一樣勤奮早起，趕搭早班的自強號火車，去花蓮正式簽訂土地買賣合約。

簽約地點就約在花蓮市區裡林經理的仲介公司，見到了地主本尊，一位世居當地的樸實婦人大姐，和地主寒暄閒聊幾句，地主說她從小就在那土地上玩耍長大，那邊的土地一直都是種稻的稻田，目前是因鄉公所要求才休耕中。後來經林經理告知，原本在我看地前一天有一組客人約好要去看地，不巧當天下大雨就沒去成，改約兩天後再去，結果我隔天就插播捷足先登跑去看地，沒下雨也沒太陽，不冷不熱氣候宜人，而且我眼明手快心有定見，看完地就立刻簽約下斡旋金，兩天後就順利成交了，林經理直說那塊地就是和我有緣！

難得去花蓮一趟，且已訂好下午四點多的回程票，時間寶貴浪費不得，去花蓮之前我已經把網路上所有園藝公司、景觀石場的石頭都看了好幾回合，最後篩選出三家石場的幾顆巨石，約好今天簽約完成之後就接著去看石頭。要將　清心師父贈與具有象徵意義的石頭虛實相應顯化於世，石頭的外觀造型、品種質地、色澤紋路、氣度磁場等條件自當是要特別講究，特別是石頭的噸位必須夠穩重不能太小，至少是幾個人來也搬不動的等級！但石頭種類繁多質地各異，要在盛產石頭的花蓮找到符合條件的石頭，就像是在花蓮七星潭海灘尋寶石，可遇難求！但在香積法門裡，可遇難求的事就偏偏會讓你遇上。

去花蓮之前已經先電話聯繫預約了三家石場，但是滿心期待地到了現場看到實品後都大失所望，有的形體不如照片好看，有的質地呈片岩狀易風化，有的噸位過大或是稍嫌輕薄，有的開價太高CP值不高，從網路上看照片的石頭無一滿意。豈料，眾裡尋它千百度，美石就在路邊草叢處，跟著老闆穿梭於石場帶看推薦石頭的過程，我眼角餘光瞄到路邊草叢深處有一顆石頭，顯露出低調的高貴氣質，乍看就很對眼，隨口問老闆那一顆是什麼石頭，「那顆很重！」老闆不太愛搭理敷衍式回答，還叫我不要考慮那顆。孰料，可遇難求的就是它了！

自從和那顆石頭對上眼後，跟著老闆帶看石頭過程就一直心有懸念，看完石場所有的石頭後，是有看到兩顆還不錯的墨玉質美石，老闆以為我就要二擇一敲定了，但最後我還是繞回去再看看那顆懸念在心的石頭。循原路走回，遠遠看到那顆遺世獨立在草叢裡的石頭，似乎散發著獨有的氣場與光芒，走進草叢觸石細看環繞半圈（因為另外半圈貼著樹林），更是驚為天石一見傾心，非它莫屬了！

這顆石頭外型，高度兩米有餘，估計超過十噸，從正面看是尖頭三角形，壁立千仞般的氣勢，如同我靜坐中感應所見，從背面看卻是圓頭柚子狀，渾圓飽滿的大肚子，像是尊彌勒佛一樣。這石頭質地乍看是白色大理石，側邊還有一道像是高山飛澗瀑布般的共生礦，老闆說硬度像花崗石、石英石般有六、七度，密度高，所以很重，數人環抱也難以撼動。我繞著這石頭來來回回看了又看，伯樂相中了千里馬，越看越是充滿法喜，可遇難求的就是這一顆了！

石頭選定之後，我就趕著去坐火車北返，但一路上已經開始構思在這石頭上要鐫刻什麼字？應該刻「清心」師父還是「香積」師父的名字？或是刻「香積園」、「香積學苑」、「香積淨土」這些平常耳熟能詳的名稱？還是刻「香積寺」預立宏願？還是刻一篇「香積法門誌」簡述這一段購地立碑的神奇機遇故事？或者就來實現刻上多年來心中樂土的名字「八樂園」[71]?!命名空間想像無限，但最後還是諮詢香一師姐請示師父意見後，「香積」二字定稿！字體也是師父欽定法門裡一位師姐書寫的字體，我從香豐師兄家春聯橫批「香積法門」四字複印，刻好的成品連刻字的老師傅都讚嘆充滿靈動力，而背面就刻上　香積如來師父的心咒「**吶羅摩囉護呵**」。

土地買賣過戶有一道重要的鑑界程序，在辦理過戶登記前要再次到土地現場履勘丈量，確認地籍圖登錄的界樁標示位置以及長寬距離，據以核算確認土地面積，土地買賣及課稅均以鑑界後的重繪地籍圖登記面積為準，避免土地面積因為地形地貌變更而有差異，特別是在因板塊移動地震頻繁的花蓮更有鑑界的必要。二〇二四年四月十一日上午，花蓮玉里地政事務所前往鑑界，鑑界完成確認界樁位置後，這顆香積石也確認了安置的座標。之後又費了番功夫終於安座底定，就在前往這土地的入口不遠處，功德圓滿，為香積法門弘法利生的志業立下一個新里程碑！

二〇二四年五月二十四日，再赴花蓮去拿已經過戶登記完成的土地權狀，同時也簽約買下鄰地，是同一位地主大姐的地也一併賣給我了，而這塊鄰地就是第一次來看地時老黑在池

---

71 筆者一直夢想著將來能擁有一方天地過晴耕雨讀的生活，也愛吃水果特別是芭樂，心中默許，當擁有一方天地時，要來種幾棵芭樂樹自給自足，且命名為「八樂園」，取芭樂諧音，也意喻人生樂事再添一椿，勤勞茲有生自勵自勉！

邊樹下小土丘上望春風的那塊地，圓滿老黑所願。三塊地的買賣總價含仲介服務費等共二百八十萬，突然想起去年在埔里最後一次看地出價時，香一師姐轉達師父囑咐的～「師父說二八〇，不增不減隨順因緣。」，這是否也是師父預見化境早有安排?!

遺世獨立隱居草叢中的奇石，正面看是尖頭三角形，背面看是圓頭柚子狀。

香豐師兄家春聯橫批「香積法門」

8.5 弘法利生的志業

香積法門的殊勝大法，不僅只是讓法門弟子修持精進獨善其身，更是為兼善天下救渡眾生，各個師姐師兄除了在各自的平日功課修持中體現外，參加功德行時，更是要圓滿達成香積如來師父交辦的特定任務，這都是在踐行弘法利生的功課，小者協助身邊的親朋好友排除困厄，大者可普及救渡天下蒼生，陰陽兩利。

例如昨天下午和幾位同事一起去拜訪一位長輩，一位叱吒風雲的上市集團公司董事長，去向他拜個早年，閒聊之際，會議桌上方的吸頂燈泡四顆突然有一顆開始閃爍，我們見狀只是順口提了一下說該找人來換修燈泡了，沒有多加理會。不久，旁邊客廳的天花板吸頂燈整個閃爍大放閃，我們都覺得……*&^@!@^%$#!……，哪有這麼巧合的事，那位董事長便起身去把那盞吸頂燈關掉，打開周邊的小崁燈。

回家開車途中又想起這事，突然感應到是董事長的父親有事相告，我渾身起雞皮疙瘩，不知這感應是否正確，遂向香音師姐求教，經確認果真如此，並且說師父要我自己去體悟一下董事長的父親所求何事。我原本以為，董事長的父親會關切的事情，應該不外就是有關於集團公司經營的相關事，豈料不然，後來我在午休靜坐時，就感應到董事長的父親前來，是希望我能渡他去香積法門，我立即動念渡他，稍後再經香音師姐確認已經得渡了。

近一年多來，Covid-19疫情全球肆虐期間，又不斷有新的變種病毒出現，神佛慈悲賜予寶貴的對治法寶，　香積師父的再生花、　大日如來師父的大日金蓮、北投五福宮　福德正神福德真經、凌空出現的萬年雲靈芝、　祖古澈桑仁波切的貝葉經醫藥寶典、　白馬將軍的六合一天珠及國際金丹、　大白傘蓋佛母舍利子、　釋迦牟尼佛祖舍利子、屏東五老宮　藥師佛祖的丹藥、長白山蔘王百草藥、四川樂山大佛伏藏的陀羅尼經等，都拿來加入平日的法會中施展《珠光還原大法》[72]之用，除了為眾生靈療，助參加法會的眾生身心靈得以還原回復健康平衡安心得渡外，也請　香積師父作主加持法門裡所有的師姐師兄，以及師姐師兄的家人們，都能得以維持身心靈的健康平衡，免於疫情病毒的侵擾。曾有師兄回應說，第一次被動接觸到大法展開時，突如其來的一股強大能量，讓他差點從椅子上跌下來，後來才知道

[72]《珠光還原大法》起源於　香積如來師父夢授之還原珠，融合先後得自於天地無形之24顆寶珠合一，以及各次因緣所獲寶物、法器、法財後，恭請　香積如來師父作主放光加持所有參加法會的眾生，為眾生靈療，助眾生的身心靈得以還原回復健康平衡後安心得渡。我將此融合貫通之殊勝法稱為《珠光還原大法》，詳細內容請參閱本書「香輝法會」及「2.3遠渡酆都第四回」。

是　香積師父助香輝開展大法為師兄姐加持之故，暫不論這師兄所言是誇大的鼓勵，我也樂得分享《珠光還原大法》遍照眾生，將病毒疫情對眾生的影響降至最輕程度。

本書撰文記述的內容，都是個人的親身經歷體驗，從過去受各方神佛的庇祐協助，到自己有幸得入《香積如來法門》獲授殊勝大法去救渡眾生，見證神靈界與無形眾生的真實存在，也應證了前台大校長李嗣涔博士多次靈界的科學實驗所得結論，人類所在的世界俗稱的陽間，與神靈所在的靈界，確實是同時併存的，且認為是藉由「意念」、「撓場」來溝通陰陽兩界的訊息。個人認為，若「撓場」是用來溝通陰陽兩界的物質媒介，那麼「意念」就是啟動這個「撓場」媒介的開關。惟啟動之後，是否就能與神靈界接觸交流溝通無礙，那又未必，要看個人修為的願力與證量了。而李嗣涔博士所著《撓場的科學》一書中提到「影像記憶」能力及「開天眼」現象，不就是香積法門師姐師兄普遍都有的基本能力?!

我解讀《撓場的科學》書中記述，「撓場」的物理性質概念，始自一九六〇年代由俄國科學家開始對撓場深入研究，認為撓場是三度時空的扭曲，因為扭曲所以在四度時空中重疊併存，存在於不同的維度空間中。且「撓場」不會被任何自然物質所屏蔽，在四度時空的能量傳遞不受光錐的限制，它速度超過光速，不但能傳向未來，也能傳向過去，也就是說過去、現在與未來是同時併存在一個扭曲的時空、不同的維度空間中，藉由「撓場」來聯繫溝通，本書8.3節所述日據時代逾百年的賽夏祖靈可以回到現在求渡及為部落傳承藥方，這撓場理論似乎恰恰提供了解答的線索。

秉持「得之於天地，用之於眾生」的理念，將　香積如來師父及眾神佛傳授賜予的殊勝大法與一切法寶法財資糧物盡其用，回饋分享給六道眾生，一秉初衷，單純的起心動念別無他求，惟弘法利生爾。至於與神靈界溝通往來的途徑、方式、時機、媒介、條件、如何獲授殊勝大法、如何弘法渡有形無形眾生、……等未知領域，科學家嘗試以科研實驗精神去研究歸納出邏輯定律，科學成就不斷演繹發展日新月異，相信終有研發成功的一天。而香積法門諸同行師姐師兄，非不求甚解於理論，謹善用所獲所學於實踐。

但從另一個面向思考，神靈界的存在比人類世界更古老久遠，神靈界的智慧與資源比人類世界更不知豐富超越多少，且神靈界似乎洞悉陽間凡人的一切，甚至可以影響凡人的吉凶禍福，而陽間的凡夫俗子對神靈界卻是一知半解，甚至不相信有神靈界的存在，必須用科學實驗成果來證明，但迄至目前也僅知其一不知其二。如李嗣涔博士所言，宇宙中暗質及暗能各佔宇宙全部能量的百分之二十三及百分之七十三，正常物質只占全部宇宙能量的百分之四，而正常能量百分之四僅是我們平日生活所知所見所能，其餘百分之九十六是我們看不見的宇宙世界[73]。

若是陽間與神靈界溝通往來的媒介管道，可以被輕易破解，被公式化、規格化、標準化，甚至被進一步商業化，可以像付費買票搭火箭就可以直通外太空一樣，那麼結果將會是如何？對有心靈修者來說，固然是大開方便法門，但以亙古至今一般人類貪婪習性，恐怕是要引來更多貪婪者，無所不用其極的想要侵入掠奪神靈界資源，神靈界豈會不懂人類，又豈會沒有妥善的自我保護機制，我相信那保護機制不是以現在人類的科學技術可以強攻破解的。

現今當下要如何與神靈界共存、溝通，要如何向神靈界學習顯然較人類更高端的超科學的智慧，當下人類與神靈界溝通往來之道，或許不是以科學技術強攻硬幹去破解，因為一個簡單的邏輯概念推論，「科學」如何去破解「超科學」的神靈界？如先知言：「當科學發展到盡頭的時候，才發現神已經在那裏等待了幾千年。」，科學的盡頭是神學、是靈學?!或許只是需要像「芝麻開門」一樣的通關密語。

而正確的通關密語又是什麼？通關密語只有萬中選一的一句？還是有八萬四千法門皆可通用？本書詳實記錄快人快語親身經歷事，惟所揭開的天幕極其有限，至多只能說是見證無

[73] 參閱網搜【李嗣涔教授個人網頁】，「2.太極通道與一物兩象」。

形神靈與眾生的存在，以及充盈天地間無法計量估算的無形資糧物質。至於箇中原由、理論依據，除了有待科學家的持續靈學實驗外，也有賴相信神靈界存在者與我等香積法門同行師姐師兄堅定信念潛修實踐，參悟陰陽合和虛實相應之道，惟法從心生，萬法惟心爾。

國家圖書館出版品預行編目

快人快語揭天幕 / 林家亨著. -- 桃園市：香魚藝術有限公司, 2024.05
面； 公分
ISBN 978-626-98685-0-6(平裝)

1.CST: 民間信仰 2.CST: 文集

271.9 113007006

快人快語揭天幕

作　　者／林家亨
聯絡方式／Line & Wechat: lala3lin
E-mail: xyartllc@gmail.com
出　　版／香魚藝術有限公司
330 桃園市桃園區中正路1071號12樓之7
https://xyart.webnode.tw
製作銷售／秀威資訊科技股份有限公司
114 台北市內湖區瑞光路76巷69號2樓
電話：+886-2-2796-3638
傳真：+886-2-2796-1377
網路訂購／秀威書店：https://store.showwe.tw
博客來網路書店：https://www.books.com.tw
三民網路書店：https://www.m.sanmin.com.tw
讀冊生活：https://www.taaze.tw

出版日期／2024年5月　　**定價**／520元